Das Land und die Menschen im
Wandel der Zeit

Impressum

Herausgeber und Verlag

Galli Verlag + Vertrieb GmbH
Am Steinberg 1
86558 Hohenwart
Telefon: 08443 8916
Fax: 08443 8917
E-Mail: galli-verlag@t-online.de
Internet: www.galli-verlag.de

Redaktion

Andreas Sauer, M. A.

Redaktionelle Mitarbeit

Landkreis Pfaffenhofen a.d.Ilm
Hauptplatz 22
85276 Pfaffenhofen a.d.Ilm
Tel.: 08441 27-259
Fax: 08441 27-255
E-Mail: poststelle@landratsamt-paf.de
Internet: www.landkreis-pfaffenhofen.de

Satz, Layout

K-3D Graphic / Dietmar Kumpf e. K.
Telefon: 08452 7325-08, Fax: 08452 7325-02
E-Mail: info@k-3d.de
Internet: www.k-3d.de

ISBN 3-936990-16-6
Copyright: 2004 Galli Verlag + Vertrieb GmbH

Printed in Germany 2004

Mit freundlicher Unterstützung

Inhaltsübersicht

Landkreis
PFAFFENHOFEN a.d.Ilm

Erdgeschichten

aus den Landschaften des
Landkreises Pfaffenhofen a.d.Ilm

Dr. Stefan Glaser

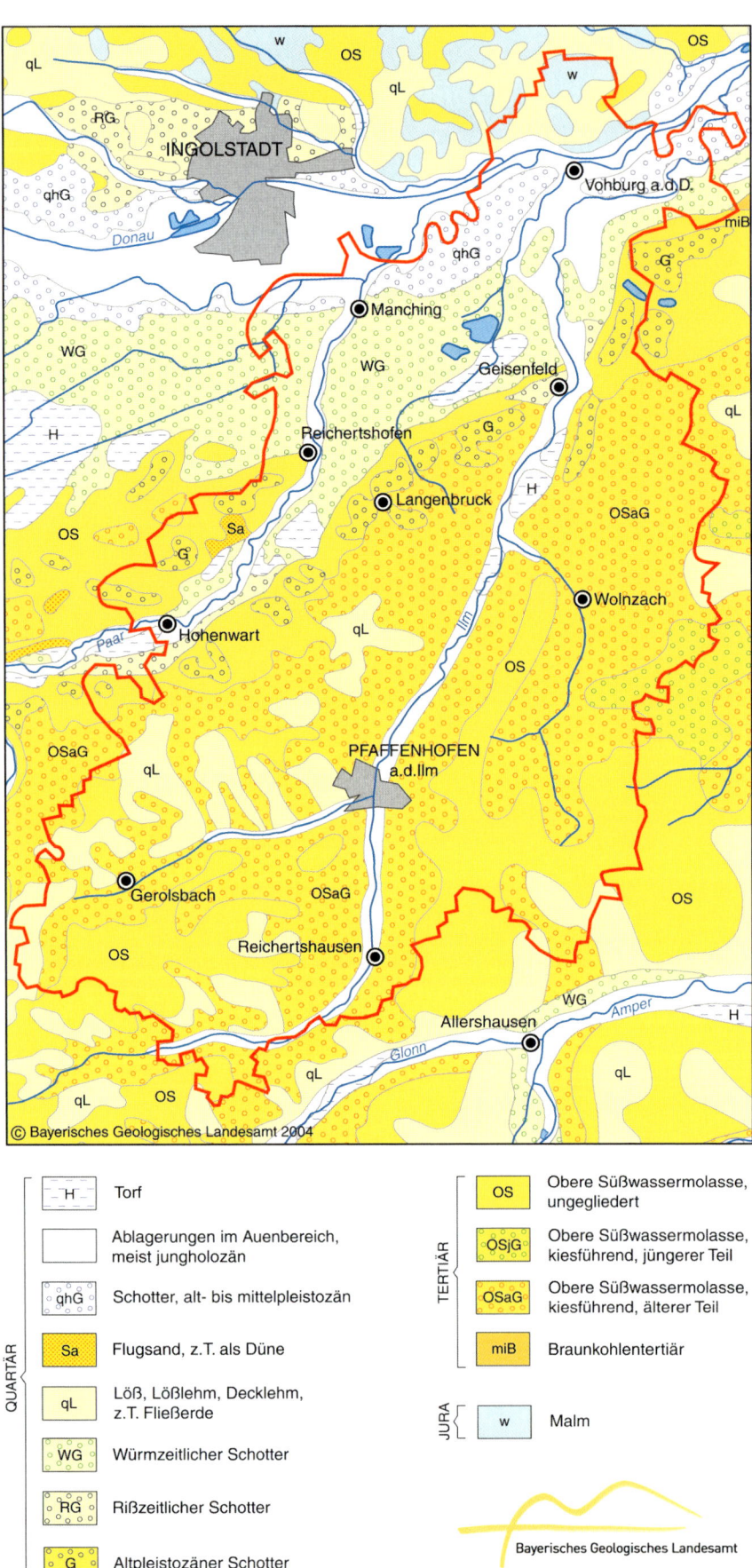

	H	Torf
		Ablagerungen im Auenbereich, meist jungholozän
	qhG	Schotter, alt- bis mittelpleistozän
	Sa	Flugsand, z.T. als Düne
	qL	Löß, Lößlehm, Decklehm, z.T. Fließerde
	WG	Würmzeitlicher Schotter
	RG	Rißzeitlicher Schotter
	G	Altpleistozäner Schotter

TERTIÄR	OS	Obere Süßwassermolasse, ungegliedert
	OSjG	Obere Süßwassermolasse, kiesführend, jüngerer Teil
	OSaG	Obere Süßwassermolasse, kiesführend, älterer Teil
	miB	Braunkohlentertiär
JURA	w	Malm

Bayerisches Geologisches Landesamt

Ausschnitt aus der Geologischen Karte von Bayern 1:500 000 für den Bereich des Landkreises Pfaffenhofen (BAYERISCHES GEOLOGISCHES LANDESAMT 1996)

Dr. Stefan Glaser

Einleitung

Jeder, Einheimischer wie Besucher, kennt unsere verschiedenen Landschaften, die Hopfenfelder in den Hügeln der Hallertau, die weiten Ebenen des Donautals und die Kuppen am Südrand der Fränkischen Alb. Nur wenigen ist aber bewusst, dass, wie auch andernorts, die typische Landschaft und Vegetation im Landkreis Pfaffenhofen von den in seinem Untergrund vorhandenen Gesteinen und von seiner Erdgeschichte geprägt werden.

Die landschaftliche Gliederung des Landkreises spiegelt denn auch die geologische Gliederung wider: Im Süden das Tertiär-Hügelland mit Mergeln, Sanden und Kiesen der Molasse, im Norden das Donautal mit seinen quartären Schotterterrassen und in dem kleinen Gebiet nördlich der Donau Jura-Kalksteine, die weitgehend von quartärem Löß überdeckt sind.

Geographischer Überblick

Mehrere Kuppen des Tertiär-Hügellandes im Süden des Landkreises reichen bis über 500 m ü. NN. Seinen höchsten Punkt findet man mit 531 m ü. NN in Schweitenkirchen. Die Talsohlen von Paar und Ilm liegen durchschnittlich etwa 100 m tiefer. Ein engmaschiges Netz von kleinen und kleinsten Nebenbächen hat sich hier eingeschnitten und das typisch hügelige Relief herauspräpariert.

Die weiten Ebenen des Donautals haben eine durchschnittliche Höhenlage von 360 m ü. NN. Dort wo die Donau das Gebiet verlässt, liegt mit 352 m ü. NN sein tiefster Punkt. Nördlich der Donau steigt das Gelände rasch zur Hochebene der Fränkischen Alb an. Noch innerhalb des Landkreises werden 425 m ü. NN erreicht.

Welche geologische Geschichte steckt nun hinter den Landschaften des Landkreises? Um diese Frage zu beantworten starten wir zu einer Zeitreise, die vor etwa 150 Millionen Jahren beginnt.

Plattenkalke des Oberen Malm mit „Krummer Lage" im ehemaligen Steinbruch bei Unterhartheim

Die Kalksteine des Malms: Zeugen eines tropischen Meeres

Als älteste Gesteine findet man im Landkreis Pfaffenhofen an der Erdoberfläche die Kalk- und Dolomitgesteine des Oberen Jura. Zu dieser Zeit, im Malm vor etwa 150 Millionen Jahren, breitete sich in der gesamten Region ein tropisches Schelfmeer aus. Südlich der heutigen Lage von München fiel es steil in einen Tiefsee ab, im heutigen Mittelfranken lag die Küste des Meeres. Das warme Flachmeer zwischen Tiefsee und Küste bot optimale Bedingungen zur Abscheidung von Kalkgestein und damit zur Bildung von Riffen.

Im Verlauf des Malms entstanden ausgedehnte Riffzüge, wobei vor allem Schwämme als Riffbildner fungierten. Erst im obersten Malm wurde das Wasser so flach, dass auch Korallenriffe wachsen konnten. Ein solches Riff ist auch entlang der Donau im Landkreis Pfaffenhofen aufgeschlossen. Der Burgberg von Vohburg besteht aus massigem Riffkalk. Am ge-

genüberliegenden Ufer um Dünzing finden sich Riffschuttkalke und massige Dolomite.

Zwischen den Riffzügen lagen wannenartige Lagunen, in denen sich Bank- und Plattenkalke bildeten. Eine dieser Plattenkalkwannen erstreckt sich zwischen Dünzing, Ettling, Oberdolling und Demling. Nach dem Ort in ihrem Zentrum wird sie „Hartheimer Wanne" genannt. Untermeerische Rutschungen der noch weichen Schichten erkennen wir heute an den sogenannten Krummen Lagen. Die Plattenkalke entstammen dem Malm Zeta 3 und sind damit geringfügig jünger als die berühmten Solnhofener Plattenkalke.

Noch während des obersten Malms zog sich das Meer aus dem Gebiet zurück. Über viele 10er Millionen Jahre hinweg herrschte nun Abtragung und Verkarstung. Ein kurzzeitiger Meeresvorstoß während der Oberkreide erreichte wohl auch den Raum Pfaffenhofen, die hierbei abgelagerten Gesteine wurden aber während der späteren erneuten Festlandsperiode wieder vollständig abgetragen.

In dem langen Zeitraum seit dem Rückzug des Jura-Meeres fanden bedeutende plattentektonische Bewegungen statt: Von Süden her wurde ein Teil der Adriatischen Platte auf den Südrand der Europäischen Platte überschoben - die Alpenbildung hatte begonnen. Für den Pfaffenhofener Raum hatte dies vor allem zur Folge, dass die älteren Gesteine im Süden nach unten gedrückt, im Norden dagegen angehoben wurden. So liegt die Oberfläche des Malms nördlich der Donau auf über 400 m über NN und fällt bis zum Südrand des Landkreises tiefer als 550 m unter NN ab. Der verkarstete Malmkalkstein bietet hier ein bedeutendes Reservoir für bis zu 50°C warmes Thermalwasser.

Die Molasse: der Schutt der entstehenden Alpen

Am Nordrand der entstehenden Alpen bildete sich im Unteren Tertiär vor etwa 35 Millionen Jahren eine ausgedehnte Randsenke. Der Nordrand dieses „Molassebeckens" entsprach in etwa dem heutigen Verlauf der Donau. Mehrfach wechselten sich in dieser

Senke Meeresvorstöße mit festländischen Zeiten ab. Ständig wurden jedoch Gesteine der entstehenden Alpen abgetragen und im Molassebecken abgelagert. Bohrungen belegen den vielfachen Milieuwechsel im Untergrund des Landkreises: Ältere Untere Meeresmolasse (UMMa), Ältere Untere Brackwassermolasse (UBMa), Ältere Untere Süßwassermolasse (USM), Jüngere Untere Meeresmolasse (UMMj), Jüngere Untere Brackwassermolasse (UBMj), Jüngere Untere Süßwassermolasse (USM), Obere Meeresmolasse (OMM) und Obere Brackwassermolasse (OBM) mit Süßbrackwassermolasse (SBM). Alle diese Schichtglieder liegen jedoch im Untergrund verborgen und sind nur durch Bohrungen aufgeschlossen. Im Raum Pfaffenhofen, der vergleichsweise weit vom Abtragungsgebiet entfernt liegt, wurden im Molassebecken zunächst vor allem feinkörnigere Sedimente abgelagert: Sande, Tone und Mergel. Als Besonderheit erwähnenswert sind die Graupensande der Süßbrackwassermolasse. Diese sind zwar nirgends an der Oberfläche aufgeschlossen, markieren aber als etwa 10 km breites Band im Untergrund den ehemaligen Nordrand des Beckens und bilden aufgrund ihres hohen Porenvolumens einen wichtigen Grundwasserleiter.

Das jüngste Schichtglied bildet die Obere Süßwassermolasse (OSM), deren Gesteine weit verbreitet zutage

anstehen. Als tiefster Horizont ist die „Fluviatile Untere Serie" aufgeschlossen, die hauptsächlich aus Feinsanden, Tonen und Mergeln besteht. Diese findet man vor allem entlang des Paartales. Sie verursachen oft Staunässe und Quellaustritte und werden in mehreren Gruben abgebaut.

Die jüngeren Gesteine, „Geröllsandserie", „Nördliche Vollschotter" und „Mischserie", enthalten meist grobkörnige Sedimente mit Kies und Sand sowie Einschaltungen von Feinsedimenten. Die grobkörnigeren Sedimente zeugen von der zunehmenden

Transportkraft der Molasseflüsse vor gut 15 Millionen Jahren. Die genannten jüngeren Serien prägen das Hü-

gelland der Hallertau und sind in zahllosen Sand- und Kiesgruben aufgeschlossen. Auf vielen Hügelkuppen finden sich noch Feinsedimente der „Hangendserie".

Zwei Besonderheiten innerhalb der Molasseablagerungen sind noch zu erwähnen: Der „Brockhorizont" und die Bentonit-Vorkommen. Als Brockhorizont bezeichnet man eine dünne Sedimentlage, in der einzelne kantige Kalksteinbrocken bis mehrere Dezimeter Größe vorkommen. Die Beschaffenheit der Brocken weist auf eine Herkunft aus den Malmgesteinen

Sand- und Kiesgrube in den Nördlichen Vollschottern der Oberen Süßwassermolasse südöstlich von Schweitenkirchen (Foto: R. ANNAU 2002)

der Schwäbisch-Fränkischen Alb hin. Die fehlende Rundung und die Größe der Brocken beweist, dass diese höch-

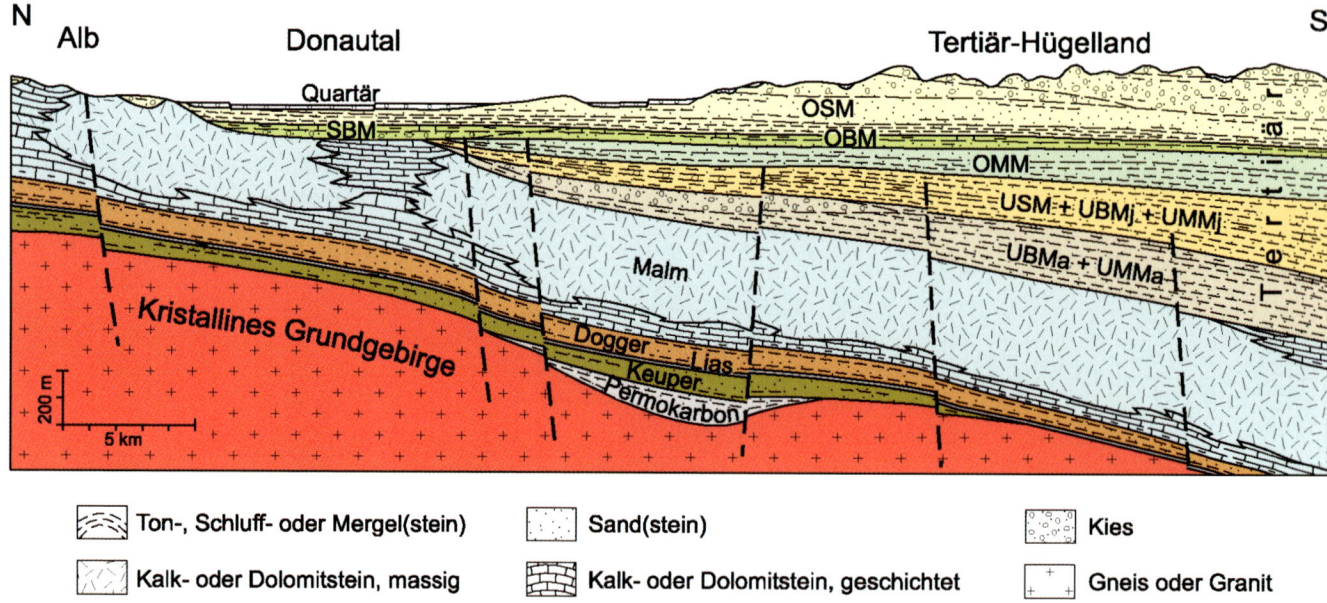

Schematischer Schnitt durch den Untergrund des Landkreises. Die älteren Schichten fallen generell nach Süden bis Südosten ein und sind an Bruchstörungen gegeneinander versetzt. Der Schnitt ist 10-fach überhöht.

stens über kurze Strecken durch fließendes Wasser transportiert wurden. Sie werden als Auswurfsmaterial des Meteoriteneinschlags im Nördlinger Ries interpretiert. In bis zu 80 km Umkreis um den Krater markieren sie die Landoberfläche zum Zeitpunkt des Impakts vor etwa 14,5 Millionen Jahren.

Etwas jünger als der Brockhorizont sind die Bentonitvorkommen am Ostrand des Landkreises bei Wolnzach. Bei diesen Ablagerungen handelt es sich um hochwertige Spezialtone, die in der Industrie vielfältige

ein und präparierten das heutige Landschaftsrelief heraus. Auch in Gebieten, die während der quartären Kaltzeiten nicht vergletschert waren, wie dem Landkreis Pfaffenhofen, hatte das Eiszeitalter trotzdem wesentlichen Einfluss auf die Landschaftsgestaltung. Hier herrschten lange Zeit periglaziale Verhältnisse mit winterlichem Permafrost und sommerlichem Bodenfließen (vergleichbar der heutigen Arktis).

Schotterterrassen, vor allem entlang der Paar, dokumentieren die verstärkte Sedimentanlieferung aus den Al-

Eine weitere Bildung des Eiszeitalters ist der Löß, der entscheidend für die Fruchtbarkeit der landwirtschaftlichen Böden des Landkreises verantwortlich ist. Während der Kaltzeiten wurden von starken Winden Mineralkörner aus eis- und vegetationsfreien Bereichen ausgeblasen und andernorts wieder abgelagert. Insbesondere das Tertiär-Hügelland profitierte davon. Aber auch auf den Südrand der Alb wurden teils mehrere Meter dicke Lößschichten aufgeweht. Durch Entkalkung wandelte sich der Löß häufig in Lößlehm um. Dieser war früher vielerorts ein begehrter Ziegeleirohstoff.

Im Holozän, der Nacheiszeit, die seit etwa 10.000 Jahren andauert, fanden vor allem entlang der Flüsse weitere Umlagerungsvorgänge statt. Junge Schotterterrassen und Schwemmfächer, vor allem aber feinkörnige Auensedimente, zeugen von den Verlagerungen der Fließrinnen in der jüngsten Erdgeschichte. Der nacheiszeitliche Donaulauf pendelte beispielsweise in einem über drei Kilometer breiten Bett. Leichte Geländestufen, Bäche und Altarme markieren oft noch den ehemaligen Verlauf der Mäander.

Kalkbrocken markieren den „Brockhorizont" in den Nördlichen Vollschottern (ehemalige Kies- und Sandgrube bei Streitdorf)

Hinweis auf weiterführende Literatur

Der Landkreis Pfaffenhofen gehört als Teil der „Planungsregion 10 Ingolstadt" zu den am intensivsten geowissenschaftlich bearbeiteten Gebieten Bayerns. In den Jahren 1997 bis 2002 wurde das gesamte Gebiet geologisch, hydrogeologisch, bodenkundlich und rohstoffgeologisch kartiert. Zu allen Themen sind Kartenwerke im Maßstab 1:100 000 mit Erläuterungsbänden erhältlich. Für Detailfragen werden die größermaßstäblichen Kartenwerke wie z.B. die Geologischen Karten 1:25 000 und die Hydrogeologischen Karten 1:50 000 empfohlen. Die Karten und Erläuterungen sind erhältlich beim Bayerischen Geologischen Landesamt oder im Internetshop unter www.geologie.bayern.de.

Verwendung finden. Entstanden sind sie durch die Verwitterung von vulkanischen Glasaschen, deren exakte Herkunft noch unbekannt ist.

Das Quartär: die Landschaft erhält ihr heutiges Gesicht

Schon im jüngsten Tertiär, vor allem aber im Quartär, setzte in unserem Gebiet wieder verstärkte Abtragung ein. Die Flüsse tieften sich immer stärker

pen während der Kaltzeiten und die fortschreitende Eintiefung der Täler.

Die höchstgelegene Schotterterrasse über dem Paartal liegt südlich von Hohenwart auf 430 m ü. NN. Talwärts finden sich immer jüngere Terrassen, bis hin zu den ausgedehnten Schotterfeldern aus der letzten Kaltzeit, die auch die weite Ebene südlich von Ernsgaden prägen. Die quartären Schotter sind ein bedeutender Massenrohstoff, der in vielen Kiesgruben abgebaut wird.

Landkreis
PFAFFENHOFEN a.d.Ilm

Der
Naturraum des Landkreises
Pfaffenhofen a.d.Ilm

Heinz Huber

Heinz Huber

Der Landkreis Pfaffenhofen wird durch drei naturräumliche Haupteinheiten geprägt:

- das Donau-Isar-Hügelland
- das Donautal
- die südliche Frankenalb

Donau-Isar-Hügelland
Südlich der Linie Reichertshofen - Geisenfeld erstreckt sich das Tertiärhügelland mit etwa 2/3 der Landkreisfläche.

Innerhalb des Tertiärhügellandes lassen sich zwei weitere Landschaftstypen unterscheiden.

Der donaunahe westliche Bereich zwischen Geisenfeld und Hohenwart, der teilweise von sandigen, dünenartigen Ablagerungen aus dem Donautal überdeckt ist.

Ab Rohrbach, südlich der Autobahn, sind die Sedimente der Oberen Süßwassermolasse meist mit mächtigem Löß, Lößlehm oder Lehm überlagert. Dies bringt für den Hopfenanbau die günstigsten Vorraussetzungen.

Donautal
Die breite Donauniederung trennt den Jura im Norden von den tertiären Erhebungen im Süden. Auf dieser flachen einheitlichen Schotterterrasse lagern großflächige Vermoorungen als Ablagerungen von Donau, Ilm und Paar.

Südliche Frankenalb
Nördlich der Donau reichen Ausläufer des Fränkischen Jura mit Dolomite und Kalke der Malm (etwa 140 Mio. Jahre alt) durch eine mächtige Lößschicht überdeckt in den Landkreis herein.

Paartal
Die nördlich des Ammersees im voralpinen Hügel- und Moorland entspringende Paar fließt bei Hohenwart in den Landkreis ein und mündet bei

Breitblättriges Knabenkraut

Gelege des Großen Brachvogels

Vohburg in die Donau. Neben der Donau und der Ilm ist sie eines der Hauptfließgewässer im Landkreis.

Das Paartal ist eine der naturnahesten Flußauen in Oberbayern. Sie zeichnet sich aus durch viele stark mäandrierende Flussschlingen und zahl-

reich erhaltene Altwässer. Der mäßig feuchte bis feuchte ca. 2 km breite Talraum wird noch überwiegend als Grünland genutzt.

Ilmtal

Der Landkreis wird von der Ilm, beginnend bei Thalmannsdorf bis nach Münchsmünster, von Süden nach Norden durchflossen. Die Ilm entspringt westlich von Pipinsried im Landkreis Dachau. Bei ihrer ca. 80 km langen Reise durch den Landkreis fließt sie zunächst im südlichen Landkreis überwiegend an Wiesen entlang. Im mittleren Abschnitt prägen Äcker und Hopfengärten das Landschaftsbild.

Nach Münchsmünster verläuft die Ilm parallel zur Donau, verlässt bei Auhöfe den Landkreis, um bei Eining zusammen mit der Abens in die Donau zu münden.

Fieberklee

Feilenmoos

Völlig verändert hat sich das Erscheinungsbild des Feilenmooses.

In den letzten Jahrzehnten ist durch Kiesentnahmen im Kerngebiet eine Seenplatte mit weit mehr als 400 ha Wasserfläche entstanden. Besonders für die Naherholung erlangte das Feilenmoos eine große Bedeutung.

Alte Eiche im Naturschutzgebiet „Nöttinger Viehweide"

Aber es gibt auch viele Schwimmvogelarten und röhrichtbrütende Vogelarten, die an den Baggerseen ihren Lebensraum finden. Zugvögel nutzen die Kiesweiher als Rast- und Überwinterungsquartier.

Nur mit Restbeständen blühen heute noch die einst bestimmenden Arten wie Iris sibirica oder der Lungenenzian im Feilenmoos.

Auf Grund dieser natürlichen Gegebenheiten haben sich Schwerpunktgebiete für einige besondere Pflanzen- und Tierarten im Landkreis entwickelt.

So finden wir in den weitläufigen Wiesengebieten des Paartales und des Donautales noch den Großen Brachvogel als Brutvogel. Auch kann man die tollen Flugkünste des Kiebitzes beob-

achten und in Pörnbach und Geisenfeld bringen jedes Jahr zwei Brutpaare des Weißstorches Junge zur Welt. Im als Landschaftsschutzgebiet ausgewiesenen „Paartal mit westlich angrenzendem Hügelland" entstand ein Biotopverbundsystem von besonderer Bedeutung.

An der Paarleite, den ehemaligen Prallhängen der Paar, werden verschiedene Bodenschichten angeschnitten wie entkalkte Sande, kalkreiche Sande, Ton- und Mergelschichten. Dies führt zu einem Artenreichtum wie man ihn sonst kaum findet. Vor allem seltene Arten der Sandfluren und Rohbodenstandorte sind hier zu bewundern.

Eine Konzentration von Trockenstandorten mit wertvollen Beständen sind insbesonders auf den Paartalhängen um Freinhausen mit dem NSG „Windsberger Trockenhänge"

Naturschutzgebiet „Windsberger Trockenhänge"

bei Ehrenberg und auf den Ilm-
hängen bis Fahlenbach festzustellen.

Ergänzt werden die Trockenlebens-
räume durch zahlreiche Kies- und
Sandgruben.

Paradebeispiel ist das Naturschutzgebiet „Oberstimmer Schacht", eine
ehemalige Sandgrube bei Manching.
In Teilbereichen hat sich eines der letzten Kalkflachmoore im Landkreis entwickelt.

Trockenrasen

Große zusammenhängende Laub-
waldbestände finden wir noch in der
Donauaue und im nördlichen Feilenforst. Sonst kann man sie nur noch
kleinflächig an steilen Hängen im tertiären Hügelland, sowie an quelligen,
nassen Standorten finden.

Magerrasen bei Freinhausen

Eine Besonderheit gibt es im Feilenforst. Das Naturschutzgebiet „Nöttinger Viehweide", eine alte Hutung, die
durch jahrhundertelange Beweidung
entstanden ist. Durch gezielte Pflege-
maßnahmen (auch Beweidung) wird
das Gebiet heute noch weitgehend
offen gehalten. Als Leitart gelten die
Calluna-Heideflächen.

Iris Sibirica

Landkreis
PFAFFENHOFEN a.d.Ilm

Zentrum der
Hopfenwelt

Dr. Christoph Pinzl

Dr. Christoph Pinzl

„Grünes Gold" nennen ihn die einen oder auch vornehm „Wohlstandspflanze". Andere schimpfen auf das „Verdrusskraut", das „jeden Tag seinen Herrn sehn will". Je nach Gemütslage. Oder besser: Marktlage. Natürlich ist hiermit der Hopfen gemeint, die wohl „bayerischste" aller Kulturpflanzen. Ohne Hopfen gäbe es kein Reinheitsgebot, keine weltberühmte bayerische Bierkultur und demnach eigentlich auch kein richtiges Bayern.

Die Hallertauer Landschaft ist geprägt von den geometrischen Formen der Hopfengerüste. Hier eine Aufnahme um 1930 mit Blick auf Lohwinden bei Wolnzach.

Was es ohne Hopfen auch nicht gäbe, wäre die Hallertau. Die Hallertau ist das größte Hopfenanbaugebiet auf der ganzen Welt! Ein Viertel aller Biere wird mit Hallertauer Hopfen gebraut. Weite Teile des Landkreises Pfaffenhofen werden ihr zugerechnet, Wolnzach, Geisenfeld, Pfaffenhofen und Hohenwart heißen die zentralen Hopfenorte. Ohne falsche Bescheidenheit nennt sich Wolnzach sogar „Hopfenmetropole". Nicht ganz zu unrecht. Denn man rühmt sich (zusammen mit den Ortsteilen) Deutschlands größte Hopfenbaugemeinde zu sein der Produktionsmenge nach gerechnet. In Wolnzach sitzt zudem alles, was im Hopfenbau Rang und Namen hat: Hopfenhandelsfirmen, Hopfenverbände, Hopfenberatung, Hopfenforschung, Hopfenverkaufsgenossenschaft und und und.

Die gemeindliche Hopfenaufbereitungsanstalt in Wolnzach ist eines der ältesten „hopfenspezifischen" Gebäude in der Hallertau. Die Aufnahme stammt aus den 1930er Jahren.

Geisenfeld dagegen erhebt den Anspruch, die älteste Hopfenbautradition weit und breit zu besitzen. Auch wenn es den konkreten Beweis hierfür nicht gibt, lassen sich tatsächlich Spuren bis ins frühe Mittelalter verfolgen, die den Hopfenbau in der Region belegen. Viel wichtiger für die Stadt Geisenfeld war aber ohnehin die Ortsansässigkeit einer Firma wie Wolf Stahlbau (heute Wolf Anlagen-Technik). Dieses Unternehmen belegt mit seinen Pflückmaschinen und Trocknungsanlagen für Hopfen seit Jahrzehnten die Marktführerschaft und machte Geisenfeld dadurch zum Zentrum der Hopfenbautechnologie.

Pfaffenhofen und Hohenwart betrieben lange Zeit nicht nur gemeindliche Verarbeitungsbetriebe für Hopfen. Man verlieh auch eigene Hopfensiegel, übrigens lange bevor das Siegelrecht Ende der 1920er Jahre staat-

Eine lange Schlange mit Hopfenfuhrwerken reihte sich zur Erntezeit vor den Siegelstellen der Städte und Märkte. Hier ein Bild aus Pfaffenhofen aus den 1930er Jahren. Die Siegelstelle befand sich damals im Rathaus.

lich geregelt wurde. Zur „Qualitätssicherung" und gegen neidische Nachahmer, die den guten Hallertauer Hopfen „panschen" wollten.

Hallertauer Hopfenkultur

Aber nicht nur die großen Städte und Gemeinden im Landkreis tragen die Hallertauer Hopfenkultur. Dorfbilder sind geprägt von den hohen Türmen der Hopfendarren, ihre Fluren sind

Geisenfeld verlieh bereits 1860 zum ersten Mal ein eigenes Hopfensiegel. Die Abbildung zeigt einen schön gestalteten Waagschein vom Anfang des 20. Jahrhunderts.

Viele Zupferinnen brachten ihre kleinen Kinder zur Hopfenernte mit. Dabei spielte die gute Verköstigung eine wesentliche Rolle.

Die Hopfenpräparierhalle in Hohenwart, gebaut 1928, in einem Bild aus den 1930er Jahren

gegliedert von der Geometrie der Hopfengerüste. Eine absolute Besonderheit besitzt der kleine Weiler Hüll nahe Wolnzach. Hier befindet sich bereits seit 1926 das zentrale deutsche Hopfenforschungsinstitut. Ohne dessen Erkenntnisse vor allem auf dem Gebiet der Sortenzüchtung und des Pflanzenschutzes wäre der Hopfenbau nicht mehr denkbar.

Zwischen der Region und ihrer Lieblingspflanze besteht somit Gleichklang: Hallertau = Hopfenbau. Das ist umso erstaunlicher, als der Hopfenbau eigentlich erst vor etwa 150 Jahren hier heimisch wurde. Erst um 1850 waren in Bayern die nötigen wirtschaftlichen und gesellschaftlichen Reformen in Gang gebracht worden, um einer „Handelspflanze" wie

dem Hopfen auf die Beine zu helfen. So mühsam die Hallertauer bis dahin vom Hopfenbau zu überzeugen gewesen waren, so wenig ließen sie sich nun aber aufhalten. Im Jahr 1860 fiel der Startschuss: Die Hopfenpreise erreichten erstmals schwindelerregende Höhen und unmittelbar darauf brach in der Hallertau der Hopfen-Goldrausch aus: „Unser Vaterland hat in dem Hopfenbau eine Einnahmequelle, eine Goldgrube, verhältnismäßig reichlicher und nachhaltiger als die Goldgruben Kaliforniens", urteilte der Hallertauer Pfarrer Moritz Filser und keiner der Hallertauer Bauern wollte sich die neue Einnahmequelle entgehen lassen. Wie sehr der Hopfen damals die Hallertauer in Aufbruchstimmung versetzt haben muss, zeigen allein schon nackte Zahlen: 1815 belief sich die Menge an geerntetem Hopfen für die Hallertau nach Schätzungen auf gerade mal 1.500 Zentner. 1880 erreichte man dagegen ganze 80.000 Zentner. Fieberartig muss die Euphorie damals gewesen sein. Zu Spitzenzeiten konnte ein Zentner Hopfen damals um die 500 Mark einbringen, wohlgemerkt,

Das Hopfenforschungsinstitut Hüll mit dem früheren Versuchsgut, heute „Busch-Farm", in einer Luftaufnahme aus den 1950er Jahren

nur ein Zentner. Bei einem Durchschnittsjahreseinkommen von rund 600 Mark für einen Landwirt eine wahrhaft ungeheure Zahl.

Geschenkt wurde den Hallertauern jedoch nichts. Keine Pflanze verlangt ihrem Pflanzer soviel ab wie der Hopfen. Pflügen, Eggen, Drähte aufhängen, Aufdecken, Schneiden und Andrehen der Pflanzen im Frühjahr, Pflanzenschutz und Pflege im Frühsommer, schließlich Ernte, Trocknung und Verarbeitung der Dolden, das

Zur Zeit der Handpflücke gab es am Ende jeder Ernteperiode ein großes Abschlussessen, das „Hopfenmahl". Wie hier in Wolnzach um 1950 zogen die Hopfenzupfergruppen häufig mit einer geschmückten „letzten Hopfenstange" auf den Hof ihres Bauern ein.

alles erfolgte die längste Zeit in Handarbeit, manche dieser Tätigkeiten sind sogar heute noch nicht mechanisiert. Nebenher musste aber auch noch die restliche Landwirtschaft funktionieren. Was das für die Hallertauer Bauern an Einsatzwillen erfordert hat, lässt sich oft nur erahnen. Dabei konnte niemand sicher sagen, wie viel ihm die Arbeit im Herbst wirklich einbrachte. Hopfen war und ist die Spekulationspflanze schlechthin.

Jahr für Jahr gab es neue Preise und niemand konnte im Voraus sagen, was das „Hopfenroulette" im laufenden Erntejahr an Gewinnen bereithielt.

Umbruchszeiten

Gerade diese Mischung aus Hingabebereitschaft und Reichtumsversprechen dürfte der Hauptgrund für das zähe Festhalten der Hallertauer am Hopfen sein, über alle Misslichkeiten hinweg. Denn die Hallertauer Hopfengeschichte ist reich an Krisen. Der radikale Umbruch, der sich seit einigen Jahren vollzieht, hat die Hallertauer Hopfenwelt inzwischen grundlegend umgekrempelt. Früher war jeder Hallertauer ein Hopfenpflanzer,

inzwischen kann der Hopfen längst nicht mehr die ganze Region ernähren. Ohne Mechanisierung und Hightech lässt sich im Hopfenbau nichts mehr verdienen. Weil sich die hohen Investitionen aber lohnen müssen, ist zwar die Landschaft immer noch von den Hopfengärten geprägt, die Zahl derer, die sie bewirtschaften wird aber von Jahr zu Jahr geringer.

Gerade zur richtigen Zeit entsteht deshalb in Wolnzach das Deutsche Hopfenmuseum, das die bewegte Hallertauer Hopfengeschichte für die Nachwelt festhält. In einem spektakulären Neubau in der Form eines Hopfengartens entsteht eine große Erlebnisausstellung, die ab Ende 2004 ihre Pforten für die Besucher öffnet.

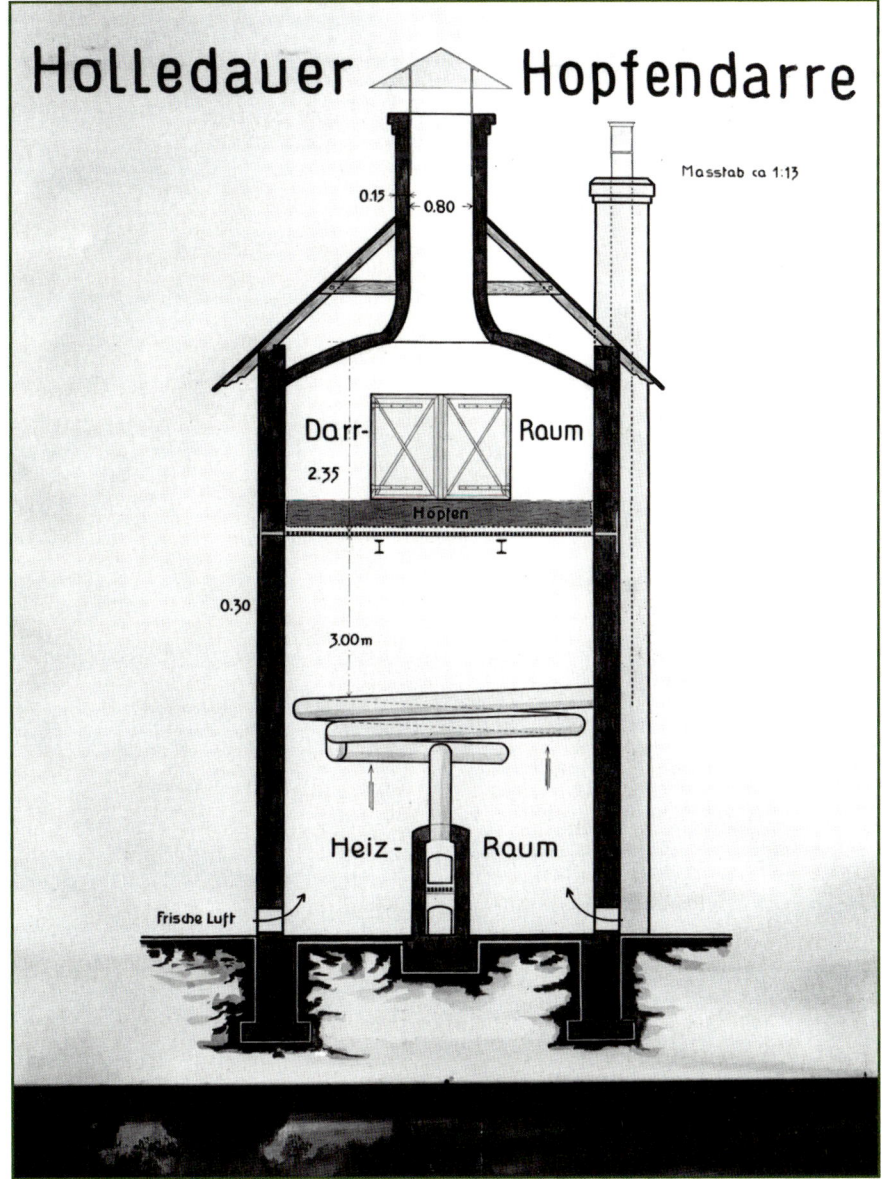

Zimmerermeister Max Eder aus Wolnzach konstruierte seit 1896 beheizbare Hopfendarren, die als „Hallertauer" oder „Deutsche Darren" bekannt wurden und sich in der ganzen Hallertau verbreiteten. Eder erhielt dafür 1905 von der Wittelsbacher Landesstiftung einen Preis.

Landkreis
PFAFFENHOFEN a.d.Ilm

Spargel
Typische Gastronomie

Alois Ilmberger

Alois Ilmberger

Der Westen und Nordwesten des Landkreises Pfaffenhofen liegt im tertiären Sandgürtel und bietet damit sehr gute Voraussetzungen für den Spargelanbau. Dieses Gebiet ist Teil des „Schrobenhausener Spargelanbaugebietes", das schon lange Zeit überregionale Bedeutung und Bekanntheit besitzt.

Spargel wird im Landkreis Pfaffenhofen seit ca. 50 Jahren kultiviert, wobei die größte Flächenausdehnung bedingt durch technische Neuerungen und neue Sorten in den letzten 20 Jahren stattfand.

Spargel (Asparagus officinalis) gehört zur Familie der Liliengewächse. Die essbaren Stangen sind die Sprosse einer mehrjährigen Staude, die oberirdisch als Grünspargel und unterirdisch als Bleichspargel in der Zeit von ca. Mitte April bis ca. Mitte Juni geerntet werden. Der früher oft als Saisonende genannte 24. Juni kann wegen des heute früheren Erntebeginns meist nicht mehr eingehalten werden.

Verantwortlich für den früheren Erntebeginn sind die verschiedensten

Im Frühjahr werden die Spargelbifänge mit Folien abgedeckt, um das Wachstum zu beschleunigen.

Unter der Erde wächst der Spargel aus dem Wurzelstock heran.

Abdecksysteme mit Folien, die neben der Verfrühung auch noch arbeitswirtschaftliche Vorteile mit sich bringen. So muss der Spargel nur noch

Beim Stechen des Spargels wird die Stange freigelegt.

einmal täglich gestochen werden, da aus dem Boden wachsende Triebe ihre weiße Farbe behalten. Ohne Folienbedeckung musste mindestens zweimal täglich geerntet werden, um eine Rot- bzw. Grünfärbung des Bleichspargels zu verhindern.

Die Ernte wird in den größeren Betrieben von Saisonarbeitskräften erledigt.

Neben einer ausgeglichenen Sortierung ist für den Verbraucher vor allem die Frische des Spargels wichtig. Diese wird gewährleistet durch eine entsprechende Kühlung nach dem Stechen und durch schnellen Verkauf ab Hof bzw. schnellen Transport zum Großmarkt oder sonstigen Abnehmern. Unsere Spargelbauern haben und nutzen die kurzen Wege und die Verbrauchernähe, was die Nachfrage nach unserem heimischen Spargel beweist.

Bereits die alten Ägypter, Griechen und Römer waren Spargelfreunde. Sie schätzten ihn wegen seines exquisiten Geschmacks und seiner diätetischen Wirkung. Bei uns wurde er anfangs als Heilpflanze kultiviert, denn Spargel ist für einen empfindlichen Magen sehr bekömmlich und wegen seiner wenigen Kohlehydrate bestens für Diabetiker geeignet. Er ist ein ausgesprochener Schlankmacher, ent-

hält wenig Kalorien, wirkt entschlackend und bietet jede Menge wertvoller Vitamine und Mineralstoffe.

Die heimische Gastronomie bedient sich dieser Vorzüge und bietet in der Spargelsaison die verschiedensten Spargelgerichte an.

Die Grundzubereitung des Spargels ist - in der Gastronomie oder im privaten Haushalt - meist dieselbe: Frischer Spargel wird sorgfältig vom Kopf zum Ende geschält. Er wird dann in kochendes Wasser gegeben, das mit Salz und Zucker abgeschmeckt und mit etwas Butter verfeinert wird. Nach einer Garzeit von ca. 10 - 20 Minuten - je nach Dicke der Stangen - kann er mit den verschiedensten Soßen und Beilagen serviert werden. Ein Besuch der Hallertau in der Spargelsaison lohnt sich.

Lassen Sie sich von unserer Gastronomie verwöhnen und versorgen Sie sich bei unseren Spargelbauern ab Hof mit frischem Spargel für die eigene Küche.

Landkreis
PFAFFENHOFEN a.d.llm

Das Landgericht

Entstehung
und Ausprägung bis 1800
Die Veränderungen des 19. Jahrhunderts

Andreas Sauer M.A.

Andreas Sauer M.A.

Das Landgericht - Entstehung und Ausprägung bis 1800

Die Frühgeschichte des Raums bis zur Bildung des Landgerichts Pfaffenhofen

Erste Ansätze einer kontinuierlichen Besiedelung im Raum Pfaffenhofen werden im hohen Mittelalter, bereits ab dem 8. Jahrhundert, greifbar. Wegen der sehr schlechten Quellenlage - sog. „Traditionsbücher" (Schenkungsbücher) der Klöster Ilmmünster und Tegernsee fehlen - ist lediglich die räumliche, nicht ortsgebundene Bezeichnung „ad Ilmina" überliefert. Damit könnte am Rand des damaligen Stammesherzogtums Bayern der Raum um Ilmmünster gemeint sein, wo gegen Ende des 8. Jahrhunderts ein Kloster, wahrscheinlich ein Filialkloster von Tegernsee, bestanden haben dürfte.

Ansicht von Ilmmünster, Keimzelle der Besiedelung im frühen Mittelalter (18. Jahrhundert)

Genaueres teilen die Quellen erst im 10. und 11. Jahrhundert mit. Aus einer Güteraufstellung des frühen 11. Jahrhunderts wird deutlich, dass um

Ilmmünster und ilmabwärts mit Eschelbach, Gosseltshausen und Geroldshausen Ansiedlungen und Güter bestanden haben. Die Lage aller bekannten Siedlungen dieser Zeit an der Ilm lässt die Bedeutung des Flusses erkennen. Eine feste Gerichtsorganisation bestand damals jedoch noch nicht.

Verschiedene Adelsgeschlechter, etwa die Babenberger und die in dieser Zeit sehr bedeutenden Ebersberger Grafen treten als Grundherren in unserem Raum auf. Nach dem Erlöschen des Geschlechts der Ebersberger im Lauf des 11. Jahrhunderts tritt das fortan wesentlich die Geschicke der bayerischen Geschichte bestimmende Geschlecht der Wittelsbacher in den Vordergrund.

Die Herausbildung des Landgerichts

Erster bedeutender Vertreter in unserem Raum war Graf Otto, „comes de Skyrun". Auch nachdem die Angehörigen dieser Dynastie ihre Stammburg Scheyern verlassen hatten - sie nannten sich zunächst Grafen von Scheyern und erst nach ihrem Umzug nach Unterwittelsbach „Wittelsbacher" - blieben sie im Raum Pfaffenhofen präsent und konnten zunehmend weitere bedeutende Herrschaften wie die Vogtei Ilmmünster in Besitz nehmen. Noch im 12. Jahrhundert wird Pfaffenhofen Verwaltungszentrum und Herrschaftsmittelpunkt, Winhard von Rohrbach tritt Anfang des 13. Jahrhunderts als erster nachweisbarer Richter auf.

In den folgenden Jahrzehnten förderten die Wittelsbacher weiter den organisatorischen Ausbau des Landes. Konsequenz war die Einrichtung der sog. „Landgerichte" als klar abgeschlossene Gebiete. Die Herausbildung des Landgerichts Pfaffenhofen erfolgte im frühen 13. Jahrhundert. Mit einem Landrichter oder Pfleger an der Spitze, der als ausübende Kraft des Landesherrn sein Gericht verwaltete, war im Raum um Pfaffenhofen die Bildung des Landgerichts im 14. Jahrhundert vollendet.

Georg Christoph Baron von Haslang, Pfleger und Landrichter von 1515 bis 1525

Der anfängliche Landgerichtsbezirk und sein organisatorischer Ausbau

Die ursprüngliche Ausdehnung des Landgerichts Pfaffenhofen, die erst im Lauf der folgenden Jahrhunderte weitgehend dem Gebiet des heutigen Landkreises entsprach, war zunächst jedoch wesentlich geringer. Einige Adelsgeschlechter, wie die Preysing von Wolnzach, konnten sich zunächst noch gegen die Einbindung in das Landgericht wehren. Nach ihrem Aussterben fielen jedoch wichtige Territorien an den bayerischen Herzog und wurden dem Landgericht eingegliedert. So geschah es im 13. Jahrhundert mit einem Teil der Herrschaft Wolnzach, die später als Amt Geroldshausen in der Verwaltung des Landgerichts auftaucht, ebenso mit der Herrschaft Rottenegg und der Burg Reichertshofen.

Ansicht von Schloß Wolnzach aus dem Jahr 1584

Im ersten herzoglichen Urbar (Besitzverzeichnis der herzoglichen Güter) der Wittelsbacher, das etwa aus der Zeit um 1231/34 stammt und eine Bestandsaufnahme der wittelsbachischen Besitzungen enthält, ist erstmals ein „ampt ze Pfaffenhoven" verzeichnet. Damit ist eine verwaltungstechnische und rechtliche Organisation erkennbar, die bis zum zweiten Urbar aus dem Jahr 1280 ausgebaut wurde. Hier ist bereits eine weitere Unterteilung in mehrere "officia" als Verwaltungseinheiten innerhalb des Amtes Pfaffenhofen vorgenommen worden.

Die Rechtsverhältnisse im Landgericht

Wie sah das Landgericht im 14. Jahrhundert hinsichtlich der rechtlichen Organisation aus? Anders als heute, da innerhalb eines Landkreises eine klare und einheitliche Strukturierung durch Gemeinden besteht, existierten innerhalb des Landgerichts eigene Verwaltungssprengel, die neben einer eigenständigen Verwaltung auch individuelle Befugnisse der Gerichtsbarkeit hatten, die sog. „Hofmarken". Dies waren oft einzelne Dörfer und Weiler und umfassten mitunter nur 20 Anwesen. Hofmarksrechte wurden von Ludwig dem Bayern ab dem Jahr 1315 vergeben, Scheyern und Ilmmünster wurden noch im selben Jahr zu Hofmarken erhoben. Sie hatten eigene Rechte, die seitens des Landgerichts nicht angetastet werden durften.

Verbrechen, auch die „todeswürdigen" (die mit der Todesstrafe geahndet wurden) umfasste - hierzu zählen Totschlag, Notzucht und Diebstahl -, und die niedere Gerichtsbarkeit, die in den Hofmarken ausgeübt wurde (Verbriefung, Steuereinnahme, leichtere Vergehen). Der Herzog bzw. ab 1623 Kurfürst als Landesherr hatte die hohe Blutgerichtsbarkeit in weiten Teilen Altbayerns inne. Er übertrug die Behandlung der Verbrechen und den Vollzug der Strafen den Pflegern oder Landrichtern. Die Hofmarken mussten die Behandlung dieser Schwerverbrechen dem Landgericht überlassen, Verbrecher mussten sie an der Grenze ihrer Hofmark zum Landgericht dem Amtmann des Landrichters übergeben.

Im Landgericht Pfaffenhofen gab es 33 Hofmarken, die mit eigener Rechtskompetenz (s.o.) die uneingeschränkte Herrschaft des Landrichters im Landgericht unterbanden. Das Landgericht selbst war in vier Ämter unterteilt: Pfaffenhofen (Ober- und Untergebiet), Hohenwart, Geroldshausen und Geisenfeld.

die im 17. Jahrhundert neun Hofmarken mit ihrem Verwaltungsmittelpunkt Pörnbach ihr eigen nennen konnten, und die Grafen von Preysing, die sechs Hofmarken unter ihrer Verwaltung hatten und von Schenkenau aus ihre Rechte ausübten.

Daneben gab es noch weitere adelige Familien aber auch bedeutende kirchliche Grundherren, etwa Kloster Scheyern und das Liebfrauenstift München, das die Hofmark Ilmmünster und weitere Besitzungen im Landgericht inne hatte. Auffallend ist, dass der jeweilige Herzog resp. Kurfürst von Bayern bei weitem nicht der bedeutendste Grundbesitzer im Landgericht Pfaffenhofen war. Er hatte quantitativ lediglich 3 Prozent der verzeichneten Besitzeinheiten und 5 Prozent der Gesamtfläche des Gerichts inne!

Die Besiedelung des Landgerichts

Eine erste genauere Bestandsaufnahme zur Besiedelung des Landgerichts bietet ein Herdstättenverzeichnis aus

Reste des Schloßbauernhofes von Euernbach sind bis heute erhalten

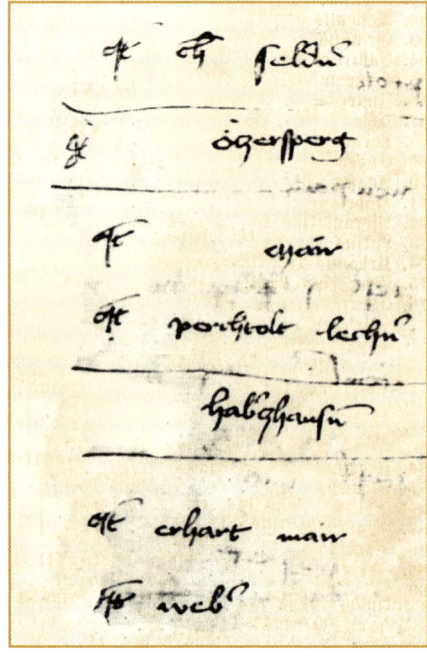

Seite aus dem Herdstättenverzeichnis des Landgerichts Pfaffenhofen von 1445 (Stadtarchiv München)

Zum Verständnis dieser rechtlichen Besonderheit muss auf zwei unterschiedliche Rechtskompetenzen eingegangen werden, die bis zum beginnenden 19. Jahrhundert Gültigkeit hatten:
Die hohe Blutgerichtsbarkeit, die alle

Bedeutende Grundherren im Landgericht - statistisch gesehen

Wichtige Adelsgeschlechter im Raum Pfaffenhofen, die viel Besitz inne hatten, waren die Grafen von Törring,

dem Jahr 1445, das alle Häuser mit Rauchfang - deshalb „Herdstättenverzeichnis" genannt - im Landgericht Pfaffenhofen auflistet, die Stadt Pfaffenhofen und die Märkte Wolnzach und Geisenfeld jedoch nicht verzeichnet. Insgesamt mehr als 1700 Namen werden dort bereits genannt, die eine geschlossene Besiedlung des Raumes erkennen lassen. Die Einteilung in Ämter und Hofmarken zeigt die bereits fortgeschrittene Organisation im Landgericht.

Einen tiefen Einschnitt hinsichtlich des langsamen Fortschreitens der Einwohnerzahlen bildeten wiederholt Kriege und Epidemien, die auch das Gebiet des heutigen Landkreises heimsuchten. Insbesondere die Auswirkungen des 30-jährigen Krieges (1618-1648) führten zur Reduzierung der Bevölkerungszahlen auf nahezu ein Drittel des Vorkriegsstandes. Es sollte Jahrzehnte dauern, bis sich die Region davon erholt hatte.

Interessant ist der vergleichsweise geringe Zuwachs an Einwohnern vom 15. bis zum 18. Jahrhundert. Im Jahr 1803 sind im Landgericht (bei Betrachtung des gleichen Raums) rund 2.600 Herdstätten verzeichnet gegenüber 1.700 im 15. Jahrhundert. Eine nachhaltige Bevölkerungszunahme sollte noch fast weitere 100 Jahre dauern, als verbesserte hygienische und medizinische Verhältnisse die bis zu 80% betragende Kindersterblichkeit (vor allem Kinder im Alter von bis zu 2 Jahren waren betroffen) reduzierten. So waren im Jahr 1876 bereits 4.900 Wohngebäude für das nunmehrige Bezirksamt als Nachfolger des Landgerichts verzeichnet, nahezu eine Verdoppelung des Bestandes in weniger als 100 Jahren. Und hier haben die großen Bevölkerungszunahmen des 20. Jahrhunderts noch nicht stattgefunden!

Ausdehnung des Landgerichts und Veränderungen bis zum Ausgang des 18. Jahrhunderts

Wiederholt kam es zu Angleichungen und Korrekturen der Grenzen, die oft nur unter Schwierigkeiten festgelegt werden konnten. Insbesondere an den Randlagen wurden wiederholt Zuteilungen von und Abtretungen an benachbarte Landgerichte vorge-

nommen. Besonders der gewaltsam herbeigeführte Verlust der Herrschaft Wolnzach im 16. Jahrhundert, die an das Landgericht Moosburg fiel, bedeutete einen schwerwiegenden Eingriff in das Aussehen des Pfaffenhofener Rechtsbezirks. Wolnzach gelangte erst 1803 wieder zum Landgericht Pfaffenhofen.

Das Landgericht Pfaffenhofen hatte zudem einige Besonderheiten aufzuweisen, die sehr ungewöhnlich sind. So kamen die Gebiete des Landgerichts Reichertshofen im Norden im 15. Jahrhundert sowohl durch die

Grenzstein im Reichertshofener Gebiet an der Grenze des pfalz-neuburgischen Landgerichts Reichertshofen zum Landgericht Pfaffenhofen mit dem bayerischen Rautenwappen

Heiratspolitik der Herzöge als auch durch kriegerische Auseinandersetzungen an einen neuen Landesherrn. Im Zuge dieser Entwicklung kam auch Gurnöbach, obwohl inmitten des Landgerichts gelegen, an das Gericht Reichertshofen und war damit

Burgfriedenstein der Stadt Pfaffenhofen mit dem Pfaffen und den Buchstaben „STPH" für die Stadt Pfaffenhofen und der Jahreszahl 1689

einem rechtlichen und verwaltungsmäßigen Sonderstatus unterworfen. Als Enklave war es völlig vom Landgericht Pfaffenhofen umgeben.

Umgekehrt gehörte die Hofmark Kollbach, jahrhundertelang mit der Hofmark Ilmmünster verbunden, als außerhalb des Landgerichts gelegene Verwaltungseinheit zum Landgericht Pfaffenhofen und fiel erst im Jahr 1758 an das Landgericht Kranzberg, von dem es geographisch völlig umgeben war.

Ein besonderes Phänomen stellte der kleine Ort Entrischenbrunn dar. Obwohl er nur 13 Anwesen umfaßte, gehörte der Ort zu drei Landgerichten, die Gerichtsgrenzen liefen mitten durch den Weiler. Sieben Hausbesitzer gehörten zum Landgericht Pfaffenhofen, fünf hatten ihre Steuern und Abgaben an den Landrichter von Moosburg und einer an den Landrichter von Kranzberg zu entrichten. Im Jahr 1816 erfolgte schließlich die Bereinigung der Grenze und der Ort kam geschlossen nach Pfaffenhofen.

Karte mit der Landstraße von Pfaffenhofen bis Ingolstadt von Castulus Riedl aus dem Jahr 1762. Sie zeigt den Grenzverlauf zwischen den Landgerichten Pfaffenhofen, Vohburg und dem pfalz-neuburgischen Territorium. Der Norden befindet sich rechts. (Bayerisches Hauptstaatsarchiv, Plansammlung Nr. 7364)

Auf eine Besonderheit weist der „Bistumsstein" bei Streitdorf hin. Hier stoßen die Grenzen der drei Bistümer Augsburg, München-Freising und Regensburg aneinander. Zu sehen sind die Wappen der Bistümer Augsburg und München-Freising mit dem Freisinger Mohren.

Zu Beginn des 19. Jahrhunderts erfolgten tiefgreifende Umstrukturierungen der bayerischen Landesverwaltung. Im Zuge einer modernen Staatsauffassung wurde eine Gerichts- und Verwaltungsreform durchgeführt, die die Hofmarken in geistlicher und (ab 1848) in adeliger Hand aufhob und neue Verwaltungsinstrumente schuf, die „politischen Gemeinden."

Die Veränderungen des 19. Jahrhunderts

Die Umbrüche in der Staatsverwaltung mit der Schaffung eines modernen, rationalen und klar strukturierten Staates führte in Bayern, das im Jahr 1806 durch Napoleon Bonaparte zum Königreich erhoben wurde, zu ersten Erlassen, die die Einrichtung der Gemeinden vorbereiten sollten.

Im Jahr 1802 wurden die bisherigen Landgerichte „alter Ordnung" mit umfangreichen Zuständigkeitsbereichen aufgelöst. Die Nachfolgeeinrichtungen behielten den Namen „Landgerichte", waren jedoch nur mehr für Verwaltungs- und Justizangelegenheiten zuständig. Damit war der Rahmen für die Neuorganisation des bayerischen Staates geschaffen, jedoch bestanden noch immer die „Hofmarken" als selbständige Rechtskörper fort. Ihr Ende folgte in Etappen.

Das Ende der Hofmarken kam im Jahr 1803 auf die geistlichen, im Jahr 1848 auf die adeligen Hofmarken zu. Eine Besonderheit blieb das Fortbestehen der Hofmarksrechte der Hofmarken in adeliger Hand. Hatte die kirchenfeindlich geprägte Aufklärung mit den Reformen in der Staatsverwaltung die Hofmarken in klösterlichem Besitz bereits 1803 aufgehoben, blieben die Adelsrechte noch bis 1848 bestehen. Die Bevölkerung dieser Rechtsräume war noch bis zu diesem Zeitpunkt zu Scharwerksdiensten, Botengängen und anderen Arbeitsleistungen für die Herrschaft verpflichtet. Die Bewohner hatten noch Geldabgaben an den Grundherren zu leisten und mussten sich, wie etwa im Fall der Törringischen Hofmark Tegernbach, auch zur Jagd der adeligen Familie bereithalten, einen Hund halten oder sich an der Sauhatz beteiligen.

Wappen derer von Schmädel, der Hofmarksinhaber der adeligen Hofmark Uttenhofen, die bis zum Jahr 1848 bestand.

Innerhalb der Landgerichte waren nun die politischen Gemeinden an die Stelle der Hofmarken getreten. Nachdem mit dem Edikt von 1808 den Gemeinden nahezu alle Kompetenzen und Verwaltungsaufgaben genommen worden waren, kam es 10 Jahre später zum entscheidenden Kurswechsel. Das „Organische Edikt zur Bildung der Gemeinden" vom 17. Mai 1818 darf als Geburtsstunde der Gemeinden in der Form gelten, wie wir sie heute noch kennen.

Mit wesentlich mehr Eigenverwaltung und -verantwortung ausgestattet wurden die Gemeinden nun funktionierende Verwaltungseinheiten für den „Neuen Staat". Eine große Leistung zu Beginn des 19. Jahrhunderts bedeutete es, aus ehemals 40.000 Körperschaften, Rechts- und Verwaltungsbezirken 7.000 Gemeinden zu bilden und auf diese Weise eine deutlich übersichtlichere Verwaltungsorganisation im Land Bayern zu haben.

Bei der Gemeindebildung wurde versucht, bereits in den früheren Jahrhunderten bestehende bäuerliche Wirtschaftsgemeinden zu einer Gemeinde zusammenzufassen. Schließlich wurden im Landgericht 78 Gemeinden gebildet, deren Anzahl sich nach der Auflösung verschiedener Gemeinden bis zur Gebietsreform der 1970er Jahre auf 53 verringerte.

Die Bildung des Bezirksamtes und späteren Landkreises Pfaffenhofen a.d.Ilm

Im Zuge der Trennung von Verwaltung und Justiz bei den Unterbehörden, die in Bayern schon ab 1828 erörtert, jedoch nie umgesetzt wurde, wurden im Jahr 1862 die Landgerichte, wie sie seit dem beginnenden 19. Jahrhundert bestanden hatten, aufgelöst. Nun sollten eigene Behörden für Verwaltung und Rechtsprechung geschaffen werden. Die Landgerichte wurden nun von den "Bezirksämtern" abgelöst, die als Vorläufer der heutigen Landkreise für die Verwaltungsaufgaben auf der mittleren Verwaltungsebene zuständig waren. Die Landgerichte blieben nun mit juristi-

scher Funktion bestehen und waren für die Justiz zuständig.

Das neu geschaffene Bezirksamt Pfaffenhofen erhielt im Norden vom Be-

Handgezeichnete Karte des Landgerichts Pfaffenhofen, gefertigt durch den langjährigen Pfaffenhofener Lehrer und Ehrenbürger Rubenbauer

zirksamt Ingolstadt 12 Gemeinden zugeteilt, vom Bezirksamt Dachau eine. Neben dem Rentamt war der Verwaltungssitz im alten Landgerichtsgebäude, der früheren Gerichtsschreiberei, untergebracht und erhielt zum Ende des 19. Jahrhunderts einen Neubau, in dem es rund 70 Jahre seinen Amtssitz hatte.

Im Jahr 1938 wurden die Bezirksämter im Zuge der damaligen Verwaltungsneuordnung in „Landkreise" umbenannt, die Bezeichnung wurde bis heute beibehalten. Der Landkreis Pfaffenhofen a.d.Ilm blieb bis 1969 im alten Bezirksamtsgebäude untergebracht, ehe mit dem 1971 abge-

schlossenen Neubau des Gebäudes ein den gewachsenen Anforderungen entsprechendes Verwaltungszentrum für den Kreis geschaffen wurde. Noch im gleichen Jahr brachte die

Werbekampagne für die Gebietsreform der frühen 70er Jahre

Das 1899 erbaute Bezirks- und spätere Landratsamtsgebäude Pfaffenhofen

Landkreisgebietsreform letzte Änderungen in der Ausdehnung, indem der Zuteilung von 21 Gemeinden - insbesondere von den Landkreisen Ingolstadt und Schrobenhausen - die Abgabe einer Gemeinde an den Landkreis Eichstätt gegenüberstand.

Landkreis
PFAFFENHOFEN a.d.Ilm

Die
Gebietsreform
der 1970er Jahre

Rudi Engelhard

Rudi Engelhard

Nichts ist so stetig
wie der Wandel

A 9 München - Berlin

Vohburg
an der Donau

Ausfahrt
Ingolstadt

B 13 Ingolstadt /
Eichstätt

B16a

Münchsmünster

Binnenhafen
Kelheim 15 km

B 16
Regensburg

Manching

B16

B 16 Donauwörth

Ernsgaden

Baar-
Ebenhausen

Geisenfeld

Reichertshofen

B300

A 93 Regensburg -
Landshut

Rohrbach

Pörnbach

A9

Wolnzach

B 300 Augsburg

Hohenwart

A93

Landshut

B13

Pfaffenhofen a.d. Ilm

Scheyern

Hettenshausen

A9

Schweitenkirchen

Gerolsbach

Ilmmünster

Flughafen München
25 km

Reichertshausen

Jetzendorf

B 13 Hohenkammer
Petershausen
S-Bahn
ICE München -Nürnberg

A 9 München - Berlin

„Geh weida Zeit, bleib steh", heißt es in einem Werk eines bekannten bayerischen Mundartdichters. Nicht selten wünschen sich viele Menschen, die Zeit möge stehen bleiben oder sie sehnen sich gar nach der „guten alten Zeit" zurück. In allen Epochen gab es den scheinbar unauflöslichen Widerspruch zwischen der Angst vor Veränderung, dem Wunsch nach einem statischen Festhalten der Gegenwart und dem dennoch ständigen sozialen, wirtschaftlichen, kulturellen, ja gesamtgesellschaftlichen Fortschreiten der Lebensverhältnisse. Es ist alles in Bewegung, hieß es schon bei den alten Griechen und spätestens seit dem Zeitalter der Aufklärung und der darauffolgenden industriellen „Revolution" gilt der Satz „Nichts ist so stetig wie der Wandel". Dies gilt im besonderen Maße auch für die Gemeinden, die als kleinster Teil der staatlichen Strukturen das Zusammenleben der Menschen vor Ort „hautnah" organisieren.

Immer wieder wurde das Zusammenleben in den örtlichen Gemeinschaften im Laufe der Jahrhunderte vor besondere Herausforderungen und „Proben" gestellt. Waren es früher Naturkatastrophen, Hungersnöte, Kriege und Feudalherren, die die Bevölkerung arg traktierten, so waren es seit der Einführung einer geordneten, „modernen" Staatsverwaltung mit Beginn des 19. Jahrhunderts vor allem die obrigkeitlichen Reformen und Strukturveränderungen, die das Selbstverwaltungsrecht der Kommunen einschränkten. Nach den Vorgaben der Bayerischen Verfassung und der Bayerischen Gemeindeordnung sind die Kommunen ursprüngliche Gebietskörperschaften mit dem Recht, die örtlichen Angelegenheiten im Rahmen der Gesetze zu ordnen und zu verwalten. Diese „Gesetze" werden vor allem vom „Staat" erlassen, das sind der Freistaat Bayern, der Bund und in den letzten Jahren auch zunehmend - wenngleich der Begriff „Staat" hier (noch) nicht zutrifft - die Europäische Union. Der Staat kann also „im Rahmen der Gesetze" auf die Gemeinden einwirken und, wenn er es für notwendig hält, durch die sog. Rechts- und Fachaufsicht Weisungen

erteilen und auch in den Bestand einzelner Gemeinden eingreifen. So geschehen in den siebziger Jahren des vergangenen Jahrhunderts, als aufgrund der nach den Aufbaujahren des 2. Weltkriegs deutlich veränderten Lebensverhältnisse die Landkreise und Gemeinden im Freistaat Bayern neu geordnet wurden.

Bereits in den sechziger Jahren stellte die Bayerische Staatsregierung Überlegungen an, die Kommunen neu zu gliedern. „Gebietsreform" hieß der relativ neutral gesetzte Begriff. Ein „Zauberwort" für die einen, ein „Reizthema" bei den anderen, je nach Sicht der Dinge. Es gab im Vorfeld heftige Nachbarstreitigkeiten, Widerstände, Proteste und Demonstrationen. Die ausgehandelten bzw. von der Bayerischen Staatsregierung vorgesehenen Änderungen „schmeckten" den Kommunalpolitikern vor Ort überhaupt nicht. Viele investierten im Kampf um Regions-, Landkreis- und Gemeindegrenzen ihr kommunalpolitisches Herzblut. Die Landkreisgebietsreform trat zum 01.07.1972 in Kraft. Anders als andere, kleinere Landkreise blieb der Landkreis Pfaffenhofen selbstständig erhalten. Er bekam sogar einen „Gebietszuwachs" von den früheren Landkreisen Ingolstadt, Schrobenhausen und Mainburg. Der neue Landkreis Pfaffenhofen hatte zum 1. Juli 1972 rund 80.000 Einwohner in 53 Gemeinden. Vorher hatte der „Altlandkreis" noch 78 Gemeinden gezählt. Doch das war nur eine „Zwischenstation" auf dem Weg zu einer weiteren Straffung und Zentralisierung der Kommunalverwaltung bis zum 1. Mai 1978, wo die Festlegungen der neuen Gemeindegebietsreform in Kraft treten sollten. Vor 1970 hatte es in Bayern rund 7.000 Gemeinden gegeben, viele von ihnen bestanden aus einem einzigen Dorf mit vielleicht gerade einmal 200 Einwohnern. Dreiviertel aller bayerischen Gemeinden hatten damals weniger als 1.000 Einwohner. Nach der 1978 abgeschlossenen Gebietsreform gab es nur mehr rund 2.000 Gemeinden und 71 Landkreise sowie 25 kreisfreie Städte.

Ziel des Projekts war es auch, durch

Zusammenlegung mehrerer Gemeinden die kleinen Einheiten aufzulösen, effektive Kommunalverwaltungen zu schaffen und Entscheidungsabläufe zu beschleunigen. Aber auch die gerade in den sechziger Jahren des letzten Jahrhunderts sich deutlich veränderten Lebensbedingungen im ländlichen Raum machten eine Neuordnung unumgänglich. Die Gemeindeverwaltungen brauchten professionelle Strukturen, die Ausweisung von Wohnbau- und Gewerbegebieten musste organisatorisch koordiniert und rechtlich begleitet werden. Auf die Gemeinden kamen durch das starke Wirtschaftswachstum und die Mobilität der Bevölkerung immer neue Aufgaben zu.

Es ging nicht ohne Schwierigkeiten ab, bis aus den ehemals 78 Gemeinden des Altlandkreises Pfaffenhofen (vor 1972) nur mehr 19 übrig blieben. Verschiedene Gemeinden waren dem Gedanken einer Angliederung an einen größeren „Nachbarn" sehr aufgeschlossen, um damit gemeinsam stärkeres Gewicht zu erhalten. Andere sahen jedoch ihre Eigenständigkeit gefährdet und wollten aus verschiedenen Gründen, z.B. wegen ihrer langen Geschichte der Selbstständigkeit oder ihrer Wirtschaftskraft nicht aufgeben. Mittlerweile haben sich die meisten Verantwortlichen und die Bevölkerung an die neue Organisation gewöhnt. Auch hier gilt: „Die Zeit heilt viele Wunden."

Gerade zu Beginn des 21. Jahrhunderts stellen sich den Kommunen neue Herausforderungen, die zu bewältigen sind: Die Behörden als „Dienstleistungsunternehmen" und „Entwicklungsagenturen" organisieren, mit der Mobilität der Gesellschaft umgehen, den Wertewandel begleiten, den Zerfall sozialer Strukturen (z.B. Familien) abmildern, die Arbeitslosigkeit überwinden, die Auswirkungen der Globalisierung meistern, das E-Government entwickeln, Kinder- und Jugendarbeit verstärken, sich auf die demokratischen Veränderungen vorbereiten, die Infrastruktur weiter ausbauen und vieles mehr. Die Zeit bleibt nicht stehen, es gibt viel zu tun!

Landkreis
PFAFFENHOFEN a.d.Ilm

Leben
und leben lassen

Rudi Engelhard

Rudi Engelhard

So zentral wie nötig, so dezentral wie möglich

„Wozu brauchen wir überhaupt einen Landkreis", hat mich kürzlich eine Schülerin bei einem Besuch im Landratsamt Pfaffenhofen gefragt. Nun, es gibt manch wichtige Aufgabe, die über die Möglichkeiten und Grenzen einer Gemeinde oder einer Stadt hinausgeht. Denken wir nur an die sogenannten „weiterführenden" Schulen (Gymnasien, Realschulen, Berufsschulen usw.), Krankenhäuser, soziale Aufgaben, Naturschutzgebiete, große Freizeiteinrichtungen, Müllbeseitigung und vieles mehr. Der Landkreis erfüllt also für sein gesamtes Gebiet „überörtliche" Aufgaben.

Nicht für die Schule, sondern für das Leben lernen wir

Um diesem Sinnspruch Inhalt zu geben, setzen wir für die Bildung und Erziehung unserer Kinder und Jugendlichen jede Menge in Bewegung. Für zwei Gymnasien in Pfaffenhofen und Wolnzach, eine Berufsoberschule in Scheyern, drei Realschulen in Pfaffenhofen, Geisenfeld und Manching trägt der Landkreis den so genannten „Schulaufwand". Er baut zum Beispiel das Gebäude und zahlt die Unterrichtsmittel. Für die Lehrer ist der Freistaat Bayern zuständig. Auch dem Verein „Hilfe für das behinderte Kind" stehen wir finanziell unterstützend zur Seite.

Das Gymnasium Wolnzach ist eine moderne Bildungsstätte.

Auch außerhalb des schulischen Lebens kümmert sich der Landkreis um Kinder und Jugendliche. In familiär schwierigen Situationen unterstützt das Kreisjugendamt zusammen mit vielen Organisationen die Hilfsbedürftigen. Ein besonderes Anliegen ist dem Landkreis auch das Wohl der Behinderten oder von Behinderung bedrohten Kinder. Die Förderzentren in Pfaffenhofen und Geisenfeld leisten hier eine vorbildliche Arbeit.

Die Hilfe zu den Menschen bringen

Ein Schwerpunkt der Arbeit des Landkreises ist die Hilfe für all diejenigen Einzelpersonen und Familien, die sich, aus welchen Gründen auch immer, nicht selbst helfen können. Für diesen Personenkreis gewährt der Landkreis in vielen Fällen Hilfe zum Lebensunterhalt und Hilfe in besonderen Lebenslagen. Den Menschen soll geholfen werden, möglichst eigenständig zu leben und für sich selbst zu sorgen. Eine ganze Reihe von Beratungsdiensten verfolgt ebenfalls diese Zielrichtung. Auch hier gilt der Grundsatz „So dezentral wie möglich". Nicht nur in der Kreisstadt Pfaffenhofen, sondern auch im Landkreis-Norden gibt es Beratungsstellen, die für Menschen in Not da sind. Das gilt z.B. für die Beratung von schwangeren Frauen, aber auch für die Eltern-, Erziehungs- und Schuldnerberatung.

Nach dem vom Kreistag verabschiedeten Seniorenplan ist mit finanzieller Förderung des Freistaats Bayern und des Landkreises ein Netz von Pflegeeinrichtungen entstanden. Die wohnortnahe Betreuung von Seniorinnen und Senioren wird zusätzlich unterstützt durch ambulante Pflegedienste sowie das „Essen auf Rädern". Unser Ziel ist, dass die älteren Menschen einen weitgehend sorgenfreien Lebensabend in der gewohnten Umgebung verleben können. Nur wenn es unumgänglich ist, sollen sie in einem Heim gepflegt werden.

Gesundheit ist unser wichtigstes Gut

Die Gesundheit der Menschen ist dem Landkreis ein besonderes Anliegen. Ohne den Grundsatz „Der Mensch steht im Mittelpunkt" aus

Die Ilmtalklinik in Pfaffenhofen

den Augen zu verlieren, haben wir die Ilmtalklinik in den letzten Jahren zu einem modernen Gesundheitszentrum auf hoher medizinischer Sach-

und Leistungskompetenz entwickelt. Zusammen mit den niedergelassenen Ärzten, die teilweise auch als Belegärzte am Krankenhaus wirken, stellt die Ilmtalklinik die gesundheitliche Versorgung der Bevölkerung im Landkreis sicher.

Als vorbeugende Einrichtungen haben wir das „Gesundheitsforum" und das „Ernährungsforum" geschaffen. Mit zahlreichen Vortragsreihen und Informationsveranstaltungen wollen

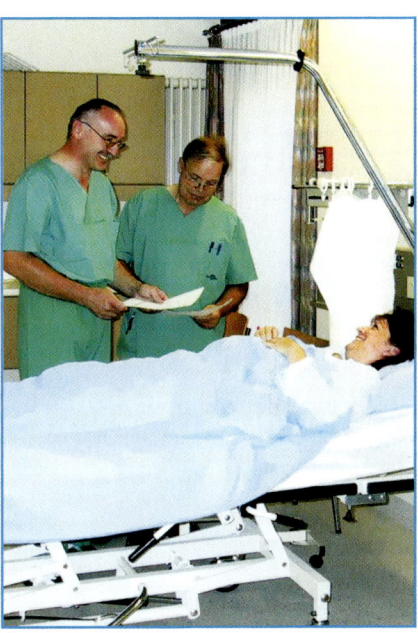

Ärztliche Zuwendung steht an oberster Stelle.

wir die Menschen anregen, mehr auf ihre Gesundheit und ihre Ernährung zu achten.

Lebenslanges Lernen

In unserer dynamischen Welt ist es wichtig, „am Ball" zu bleiben. Die Volkshochschule des Landkreises Pfaffenhofen mit ihren zahlreichen Zweigstellen bietet ein breit gefächertes Angebot an Kursen, Seminaren und Vorträgen an. Bei jährlich rund 1.600 Lehrveranstaltungen können die Menschen u.a. Sprachkurse, Seminare zur Gesundheitsförderung, musische Kurse aber auch EDV-Kurse besuchen. Das ist ein wichtiger Beitrag für den Bildungs- und Freizeitwert in unserem Landkreis. Ferner fördert die Volkshochschule soziale Kontakte und das Miteinander in einer Zeit, in der die Menschen immer individualistischer und einsamer werden.

Seniorenheim St. Franziskus in Pfaffenhofen

Hallertauer Hopfenlandschaft im Landkreis Pfaffenhofen

Neben der Volkshochschule bietet der Landkreis vor allem in einem modernen Medienzentrum (Kreisbücherei und Kreisbildstelle) rund 70.000 Bücher, CDs, DVDs und Filme an.

Ein reichhaltiges kulturelles Angebot von den verschiedensten Organisationen hebt die Lebensqualität sowohl in der Kreisstadt als auch in den Landkreisgemeinden.

Die Natur für nach-folgende Generationen bewahren

Eine wichtige Aufgabe des Landkreises ist der Erhalt von Natur und Umwelt. Wir arbeiten dabei eng mit Naturschutzverbänden und Grundstückseigentümern zusammen, um ökologisch wertvolle Lebensräume für die heimischen Tier- und Pflanzenarten sowie die Vielfalt, Eigenart und Schönheit der Natur und Landschaft als Lebensgrundlage der Menschen zu sichern, zu entwickeln und zu verbessern. Der Landkreis selbst erwirbt laufend Biotopflächen und entwickelt diese zu Landkreisschutzgebieten weiter. Hier haben wir eine große Verantwortung für die nächsten Generationen.

Die „Seenplatte" im Feilenmoos wollen wir zügig ordnen und weitgehend rekultivieren. Sie soll dann dem Naturschutz, aber auch der Erholung dienen. Der dort gelegene „Landkreisweiher" mit dem Haus „Feilenmoos" ist bereits jetzt ein beliebter Naherholungsort.

Die Anmut des Hallertauer Hügellandes und die Schönheit der Talauen von Donau, Paar und Ilm wollen wir treuhänderisch für nachfolgende Generationen erhalten. Der Landkreis legt daher auch besonderen Wert auf

Konzert der Volkshochschule in der Stadtpfarrkirche Pfaffenhofen

Im Landkreis Pfaffenhofen gibt es viele Möglichkeiten zum Radeln.

kompakte Siedlungsformen mit hoher Wohnqualität. Der „Außenbereich" soll weitgehend von Bebauung freigehalten werden.

Im Landkreis Pfaffenhofen findet man Kostbarkeiten der Natur.

Eine saubere Umwelt erfordert die Mithilfe von uns allen

Dass wir für eine saubere Umwelt im wahrsten Sinne des Wortes „alle Hände" gebrauchen können, stellt sich

beim alljährlichen „Ramadama" heraus. Rund 4.000 Menschen opfern dabei für eine vorbildliche saubere Heimatlandschaft einige Stunden ihrer Freizeit. Über 50 Tonnen an Müll sammeln wir jährlich ein.

Die weitere Entsorgung des Abfalls organisiert der landkreiseigene Abfallwirtschaftsbetrieb. Wiederverwertbaren Abfall können die Menschen zu zahlreichen Wertstoffhöfen oder Wertstoffinseln im Landkreis bringen. Rest- und Biomüll sowie Papier wird durch Fachfirmen im „Holsystem" entsorgt.

Mit dem Drahtesel durch den Landkreis

Wer mit dem Fahrrad den Landkreis erforschen will, dem steht ein gut ausgebautes und beschildertes Radwegenetz zur Verfügung. Entlang des überregionalen Straßennetzes haben wir rund 100 Kilometer Radwege geschaffen. Ausgewiesene Routen wie

die „Paartaltour" oder die „Ilmtaltour" führen die „Radler" durch reizvolle Flusstäler. Wer es sportlicher mag, kann sich auf die „Hopfentour" und „Rund um die Hallertau" begeben. Wanderrouten für Erholungssuchende gibt es vor allem im Feilen- und im Scheyerer Forst.

Das „A" und „O": Die Kreisfinanzen

Eine sehr wichtige Aufgabe des Landkreises ist eine geordnete Finanzwirtschaft. Für jedes Kalenderjahr stellt der Kreistag einen Haushaltsplan auf. Entscheidend sind dabei die freien Finanzmittel für Investitionen, z.B. für weiterführende Schulen, Straßen- und Gesundheitswesen und weitere überörtliche Infrastrukturmaßnahmen. Seine Einnahmen erhält der Landkreis über eine Finanzumlage („Kreisumlage"), die von den Städten, Märkten und Gemeinden erhoben wird, staatliche Zuschüsse und Gebühreneinnahmen.

Landkreis
PFAFFENHOFEN a.d.Ilm

Lebensverhältnisse
vor 200 Jahren

Ingrid Schrepf M.A.

Ingrid Schrepf M.A.

Lebensverhältnisse vor 200 Jahren

Im Jahre 1803 berichtete der Aufklärer Joseph von Hazzi in seinem bedeutenden Werk „Statistische Aufschlüsse über das Herzogthum Baiern" über das Landgericht Pfaffenhofen lapidar: „ [...] der Flächenraum beträgt 10 Quadratmeilen, mit einer Volksmenge von 8362 männlichen und 9255 weiblichen Seelen [...]". Soweit die Fakten. Aber wie sahen denn die Rahmenbedingungen aus, in denen unsere Vorfahren vor ca. 200 Jahren ihr Leben mehr oder weniger frei gestalten konnten?

Der rechtliche Rahmen - Die Menschen als Untertanen ihrer Grundherren

Die Bevölkerung war bis vor rund 200 Jahren in ein vielfältiges Beziehungsgeflecht von rechtlichen Bestimmungen eingebunden, das großen Einfluss auf das (Über-)Leben hatte: Jeder Untertan unterlag zunächst verschiedenen Zahlungsverpflichtungen gegenüber seinem Grundherren, der als eigentlicher Eigentümer von Grund und Boden die Anwesen an einen Bauern oder Handwerker verlieh.

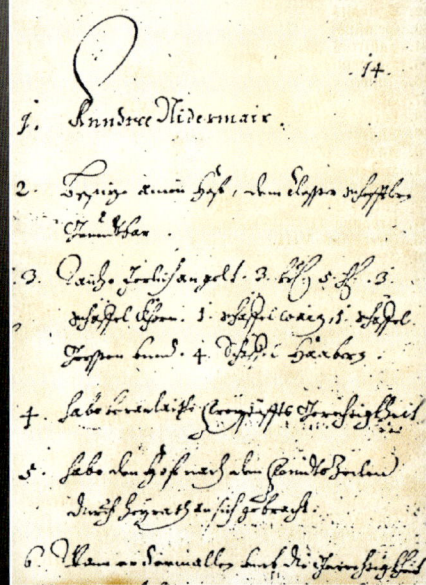

Auszug aus dem Steuerbuch des Landgerichts Pfaffenhofen von 1671 mit der Auflistung der Abgaben (Geld und Getreide) des Hofes von Andree Nidermayr in Walkersbach

Hopfenanbau vor 300 Jahren (Florinus: Der kluge und rechtsverständige Hausvater, 1705)

Darüber hinaus bestanden auch Abgabeverpflichtungen gegenüber dem Landgericht, dem Landesherrn (Herzog bzw. Kurfürsten) sowie der Kirche (Zehent). Bis zu acht Zahlungsposten an die unterschiedlichsten vorgesetzten Behörden waren im Landgericht Pfaffenhofen üblich: Geld, Getreide wie Korn, Gerste und Hafer, Käse und Eier aber auch Tiere, insbesondere Hühner.

Ab der Säkularisation der Jahre 1802/03 änderten sich die Verhältnisse grundlegend. Der Staat trat an die Stelle der geistlichen Grundherrschaften und Dienstleistungen waren jetzt an den Staat oder (bis 1848) an adelige Grundherren zu erbringen. Den Bauern wurde nun vom Staat, allerdings gegen eine für die Meisten zu hohe Summe, die Möglichkeit eröffnet, ihr Anwesen zu wirklichem „freiem" Eigentum zu erwerben und sich aus den (mittelalterlichen) Abgabeverpflichtungen zu lösen. Diese sogenannte Ablösung des Obereigentums zog sich bei den meisten aber bis zum Ende des 19. Jahrhunderts hin, solange war noch das Relikt der grundherrlichen bzw. staatlichen Abhängigkeit für die Bevölkerung Alltag.

Für alle erforderlichen geistlichen und weltlichen Amtshandlungen (z.B. Ansässigmachung, Heiratsgenehmigungen, Verkaufserlaubnis) waren seit jeher - wie auch heute noch - Gebühren fällig, die zusätzlich zu den regelmäßigen Abgaben das schmale Familienbudget drückten.

Land- und Forstwirtschaft

Zeitgenössische Quellen wie die vom Geist der Aufklärung und daher sehr kritisch gehaltene Beschreibung des Joseph von Hazzi berichten anschaulich von der Situation im Landgericht Pfaffenhofen und den damaligen Verhältnissen.

„Das Wetter war rauh und windig", schreibt Hazzi, „die Hälfte des Landes war mit Wald, d.h. Föhren, Fichten und Tannen bedeckt. Da sich die Holzwirtschaft kaum rentierte (der geschlagene Klafter Holz brachte nur 2 Gulden) wurde diese Fläche als Weide genutzt". Die übrige Landwirtschaft

Beim Hopfenzupfen (1920er Jahre)

51

Hopfenfuhrwerk vor dem Pfaffenhofener Rathaus, in dem bis in die 1930er Jahre die Abwaage erfolgte

„Schmachtet noch unter den drückenden Fesseln der Dreifelderwirtschaft", wie es der konsequente Aufklärer formulierte.

Landwirtschaft wurde aufgrund des harten Lehmbodens, der trotz aufwendiger Bearbeitung wenig Ertrag brachte, mit geringem Erfolg betrieben, lediglich Korn, Hafer und Gerste wuchsen. Rund um Pfaffenhofen, Geisenfeld und Hohenwart herum wurde Hopfen angebaut.

Gut zehn Jahre später zeigt sich bereits ein anderes Bild. So berichtet die Reisebeschreibung des Joseph von Obernberg aus dem Jahr 1816, dass der wachsende Hopfenanbau für die Region durchwegs positive Auswirkungen hatte. Grund dafür war eine gestiegene Nachfrage an einheimischem Hopfen, nachdem bis Anfang des 19. Jahrhunderts dem böhmischen Hopfen der Vorzug gegeben worden war.

Die Kultivierung der Obstbäume durch die Bevölkerung begann gerade zu Anfang des 19. Jahrhunderts und ging mit einer wachsenden Nachfrage durch die Branntweinbrennereien einher. Mit Viehzucht war nicht viel Gewinn zu machen, da die vorhandenen Rinderrassen eher als weniger hochwertig eingestuft wurden. So richtig gelingen wollte im Landgericht Pfaffenhofen seinerzeit nur die Schweine- und Schafzucht.

Die Wohnverhältnisse

In diesem Umfeld also lebten unsere Vorfahren in Häusern wie im Kapitel über die Hauslandschaft beschrieben, mit Strohdächern und Lehmböden. Der kgl. Landgerichtsarzt Dr. Häuslmayr beschrieb die Wohnverhältnisse um 1850 in den drastischsten Farben und wunderte sich, dass in „derartigen fast nie gereinigten und noch seltener gelüfteten Räumen überhaupt noch gesunde Menschen leben können". Er bezeichnete manche Landstriche als „völlig übervölkert", da sich in kleinen Räumen zwischen 6 und 10 Personen aufhielten.

In niedrigen Kammern schliefen diese Leute auf halbverfaulten strohbedeckten Betten, was dazu führte, dass Gesundheit und Sittlichkeit stark

davon beeinträchtigt wurden, so hielt sich z.B. das Bettnässen bis ins späte Jugendalter. Die Schlafkammer der Mägde und erwachsenen Töchter wurde auch als Aufbewahrungsort für das ständig gährende Kraut verwendet. Die Toiletten waren außerhalb des Hofes angebracht. Bei vielen Höfen befand sich auch eine Back-

Altes Haus in Holzbauweise aus Ilmmünster. Bis weit ins 20. Jahrhundert hinein standen Häuser dieser Bauart noch in vielen Gemeinden unseres Landkreises.

statt, oft zum Ärger der „Peckhen", die sich, wie ein Beispiel aus Rotteneck beweist, über mangelnden Absatz beschwerten, da „die Leute ihr Brot selbst paken".

Typisches Mobiliar unserer Region (18. Jahrhundert, Heimatmuseum Pfaffenhofen)

Altes Backhaus, das früher bei vielen Anwesen bestand

Bilder aus vergangenen Tagen: Heusammeln und ein Schäfer mit Karren und Herde

Der beschwerliche Alltag der Bevölkerung

Die harte Arbeit auf dem Feld verlangte auch ihren Tribut von den Menschen, denn sie waren wohl, wie in Joseph von Hazzis Landesbeschreibung erwähnt wird, „von kleiner Statur und krüppelhaft", da sie bereits von Kindesbeinen an zu früh zu harter Arbeit angehalten wurden und sich dadurch nicht im Wachstum entwickeln konnten.

Im Physikatsbericht des Landgerichtsarztes Häuslmayr einige Jahrzehnte später wurden die Leute eher als „derbkräftiger Menschenschlag" dargestellt. Sie waren nach seinen Worten sehr abergläubisch und bevorzugten das Gesundbeten gegenüber einem Arzt. Unsere Vorfahren verheirateten sich früh, die Burschen mit 20 Jahren und die Mädchen mit 17 Jahren, wobei nach Häuslmayrs Einschätzung viele glückliche Ehen her-

vorgingen. Die Frauen waren seinem Bericht zufolge sehr fruchtbar und schonten sich auch in der Schwangerschaft nicht, was zu schwächlichen Kindern und Fehlgeburten führte, wie der Arzt kritisch anmerkte. Mögliche Ursache für kranke Kinder war für ihn auch die Ernährung der Kleinkinder mit Mehlbrei, dem Butter oder Schmalz zugesetzt wurden, die angeblich kräftigend wirken sollten, jedoch keine gesunde Entwicklung herbeiführten. Die Kindersterblichkeit betrug noch bis zum Beginn des 20. Jahrhunderts 80 Prozent, Sterbebücher der Pfarreien enthalten auf einer Seite manchmal nur Einträge von Kindern!

Die Arbeitszeiten waren lang und hart, die ländlichen Dienstboten arbeiteten von 4 Uhr morgens bis 6 Uhr abends. Handwerker wie Maurer oder Zimmerer arbeiteten lediglich 10 Stunden täglich je nach Auftragslage. Immerhin sorgten die im 19. Jahrhundert noch sehr zahlreichen kirchlichen Feiertage für Abwechslung vom harten Alltagsleben und schufen der arbeitenden Bevölkerung, den Knechten und Mägden Raum für Freizeit und Vergnügungen auf dem dörflichen Tanzboden oder Dulten.

Portraits der Schneiderseheleute Rieder aus Hohenwart, die dort in der ersten Hälfte des 19. Jahrhunderts lebten (um 1850)

Uebersicht der Fest- und Fasttage im Jahre 1849.

A. Festtage.

	Monatstag	Wochentag
Neujahr	1. Januar	Montag
Heil. 3 Könige	6. Januar	Samstag
(Valentin, Diöc.-Patron v. Passau)	7. Januar	Sonntag
Namen Jesu	14. Januar	Sonntag
Mariä Lichtmeß	2. Februar	Freitag
(Kunigunde, Diöc.-Patr. v. Bamberg)	3. März	Samstag
Joseph, Nährvater Christi	19. März	Montag
Mariä Verkündigung	25. März	Sonntag
Osterfest	8. April	Sonntag
Ostermontag	9. April	Montag
Christi Himmelfahrt	17. Mai	Donnerstag
Pfingstfest (Vorabend Fasttag)	27. Mai	Sonntag
Pfingstmontag	28. Mai	Montag
Fest der allerheil. Dreifaltigkeit	3. Juni	Sonntag
Frohnleichnamsfest	7. Juni	Donnerstag
(Benno, Stadtpatron v. München und Landespatr. d. ehem. Herzogth. Bayern)	16. Juni	Samstag
Johannes d. Taüfer (Vorabend	24. Juni	Sonntag
Peter und Paul } Fasttag)	29. Juni	Freitag
Herz Jesu	15. Juni	Freitag (oder Sonntag)
(Ulrich, Diöc.-Patron von Augsburg)	4. Juli	Mittwoch
(Wilibald, Diöc.-Patron v. Eichstätt)	7. Juli	Samstag
(Kilian, Diöc.-Patron von Würzburg)	8. Juli	Sonntag
(Heinrich, Diöc.-Patron von Bamberg)	13. Juli	Freitag (in Bamberg)
Scapulierfest	22. Juli	Sonntag
(Anna, Schutzpatronin von Sulzbach)	26. Juli	Donnerstag
(Portiuncula Ablaß)	5. August	Sonntag
Mariä Himmelf., Vorabd. Fastt.	15. August	Mittwoch
(Patronin d. h. Bisthums Speyer.)	2. September	Sonntag
Schutzengelfest	8. September	Samstag
Mariä Geburt	9. September	Sonntag
Mariä Namen	7. October	Sonntag
Rosenkranzfest	31. October	Mittwoch
(Wolfgang, Diöc.-Patr. v. Regensburg)	1. November	Donnerstag
Aller Heiligen (Vorabend Fastt.)	20. November	Dienstag
(Corbinian, Ptr. d. ehem. Bisth. Freysing.)	8. December	Samstag
Mariä Empfängniß	25. December	Dienstag
Heil. Christtag	26. December	Mittwoch
Stephan		

B. Fasttage.

	Monatstag	Wochentag
a) die 40tägige Fasten fängt an mit dem Aschermittwoch am und endet mit der Charwoche	21. Februar 5. 6. 7. April	Gründ., Charf., Chars.
b) die Quatemberzeiten fallen auf den	28. Febr. 2. 3. März 30. Mai, 1. 2. Juni 19. 21. 22. Septbr. 19. 21. 22. Decbr.	Mittw., Freit., Samstag Mittw., Freit., Samstag Mittw., Freit., Samstag Mittw., Freit., Samstag
c) Andere gebotene Fasttage: Tag vor Pfingsten	26. Mai	Samstag
„ v. d. Feste Joh. d. Taüfers	23. Juni	Samstag
„ „ „ „ Peter und Paul	28. Juni	Donnerstag
„ „ „ „ Mariä Himmelf.	14. August	Dienstag
„ „ „ „ Aller Heiligen	31. October	Mittwoch
In der ersten Adventwoche	5. und 7. December	Mittwoch, Freitag
In der zweiten Adventwoche	12. und 14. December	Mittwoch, Freitag
In der dritten Adventwoche	Otbrw.19.21.22.24.Dec.	Mittw., Freit., Samst., Mont.

Übersicht der Fest- und Fasttage im Jahr 1849, die Abwechslung im harten Arbeitsalltag boten

Die soziale Absicherung

Das übliche Zusammenleben in Großfamilien war in Übergabeprotokollen streng geregelt, in denen sich die alten Leute bei der Übergabe des Hofes an Sohn oder Tochter genau ausbedungen, was ihnen später zustehen sollte. Neben der Anzahl des täglich benötigten Bieres, der verlangten Eier, der genauen Gewichtsangabe an Schmalz oder Sauerkraut waren auch die Zeiträume festgelegt, in denen die Naturalien erbracht werden mussten.

Die alten Leute verlangten auch ein beleuchtetes und beheiztes Stübchen und die Mitbenutzung der Küche. Auch für die unverheirateten Geschwister wurden Vorsorgeregelungen getroffen. Sie wohnten bis zur Heirat am heimatlichen Hof oder dienten als Mägde und Knechte an anderen Höfen und erhielten ihr Erbe später ausbezahlt.

Im Krankheitsfall durften die Geschwister des Hoferben an den heimischen Hof zurückkehren und mussten dort mehrere Wochen medizinisch versorgt werden.

Die Tracht

Die im Raum Pfaffenhofen getragene Kleidung entsprach weitgehend der Dachauer Tracht.

Sie war im Lauf der Jahrhunderte stets einem Wandel und äußeren Einflüssen von Stadt und Umland unterworfen. Zur Arbeit war sie schlicht gehalten und enthielt kaum farbige Elemente. Faltenstiefel, bunte Westen und Röcke wurden nur an Feiertagen getragen. Der oben zitierte Landgerichtsarzt bemängelte insbesondere,

Sehr frühe Aufnahme der Familie Schrems in zeitgenössischer Tracht (um 1880, Fotoatelier Bauer)

dass die Leibwäsche nicht genug gewechselt wurde und die körperliche Reinlichkeit allgemein zu wünschen übrig ließ. Besonders bis ins 18. Jahrhundert spiegelte sich in der Kleidung die soziale Schichtung der Bevölkerung wider, da von der Obrigkeit festgelegt wurde, wer teurere Stoffe und wer einfachere Kleidung tragen durfte bzw. musste.

Die Ernährung

Die Nahrung war kärglich, und bestand hauptsächlich aus Sauerkraut und Nudeln. Die Gewerbebeschreibung aus dem Jahr 1810 gibt einige

Provinzial = Verordnungen.

(Die Hochzeiten auf dem Lande in der Provinz
Baiern betreffend.)

Im Namen Seiner Majestät des Königs.
Es ist bei unterzeichneter königlicher Stelle angezeigt worden, daß an vielen Orten auf dem Lande bei den Hochzeiten die priesterliche Einsegnung mit dem dabei gewöhnlichen Gottesdienste oft erst nach 11 Uhr, und sogar um 12 Uhr vor sich gehe, und dieß nicht aus Verschulden der Seelsorger, sondern der Hochzeitgäste, die den Vormittag meistens mit unmäßigem Essen, und Trinken so lange hinbringen, bis es ihnen endlich gefällig ist, den Zug zur Einsegnung und zum Gottesdienste in die Kirche zu eröfnen, bei welcher Gelegenheit sie, vom Trunke erhitzt, nicht selten auf dem Wege sowohl, als selbst im Tempel Gottes Aergernisse grober Art den Zusehern darbieten; statt, daß sie sich alles Ernstes befleißen sollten, so einer religiösen feierlichen Handlung, als die Kopulation ist, mit allem Anstande, und mit möglichster Auferbauung beizuwohnen.

Um diesem Unfuge zu steuern, wird daher verordnet, daß künftig auf dem Lande überall ohne Ausnahme, die Kopulationen vor 10 Uhr, oder längstens um 10 Uhr, bei 12 Reichsthaler Strafe, die von den Brautleuten zu erholen, und für den Lokal-Armenfond zu verrechnen sind, geschehen müssen; wie nicht minder, daß sich die Hochzeitgäste beim Zuge sowohl in die Kirche, als in der Kirche selbst aller Ungebührlichkeiten um so mehr zu enthalten haben, als man sie außerdem nach Strenge bestrafen würde.

Alle königlichen Landgerichte haben mittelst Patents die ihrem Bezirke einverleibten Pfarrer hierüber mit dem Anhange in Kenntniß zu setzen, daß gegenwärtiger Befehl zu Jedermanns Warnung drei Sonntage nacheinander von den öffentlichen Kirchen-Kanzeln abgelesen werden soll.

München den 10. November 1807.

Königliche Landes = Direktion
in Baiern.
Freiherr von Weichs.
Probert.

Verordnung gegen unmäßige Hochzeiten im Königlich-Baierischen Regierungsblatt von 1807

interessante Einblicke. Für Fahlenbach wird vermerkt: "Der Metzger hat wegen Mangel an Absatz, da die Bauern fast gar kein Fleisch abnehmen, zu wenig Ertrag." Die einzigen etwas besser gestellten Berufsgruppen waren Pfarrer, Brauer, Wirt und Kramer. Sie waren die einzigen, die sich überhaupt beim Metzger mit Fleisch versorgen konnten. Dennoch machten auch diese wochentags keinen großen Umsatz, da sich die Bevölkerung nur mit den wichtigsten und preiswerten Nahrungsmitteln eindeckte und sich so gut es ging selbst versorgte.

Beschrieben wird auch die Situation der Wirte: „Der Wirt hat bloß an die Bauern einen Absatz, die wenig Bier bedürfen, und nur an Feiertagen hierum das Wirtshaus besuchen". Diese zahlreichen Feiertage wurden dafür um so fröhlicher gefeiert, vor allem auf Hochzeiten wurde zum Teil im Übermaß gegessen und getrunken, wie viele Polizeiprotokolle und amtliche Erlasse anprangern.

Auch für Luxus im weitesten Sinn waren keine Mittel vorhanden, worüber auch der einzige Goldschmied in Pfaffenhofen klagt: „... sein Absatz [sei] aber bei den meist verarmten Unterthanen sehr gering." Anscheinend waren unsere Vorfahren sehr genügsam, denn auch vom Krämer wird vermerkt, dass „die Bedürfnisse des Landmanns [...] auf diese bezogen geringe" sind.

Die Armut war allgegenwärtig und der Besitz der Bevölkerung war nur auf die landwirtschaftliche Produktion bzw. den Hausstand beschränkt. Neue Dinge wurden selten angeschafft, eher vorhandene immer wieder repariert, was die ansässigen Handwerker als Last empfanden, da sie daran nicht viel verdienten. In Ilmmünster klagten, bezeichnend für die Region, die Sattler, Wagner, Schlosser und Schmied „[...] die bloßen Ausbesserungen [seien] wenig einträglich und neue Arbeiten werden meistens von der Stadt bezogen."

Das Schulwesen

Die Schulkinder mussten einen langen und beschwerlichen Schulweg, oft eine Stunde zu Fuß, zurücklegen, da zu Beginn des 19. Jahrhunderts nur in Pfaffenhofen, Hohenwart und Geisenfeld Schulen vorhanden waren. In anderen Orten war es vom jeweiligen Pfarrer abhängig, inwieweit Schule gehalten wurde. Die bedeutenden Pfarrer Bucher in Engelbrechtsmünster, Nagel in Rohr und Mitterndorfer in Ilmmünster leisteten hier vorbildliche Pionierarbeit.

Konnte kein Lehrer verpflichtet werden, mussten Handwerker aus der Gegend einspringen, die den Unterricht weniger qualifiziert abhielten. Nach der Einführung der allgemeinen Schulpflicht 1803 wurde nicht nur die Ausbildung der Lehrer verbessert, sondern auch die Anzahl der Schulen stieg auf 31 Schulorte im Landkreis an. Jedoch mussten die Kinder auch diese vor allem im Winter auf ungangbaren Wegen erreichen.

Es waren keineswegs moderne Schulen im heutigen Sinne, sondern Dorfschulen mit einer Klassenstärke von 80 Schülern zwischen 6 und 13 Jahren in einem feuchten Raum, die von einem einzigen Lehrer unterrichtet werden mussten. Die Lehrer leisteten ein großes Pensum, da sie meist kirchliche Nebenämter als Mesner, Organist und Kantor zu erfüllen hatten. Durch diese Mehrfachbelastung bedingt fiel häufig der Unterricht aus. Die drei Monate Sommerferien, die notwendig waren, um genügend Kinder als Arbeitskräfte bei der Ernte oder als Hüter zu haben, waren nicht nur bei den Kindern beliebt. Die Eltern standen den Schulen lange kritisch und ablehnend gegenüber. Sie benötigten die Kinder am heimischen Hof zur Mithilfe oder zur Beaufsichtigung der jüngeren Geschwister.

Aus heutiger Sicht ergibt sich ein Bild, nach dem unsere Vorfahren in jedem Lebensalter ihre Herausforderungen bestehen mussten: als Kleinkinder die Ernährung und die schlechten hygienischen Verhältnisse, als Schulkinder die langen Schulwege im Winter mit unzureichender Kleidung und als Erwachsene die harte Arbeit als Bauer, der die oft zahlreiche Familie durchbringen musste, oder Knecht bzw. Magd.

Auf der anderen Seite lernten unsere Vorfahren von Kindheit an ein einfaches genügsames Leben, das hohe Anforderungen an den einzelnen stellte, aber sie mit dem Einfachen und mit geringem Wohlstand zufrieden sein ließ.

Landkreis
PFAFFENHOFEN a.d.Ilm

Ansässigmachung
und Auswanderung
in früherer Zeit

Ingrid Schrepf M.A.

Ingrid Schrepf M.A.

Mobilität im 17. und 18. Jahrhundert

Der Großteil der Menschen war bis zum 19. Jahrhundert sehr ortsgebunden und blieb Zeit seines Lebens im Einzugsgebiet seiner näheren Umgebung. Viele Bewohner unserer Gegend sahen Großstädte wie München und Ingolstadt nie. Der den Nahrungsstand sichernde Bauernhof oder Gewerbebetrieb befand sich in den Händen der Familie, weshalb die Mobilität stark eingeschränkt war. Auf die Wanderschaft gingen lediglich Handwerker, zu deren Ausbildung das Arbeiten an verschiedenen Orten gehörte. Sie lernten in ihrer Lehr- und Wanderzeit oft viele Regionen auch außerhalb Bayerns kennen.

Meist waren sie aber nur für einige Jahre unterwegs und machten sich dann wieder an ihrem Heimatort oder in dessen Umgebung ansässig. Ansonsten war Mobilität die Ausnahme, wie z.B. bei Schauspielern, die durch die Lande zogen. So begegnet uns im Taufbuch von Ilmmünster im Jahr 1798 der Eintrag des Kindes Josepha Augustina, dessen Eltern, Daniel Uhlich aus Frankfurt und Katharina Luitgard geb. Moudou aus Straßburg, beide Schauspieler, in der Nähe gastiert hatten.

Es musste also triftige Gründe geben von dieser Norm abzuweichen, Haus und Hof den Rücken zu kehren, um in einer anderen Gegend - oder einem fremden Land - sein Glück zu suchen. Was bewegte also die Leute derartig, dass sie dieses Risiko auf sich nahmen und aus der ihnen vertrauten Umgebung wegzogen?

Motive zu Ein- und Auswanderung

Wanderung als Folge von Kriegen

Zunächst waren nach Kriegen, insbesondere nach dem 30-jährigen Krieg

Geburtsbrief aus dem Stadtarchiv vom 20. Juli 1638 für den Türerssohn Christophs Haugkh aus Pfaffenhofen wegen seiner Auswanderung in die „kaiserliche Hauptstadt Linz" in Österreich (Auszug)

(1618-1648), viele Landstriche komplett verwüstet, die Bevölkerung ermordet oder geflohen. Die Grundherren, Adelige und Klöster, suchten Bauern, die die verlassenen Höfe mit ihren Familien wieder bewirtschafteten. Deshalb gelangten Leute aus Tirol und Brandenburg wie aus dem Schwäbischen in unsere von den Kriegsläufen zerstörte und öd gewordene Gegend. Sie waren auf der Suche nach einem neuen Lebensraum, da in ihrem Herkunftsland keine Perspektive mehr gegeben war. Hier hatten sie nun die Chance, die öd gelegenen Höfe als Bauern wieder aufzubauen, zu bewirtschaften und sich eine Existenz zu schaffen, zugleich waren sie aber verpflichtet, die grundherrlichen und staatlichen Abgaben an die Obrigkeiten zu entrichten.

Armut in den Herkunftsgebieten der Einwanderer

Ein weiterer Grund waren oft im Herkunftsraum vorherrschende Not und Armut, wie z.B. in der Oberpfalz, von wo gegen Ende des 18. Jahrhunderts und zu Beginn des 19. Jahrhunderts eine große Einwanderungsbewegung ausging. Die von dort kommenden, zumeist als Bauern und Handwerker lebenden Menschen, gelangten auf schlechten Wegen zu Fuß mit ihrem wenigen Hab und Gut in die Hallertau. Sie hatten meist gar keine genaue Vorstellung, wo sie sich niederlassen wollten, wie es von den Eltern des berühmten Sprachforschers Schmeller bekannt ist. Doch schon bald fanden Heiraten zwischen den Neuankömmlingen und der heimischen Bevölkerung statt und so gelang schnell die Integration der Eingewanderten.

Im Trauungsregister von Uttenhofen lässt sich nachweisen, dass der Schneiderssohn Georg Grötsch am 1. Mai 1811 Anna Maria Bauer aus Stadt Kemnath geheiratet hat. Und auch Johann Kaul, dessen Vater ein Ziegler aus „Eger in der obern Pfalz", die Mutter eine Zimmermeisterstochter aus Seeligenporten „in der obern Pfalz" war, heiratete am 26. November 1816 eine Einheimische. Aber es waren durchaus schwarze Schafe unter den Eingewanderten. Mathias Hofschmid, der aus der Steiermark 1799 nach Hohenwart gelangt war, brachte im September 1804 auf brutale Weise seine Frau um und wurde

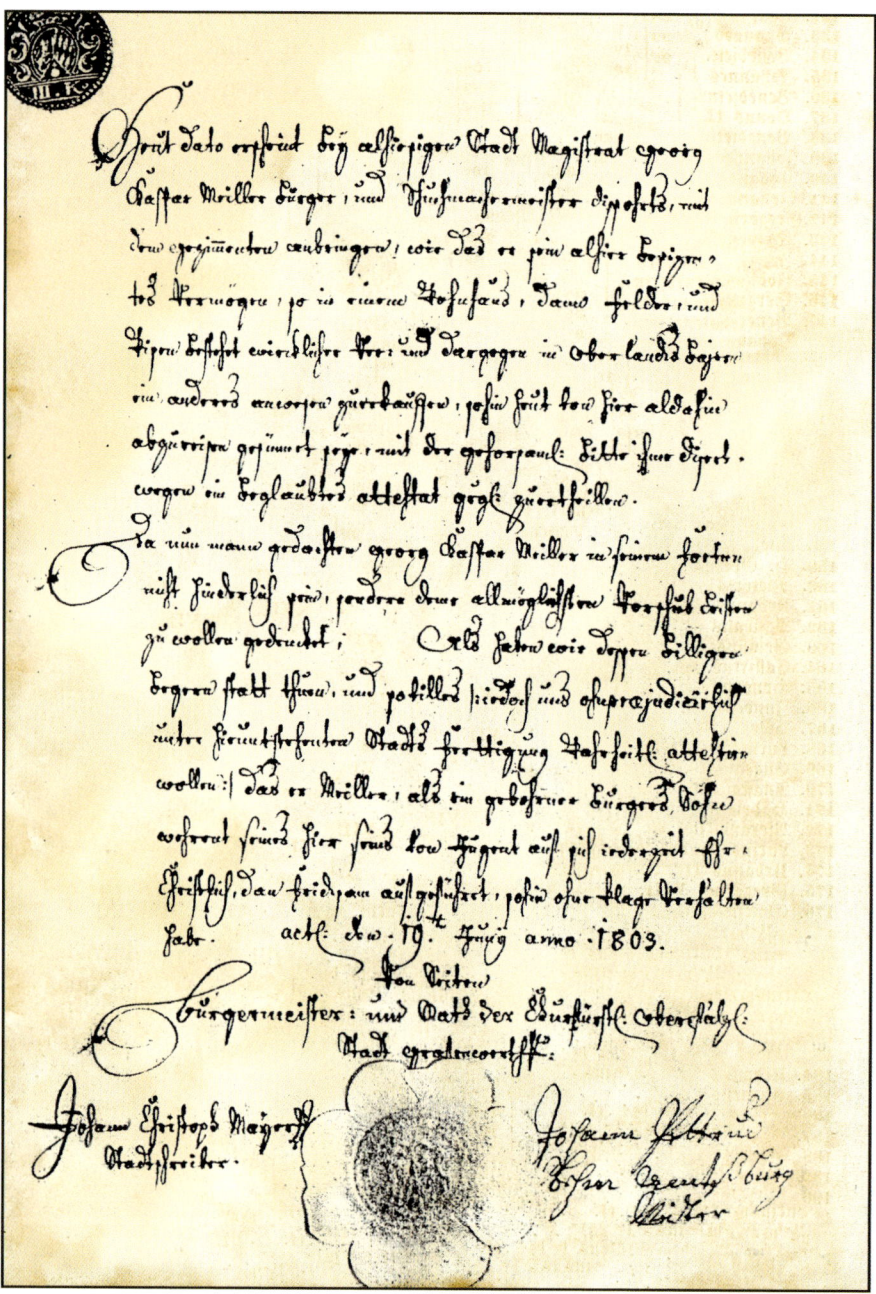

Die oberpfälzische Stadt Grafenwöhr erteilt dem Schuhmachermeister Georg Kaspar Meiller die Erlaubnis zur Auswanderung nach Gundamsried (1803).

war eine Geldsumme als Sicherheit erforderlich, denn die Gemeinden waren ängstlich darauf bedacht, sich keine neuen Insassen des Armenhauses heranzuziehen. Im Gesetz vom 11. September 1825 war ein Grundbesitz im Wert von 600 Gulden Voraussetzung, was schon einem kleinen Hof gleichkam. Auch das Betreiben eines Gewerbes oder anderweitige Sicherung des Nahrungsstandes (z.B. durch eine feste Anstellung) musste nachgewiesen werden. Diese Summe und eine Art polizeiliches Führungszeugnis ("sich iederzeit Ehr-Christlich, dan friedsam aufgeführt, sohin ohne Klage verhalten habe") aus der Herkunftsgemeinde waren notwendig, um überhaupt eine Ansässigmachung bei der Gemeinde beantragen zu können.

Die Ansässigmachung wiederum war unerlässlich um eine Heiratslizenz zu erhalten. Wieder galt hierbei das Prinzip, dass Leute, die heiraten wollten, auch nachweisen mussten, wie sie sich ernähren würden. Die Angst vor weiteren Gemeindeausgaben durch Verarmung war allgegenwärtig und verbot in vielen Fällen eine Heirat, bzw. bestrafte ungenehmigt getraute Eheleute drastisch. Dieses Verbot zu umgehen musste man schon weiter auswandern, und da bot sich die Neue Welt an.

Auswanderung in die Vereinigten Staaten

Insbesondere ab den 1840er Jahren entwickelte sich der Landkreis Pfaffenhofen zu einer Auswandererhochburg nach Nordamerika: Die Motive hierfür sind in erster Linie in wirtschaftlichen Problemen zu suchen oder sind familiär bedingt. Bereits ab 1818 herrschte Religionsfreiheit, so dass die freie Religionsausübung kein Grund mehr gewesen war, das Mutterland zu verlassen. Was hingegen sehr "beflügelnd" wirkte, waren die strengen Heiratsbeschränkungen hierzulande, die jungen Leuten die Entscheidung zum Auswandern erleichterten.

Für die offiziellen Auswanderungen

noch Ende des Jahres mit dem Schwert enthauptet. Franz Xaver Dobmayr kam ebenfalls vor rund 200 Jahren aus der Oberpfalz in unseren Raum und machte sich als Brandstifter von mehr als 20 Pfarrhöfen, Gast- und Posthäusern einen traurigen Namen, bis er schließlich im Jahr 1811 auf dem Schafott endete.

Aus der Rheinpfalz waren ebenfalls Einwanderungen zu verzeichnen, die auf das Bayerische Toleranzedikt von 1818 zurückgingen, das den Einwanderern die ungestörte Ausübung ihrer Religion garantierte. Seitdem konnten sie in Bayern ihren protestantischen bzw. menonitischen Glauben ausüben. Sie siedelten zumeist in eigenen Gemeinden, z.B. in Kemmoden, einer der ältesten evangelischen Gemeinden in Oberbayern, und blieben anfänglich unter sich. Erst in den folgenden Jahren und Jahrzehnten verheirateten sie sich mit der alteingesessenen Bevölkerung und blieben zum Großteil hier ansässig.

Formelle Richtlinien zur Einwanderung und Ansässigmachung

Grundsätzlich galten für eine Ansässigmachung bestimmte Regeln, z.B.

gab es Agenturen und Vorschriften, die dafür sorgten, dass die Auswanderungswilligen registriert und öffentlich vermerkt wurden. Sie durften keine Schulden oder Vorstrafen haben. Man konnte sich anhand von Handbüchern und Führern über die Lebensbedingungen in der neuen Heimat informieren. Es waren jedoch keineswegs nur einzelne Glücksritter, die sich in der Neuen Welt ein Auskommen versprachen, auch Familien mit Kindern erhofften bessere Bedingungen als hier. In Pfaffenhofen sammelten sich oft ganze Gruppen von mehr

aus Tegernbach, die mit ihrem Vermögen von 300 Gulden aufbrach, mit der Begründung „will ihrem Liebhaber aus dem Landgericht Neuburg folgen und heurathen", oder die Bauerstochter Walburga Edmüller von Hög, die sich „mit ihrem Geliebten einem Kolonistensohn von Karlskron in hiesiger Gegend nicht ansässig machen [kann]; die geringeren Schwirigkeiten, die dißfalls im Amerika gemacht werden, locken sie, ihrem Geliebten zu folgen." Bleibt zu hoffen, dass sie in der Neuen Welt einen guten Start hatten.

Familiennachzug
Wenn schon ein Angehöriger in der Neuen Welt lebte und ein gutes Auskommen hatte, war es durchaus üblich, nach Amerika auszuwandern und auf dem Besitz der Verwandten mitzuarbeiten und dort unterzukommen. Ein Bauernknecht aus Dietersdorf erhielt mit 325 Gulden Elterngut (Erbe) am 2. April 1853 die Genehmigung zur Auswanderung nach Illinois/Nordamerika mit dem Zweck begründet: „um in Nordamerika das Besitzthum des kinderlosen und in glücklichen Verhältnissen lebenden

Der Rechtskonsulent Johann Nepomuk Hochhauser war in Pfaffenhofen als Agent für die „Norddeutsche Lloyd" tätig (1876).

als 20 Leuten, um ihrer alten Heimat Lebewohl zu sagen.

Der großen Anzahl der offiziellen Auswanderer steht natürlich auch eine Dunkelziffer an inoffiziellen gegenüber, die sich ohne Registrierung einfach davon machten. Dazu gehört auch die Oberrheiner Barbara aus Kemmoden, die aber nach einigen Jahren in ihre Holldauer Heimat zurückkehrte.

Liebe als Motiv zur Auswanderung
In einer Zeit, in der die Heiratsgenehmigung der Gemeinde oft verwehrt wurde, blieb Paaren, die dennoch geheiratet haben und dafür mit einem Jahr Arbeitshaus und täglicher Auspeitschung bestraft werden konnten, gar nichts anderes übrig, als ihr Glück in der Ferne zu suchen und den weiten Weg über den Ozean anzutreten. So entschied sich eine Müllerstochter

Auswanderung aus wirtschaftlichen Gründen
Für viele war es verlockend, den vielfältigen Verpflichtungen gegenüber dem Staat zu entrinnen und in der Neuen Welt einen wirtschaftlichen Neuanfang zu wagen. Die Nachricht von erfolgreichen Unternehmungen von „Kameraden" war wohl ein deutlicher Hinweis, auf dem richtigen Weg zu sein. So verhielt es sich auch bei dem Maurer aus Scheyern, der mit seiner Frau, zwei Kindern und seinem Schwager, einem Bauerssohn aus Geisenhausen, auswanderte und „glaubt für sich und seine Kinder als Handwerker leichter sein Brod verdienen zu können, was ihnen vorausgegangene Kameraden glaubhaft vorstellten." Man musste auch nicht hoch qualifiziert sein, wie das Beispiel eines ledigen Bauernknechts aus Scheyern zeigt, der „glaubt sich leichter in Nordamerika als Taglöhner sein Brod erwerben zu können".

Bruders seines Vaters zu übernehmen."

Zweifelhafte Gestalten
Manchmal versuchten auch Familien ihre als nichtsnutzig erachteten Verwandten einfach loszuwerden, wie in der Begründung des Auswanderungsgesuches des ledigen Metzgerknechts Johann Boit aus Ilmmünster deutlich wird: „Ist ein liederlicher Bursche der von seinen Verwandten unterstützt wird die sich seiner entledigen wollen." Max Pachmeier wanderte direkt nach der Entlassung aus dem Zuchthaus Kaisheim, wo er wegen Beihilfe zum Mord einsaß, nach Amerika aus (1882).

So vielfältig die Gründe der Auswanderung auch waren und so unterschiedlich auch die damit verbundenen Schicksale, die Emigranten hatten jedoch alle eines gemeinsam: ihre Wurzeln und Vorfahren in der Hallertau.

Landkreis
PFAFFENHOFEN a.d.Ilm

Brauchtum
im Landkreis Pfaffenhofen a.d.Ilm

Martin Sedlmeier

Martin Sedlmeier

In unserem Landkreis werden noch viele überlieferte und sinnvolle Bräuche gepflegt. Viele haben aber auch im Wandel der Zeit eine Änderung erfahren oder sind gar eingegangen. Dies gilt ebenso für Bräuche im Kirchenjahr wie im bäuerlichen Leben infolge der Technisierung in der Landwirtschaft. Auch die Bräuche im Zusammenhang mit Geburt und Tod sind ziemlich abgekommen, weil Geburt und Tod nicht mehr zu Hause sondern in der Klinik eintreten. Zudem hat die moderne, aufklärerische Geistesrichtung und die Lockerung der sozialen Bindung und des Zusammenhalts innerhalb der dörflichen Gemeinschaft manchem Brauch den Boden entzogen.

Erntedank

Hat im Herbst der Bauer nach schwerer Arbeit seine Ernte unter Dach und Fach, ist es ihm ein selbstverständliches Bedürfnis, zu danken und zu feiern. In den Dank bindet sich die Kirche mit ein durch Gottesdienst zum Erntedankfest, zu dem die Bauern auf dem Dorf ebenso wie Leute in der Stadt Früchte aus Feld und Garten als Opfergabe am Altar niederlegen. Nach dem Gottesdienst gibt es dann in der Familie ein reichliches Festessen.

Heute wird das Erntedankfest in der bäuerlichen Familie nicht mehr so gefeiert wie früher, als noch Dienstboten auf dem Bauernhof unentbehrlich waren, die beim Mittagsmahl zusätzlich ein „Arntgeld" bekamen, das auch besonders von den kleinen Helfern begehrt war.

Kirchweih

Auf das Erntedankfest folgt am dritten Sonntag im Oktober das Kirchweihfest. Auf den Tisch kommt an diesem Tag als besonders feiner Braten die „Kirtagans". Am Samstag vorher wurden in schwimmendem Fett die wohlschmeckenden Kirtanudeln und

Erntedankfest in Rohrbach (1933)

Küacheln oder „Ausgezogene" gebacken.

Den alten Brauch, Kirchweih zu feiern, hat der „Verein Bayern Brauch und Volksmusik Rohrbach" wieder aufleben lassen. Die „Kirtahutschn", bestehend aus einem langen Brett, wird im Bauernhof neben dem Wirtshaus angebracht. Daran vergnügt sich hauptsächlich die Jugend aus Rohrbach und Umgebung. Im Wirtshaus gibt es einen richtigen Kirtabraten mit Gans und Ente. An mehreren Ständen werden Gebrauchsgegenstände der bäuerlichen Handwerkskunst angeboten. Am Nachmittag schenkt der Verein Kaffee aus, dazu gibt es Kirtanudeln und Ausgezogene. Am Abend gehen die Erwachsenen ins Wirtshaus zum „Kirtatanz". Früher war der Kirchweihmontag ein Bauernfeiertag, die Kinder hatten schulfrei.
A richtiga Kirta dauert bis zum Irta
(Erchtag = Dienstag),
wenn se`s tuat schicka,
a bis zum Migga (Mittwoch).

Der Martinszug

Wenn im November die Tage kürzer geworden sind und die Dunkelheit hereinbricht, freuen sich die Kinder auf den Martinszug. In den Kindergärten werden dazu die Vorbereitungen getroffen. Mit bunten, selbstgebastelten Lampions ziehen die Kinder, begleitet von ihren Eltern, Martinslieder singend zum Platz im Ortsmittelpunkt. Dort wird die Szene dargestellt, wie Sankt Martin mit dem vor ihm knieenden Bettler seinen Mantel teilt. Am Schluss der Feier erhalten die Kinder so genannte Martinsbrote oder anderes Gebäck geschenkt.

*Bruderschaftsfahne zu Ehren des
Hl. Martin in Scheyern*

Bräuche in der Adventszeit

Am ersten Adventsonntag wird der aus Tannenzweigen geflochtene Kranz mit vier roten Kerzen in den meisten Familien aufgehängt oder auf einen Tisch gestellt und die erste Kerze angezündet. An den folgenden Sonntagen kommt jeweils eine weitere brennende Kerze dazu, die auf das nahende Fest hinführen soll.

Am 4. Dezember, dem Tag der heiligen Barbara, werden in der Frühe die Barbarazweige geschnitten. Geeignet dafür sind Kirsch-, Zwetschgen- und Forsythienzweige. Diese werden in einer Vase mit Wasser in die warme Stube gestellt. Blühen die Barbarazweige bis Weihnachten auf, so bedeutet dies Glück für das Haus und seine Bewohner. Verdorren sie jedoch, so kann dies Krankheit oder Unglück bringen.

Mit Spannung erwarten die Kinder in den Familien um den 6. Dezember den in der Regel von den Eltern bestellten „Heiligen Nikolaus", der in der Gestalt eines ehrwürdigen Bischofs mit dem Stab auftritt. Bevor er seine mitgebrachten Gaben verteilt, richtet er mahnende, aber auch aufmunternde Worte, die in seinem goldenen Buche aufgeschrieben sind, an die Kleinen. Manchmal ist der „Heilige" begleitet vom gefürchteten „Krampus" mit Sack und Rute.

Mehrere Pfarreien veranstalten in ihren Kirchen ein „Adventsingen" mit entsprechenden Gesängen, Musik und Lesungen, um die zahlreichen Besucher in der „staadn Zeit" abseits vom Geschäftstrubel auf Weihnachten einzustimmen. In ähnlicher Weise haben auch Gruppen und Vereine diesen Brauch übernommen.

Die Krippe wird aufgestellt

Kurz vor dem heiligen Abend wird vom Speicher das Kripperl geholt und hergerichtet. Auf einem Tisch wird eine winterliche Landschaft aufgebaut. In der Mitte steht der Stall von Betlehem mit Jesuskind, Maria und Josef, dabei auch Ochs und Esel. Auf dem Felde sind die Hirten bei ihren Schafen. In der Ferne sieht man schon die drei Könige mit ihrem Gefolge.

Besonders schöne und wertvolle Krippen sind während der ganzen Weihnachtszeit mit wechselnden Darstellungen in einigen Kirchen zu sehen.

Dreikönigsweihe

Am Vortag von Heilig-Drei-König werden in der Kirche Wasser, Weihrauch, Salz und Kreide geweiht. Am Abend geht der Hausvater mit der „Weihe"

durchs Haus, lässt Weihrauch aufsteigen und besprengt die Räume mit Weihwasser. An Türen schreibt er mit der Kreide eingerahmt von der Jahreszahl C + M +B (Christus Mansionem Benedicat = Christus segne das Haus), um Unglück und Böses abzuwehren.

Mit dem Fest Dreikönig verbunden ist der Brauch des Sternsingens. Caspar, Melchior und Balthasar ziehen als die Weisen aus dem Morgenland von Haus zu Haus, singen von ihrem Weg auf der Suche nach dem Jesuskind, wünschen ein gutes neues Jahr und bitten um eine Spende für die Mission.

Kerzenweihe an Lichtmess

An Lichtmess werden Kerzen in die Kirche gebracht, um sie weihen zu lassen. Diese werden das Jahr über zu besonderen Anlässen oder an Festen angezündet. Früher waren auch immer Wetterkerzen (aus schwarzem Wachs) dabei, die bei scharfen Gewittern angezündet wurden, um diese zu vertreiben und Haus und Hof vor Blitzschlag zu schützen.

Blasiussegen

Am 3. Februar, dem Blasiustag, lassen sich die Kirchenbesucher „einblaseln". Der Priester hält zwei gekreuzte, brennende Kerzen unter den Hals des zu Segnenden und betet, dass dieser durch die Fürbitte des Heiligen von Krankheiten des Halses verschont bleiben möge.

Asche aufs Haupt

Am Aschermittwoch, mit dem Beginn der vierzigtägigen Fastenzeit, lassen die Leute in der Kirche geweihte Asche auf ihr Haupt streuen. Mit dieser Handlung wird dem Menschen bewusst gemacht, dass er aus Staub ist und zu Staub zurückkehren wird.

Bräuche zur Osterzeit

Am Palmsonntag erinnert die Kirche an den Einzug Jesu in Jerusalem. Findet die Palmweihe an einem Platz aus-

serhalb des Gotteshauses statt, sammelt sich dort die Gemeinde mit ihren Palmbüscheln. Nach der Weihe geht sie mit Priester und Ministranten, den Einzug Jesu nachvollziehend, in die Kirche.

Vom Palmbüschel, in dem auch Zweige vom Lebensbaum eingebunden sind, werden ein paar Zweige hinter das Kreuz im Herrgottswinkel gesteckt. Am Ostersonntag werden Weidenkätzchen in ein Stück geweihtes Osterbrot gesteckt und an die Rinder und Pferde gefüttert, damit im Stall keine Krankheit ausbricht. Der Rest des Palmbuschen wird aufs Feld gesteckt für eine gute Ernte.

Zur Feuerweihe am frühen Ostermorgen bringen Buben große Holzscheite mit, die an Kette oder Draht hängen, und lassen sie im geweihten Osterfeuer anbrennen. Zu Hause werden davon Späne abgeschnitten, die auf die vier Ecken der Felder gesteckt werden, damit sie vom Hagel verschont bleiben und reiche Frucht bringen.

Ostern bedeutet auch das Ende der Fastenzeit. In Stadt und Land werden Geräuchertes, Osterfladen, gefärbte Eier, dazu Salz und Kren (Meerrettich) zum Weihen in die Kirche gebracht. Oft schmückt den reichhaltigen Speisekorb noch ein selbstgebackenes Osterlamm mit Osterfahne. Zu Hause isst jedes Familienmitglied von den geweihten Speisen in der Freude über die Auferstehung.

An den drei Tagen vor Christi Himmelfahrt werden Bittgänge gehalten, die zu nahe liegenden Kirchen führen. Am Freitag nach Christi Himmelfahrt, dem Schauerfreitag, findet der Flurumgang statt. Die Teilnehmer bitten Gott, dass er „die Früchte der Erde geben und erhalten wolle".

Kräuterweihe am Frauentag

Am 15. August, auch großer Frauentag genannt, werden Kräuterbüschel, in den mindestens sieben Heilkräuter, dazu auch Blumen und Getreidehalme eingebunden sind, in die Kirche zum Weihen gebracht. In der Mitte ragt häufig eine Königskerze, auch Wetterkerze genannt, heraus. Der Büschel, dem man besonders Heil- und Wirkkräfte beimisst, wird im Herrgottswinkel, über Türen, unterm Dach oder im Stall aufgehängt. Zum Schutz gegen Krankheiten im Stall mischte man Kräuter unter das Viehfutter. Gegen drohende Unwetter warf man einige von den Kräutern in das Herdfeuer.

Wallfahrten

Im Landkreis Pfaffenhofen gab es ehemals mehrere Wallfahrtsorte. Einige davon gingen im Zuge der Aufklärung ein oder wurden mit der Säkularisation verboten. Dennoch pilgern heute wieder wegen eines Verlöbnisses einzelne Gemeinden der Umgebung nach Gebrontshausen zum heiligen Berg, nach Haunstetten zur Schmerzhaften Mutter Gottes, zum hl. Arsatius nach Ilmmünster, zum hl. Castulus am Kastlberg, zu Unserer Lie-

Votivtafel aus dem 19. Jahrhundert in St. Kastl. Ein Bauernpaar dankt für die Heilung der Tiere

ben Frau von Lohwinden, zu Unserer Lieben Frau in Niederscheyern (ein einstmals bedeutender Wallfahrtsort), zu Unserer Lieben Frau nach Oberhartheim.

Mit dem Einzug der Herz-Jesu-Missionare in Steinerskirchen lebte die Wallfahrt auch dort wieder auf. Die Wallfahrtstage im Mai und am 15. August, Mariä Himmelfahrt, haben beachtlichen Zulauf. Dieser Tag wird am Abend mit einer feierlichen Lichterprozession beendet.

Mariengnadenbild in Steinerskirchen

Zum Heiligen Kreuz in Scheyern kommen das Jahr über viele Wallfahrer mit Bussen. Besonders groß ist die Zahl der Besucher am Fest Kreuzauffindung am ersten Sonntag im Mai und am Fest Kreuzerhöhung am Sonntag vor oder nach dem 14. September. Nach dem feierlichen Gottesdienst im Klosterhof und anschließender Prozession lassen sich viele Teilnehmer die hl. Kreuzreliqie auflegen.

Weltliche Bräuche

Bauernhochzeit

Eine Bauernhochzeit, wie sie früher auf dem Dorf allgemein üblich war, wird heute nur mehr in seltenen Fällen gefeiert. Schon ein paar Wochen vor der Hochzeit machte sich der Hochzeitslader auf den Weg zu den einzuladenden Gästen, in der Hand den mit Bändern geschmückten Gehstock. Im Haus des Gastes verkündete er die Einladung und malte mit Kreide an die Haustür oder an einen Fensterladen einen Hochzeitsstrauß. Darunter schrieb er das Datum der Hochzeit und den Preis für das Mahlgeld. Heute übernimmt die Einladung das Brautpaar persönlich.

Bei einer echten Bauernhochzeit tritt auch heute noch der Hochzeitslader in Funktion. Am Morgen des Hoch-

zeitstages versammeln sich die Gäste im Haus des Bräutigams. Wenn die Braut ankommt, wird sie mit Musik in das neue Heim gespielt. Mit Blasmusik geht es dann unter der Führung des Hochzeitsladers in die Kirche. Nach der Trauung zieht die Hochzeitsgesellschaft ins Gasthaus. Hier liegt nun der Ablauf des Tages in den Händen des Hochzeitsladers, der zum Brauttanz auffordert und auch die weiteren Tänze leitet. Während eines Tanzes wird am Nachmittag möglichst unbemerkt die Braut gestohlen und in eine andere Gaststätte entführt, wo weiter gezecht wird. Ist sie gefunden, wird sie mit Musik zum Bräutigam zurückgeholt. Nach dem Abendessen kommt das „Abdanken". Die geladenen Gäste werden vom Hochzeitslader nacheinander aufgerufen, treten vor das Brautpaar, stoßen mit einem Glas Wein an, wünschen Glück und übergeben ihr Geschenk. Dabei werden vom Hochzeitslader, aber auch von Gästen einzelne Anwesende mit G`stanzln ausgesungen. Um Mitternacht wird das Brautpaar mit Musik aus dem Wirtshaus hinausbegleitet und verabschiedet.

Hochzeitsbaum

Ein Brauch, der sich seit einigen Jahren aus dem Norden eingebürgert hat, ist das Aufstellen eines „Heirats- oder Hochzeitsbaumes". Freunde des Brautpaares stellen vor dem Haus der Neuvermählten eine Stange auf, an der allerlei gebrauchte Babywäsche und Spielzeuge, manchmal sogar ein Kinderwagen, hängen. Eine Tafel an der Stange verkündet, dass innerhalb eines Jahres Nachwuchs erwartet wird. Trifft dies aber nicht ein, kommen die Freunde wieder und lassen sich mit Essen und Trinken bewirten.

Freinacht

Ein Brauch, der nicht gerade den Betroffenen Freude macht, ist das Treiben in einer so genannten Freinacht an Ostern und zur Sommersonnenwende. Junge Burschen heben Gartentüren aus oder vertragen größere Gegenstände und Geräte, die sie dann verstecken.

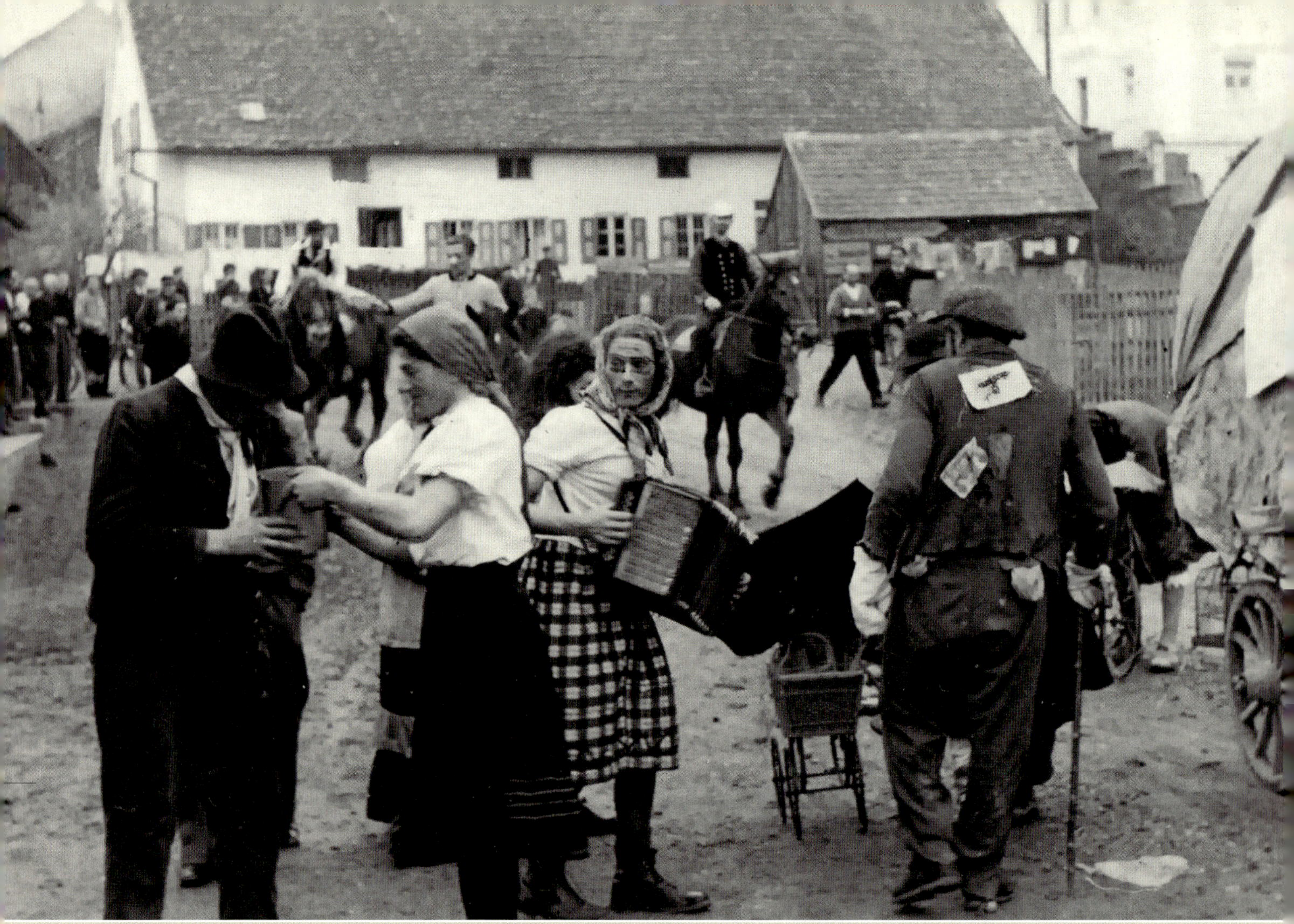

Prächtiger Faschingsumzug in Ilmmünster (50er Jahre)

Mitunter kommt es auch vor, dass diese auf einem Dach abgestellt zu finden sind.

In einigen Orten des Landkreises hält die Jugend auch noch an der Sonnwendfeier am 24. Juni (Johannes) fest, weshalb man auch vom Johannisfeuer spricht. Nach Einbruch der Dunkelheit wird der aufgeschichtete Holzstoß auf freiem Feld angezündet. Ist das Feuer ziemlich heruntergebrannt, wird mutig über die noch auflodernden Flammen gesprungen.

Der Schäfflertanz

Den Schäfflertanz, der in München wegen der Pest im Jahre 1517 seinen Ursprung hat, haben die Städte Pfaffenhofen (1930) und Geisenfeld (1886) und Eschelbach (1928) übernommen. Dieser Brauch wird, wie üblich, im Abstand von sieben Jahren gleichzeitig aufgeführt. Mitglieder der Turnvereine in Pfaffenhofen und Geisenfeld beginnen mit den Übungen etwa drei Monate vorher. In Eschelbach bildet sich aus ledigen Burschen ein Verein auf Zeit, der sich dann im selben Jahr wieder auflöst. Die Auftritte werden der Bevölkerung angeboten oder aber von Geschäftsleuten und Familien aus besonderen Anlässen (Geburtstag, Hochzeitstag u.ä) bestellt. In schöner einheitlicher Schäfflerkleidung marschieren Standartenträger, Vortänzer, Tänzer, Reifenschwinger und Fassschläger, begleitet von zwei Direktoren in Frack und Zylinder mit der Musikkapelle auf. Fehlen dürfen nicht die Kasperl, die von den vielen Zuschauern gern Geld einsammeln.

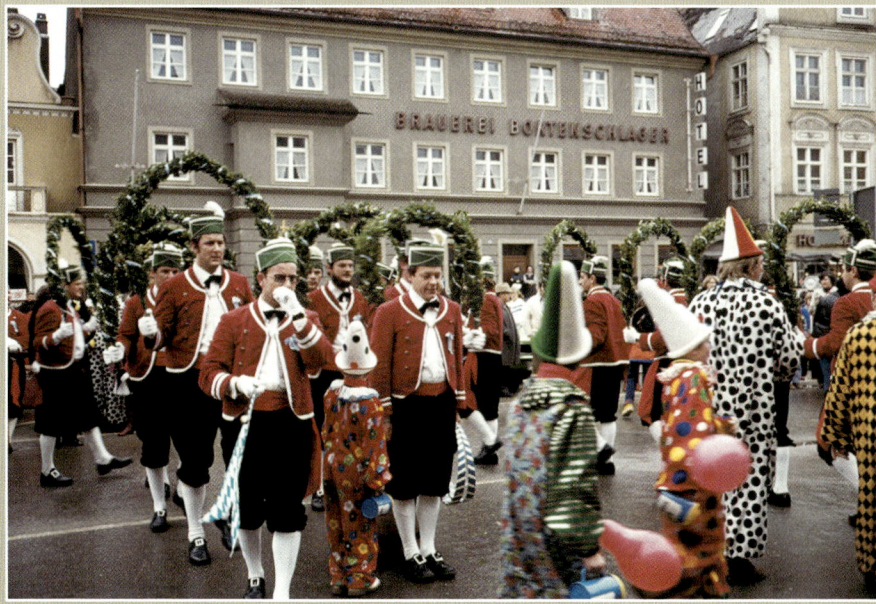

Die Schäffler von Pfaffenhofen führen alle 7 Jahre den Schäfflertanz auf

Faschingstreiben

In der letzten Faschingswoche mit dem Unsinnigen Donnerstag und Rußigen Freitag erlebt der Fasching seinen Höhepunkt in der Öffentlichkeit. Die Maschkera kommen auf die Straße und treiben ihren Schabernack. Großes Faschingstreiben kann man am Unsinnigen Donnerstag in Wolnzach erleben. Vormittags um 10 Uhr beginnt das „Zirkus-Tonelli-Remidemi" auf den Straßen. Am Nachmittag bietet der Zirkus Tonelli mit allerlei lustigen Nummern eine seltene Faschingsgaudi, die am Abend mit Tanz ausklingt.

Der Unsinnige Donnerstag hat auch eine besondere Note durch den „Weiberfasching". Am Rußigen Freitag versuchen Jungen und Mädchen sich gegenseitig das Gesicht mit Ruß einzustreichen. Am Faschingsdienstag gehen Kinder maskiert von Haus zu Haus und heischen Geschenke mit dem Vers:

„I bin a kloana Maschkera
und hob an großn Sog,
und weil i no nix drinna hob,
drum bitt i um a Gob".

Der Fasching wird begraben

Wo am Faschingsdienstag noch eine Tanzveranstaltung gehalten wird, kann es sein, dass zu Mitternacht der Fasching mit „Trauergesang" eingegraben wird. Wer sich dazu hergibt und den Fasching darstellt, wird dabei mit Wasser übergossen.

Fahnenweihe

In den Jahren nach dem Krieg wurde eine Reihe von neuen Vereinen gegründet. Einige davon schaffen sich eine Fahne an, die dann in einem Festgottesdienst geweiht wird. Eine Zeit vorher wird ein gleicher Verein ausgesucht, der die Patenschaft übernimmt. Vorstandschaft und einige Mitglieder fahren zu diesem und bitten, auf einem Holzscheit kniend, die Patenschaft zu übernehmen.

Zu der Fahnenweihe werden der Patenverein und Vereine der Umgebung eingeladen. Der Verein mit der neuen Fahne muss nun eine Fahnenmutter, eine Fahnenbraut und mehrere Festdamen bestellen. Beim Zug zum Festgottesdienst tragen vier Festdamen die noch verhüllte Fahne, die von der Fahnenbraut zur Weihe vorgestellt wird. Nach der Weihe übernehmen die Fahnenjunker die Fahne, an die nun Fahnenmutter, Fahnenbraut und Festdamen je ein gestiftetes Band mit einem sinnigen Vers hängen. Die von Prominenten und Vereinen gestifteten Fahnenbänder übergeben Festdamen. Zum Schluss erhalten die eingeladenen Vereine ein Erinnerungsband.

Umzug des Burschenvereins Puch mit der neu geweihten Fahne 2004

Maibaumaufstellen

Ein allgemein geübter Brauch im ganzen Landkreis ist das Aufstellen schön geschmückter Maibäume. Dieser Brauch erfuhr in den letzten zwanzig Jahren eine besondere Förderung dadurch, dass die drei schönsten naturbelassenen bzw. weißblauen Bäume prämiert werden und die jeweilige Gemeinde als Preis Freibier bekommt. Während die naturbelassenen Bäume erst am 1. Mai im Wald gefällt, ins Dorf gebracht und dort zum Aufstellen hergerichtet werden, müssen die weißblauen Bäume schon Wochen vorher geschält und gestrichen werden. In dieser Zeit kann der Baum von Burschen eines Nachbardorfes gestohlen werden, wenn er nicht genügend bewacht wird. Um den Baum wieder zurückzubekommen, wird eine Auslösung mit Bier und Brotzeit gefordert.

Maibaumaufstellen in Klenau 2000

Ist der Maibaum mit Hilfe von Stangenscheren und Hau-Ruck-Kommando aufgestellt, kann nach Möglichkeit um ihn herum getanzt werden. Während des Schmückens gehen Burschen im Dorf von Haus zu Haus und sammeln für die anschließende Feier Geld und Essbares. Am Abend ist dann in manchen Orten der Maitanz.

Hopfazupfa - Jahrtag

Angefangen hat es mit einem Film über den Hopfen, den das Ehepaar Stallmeister vor zwölf Jahren in Rohrbach drehte. Und weil das Hopfenpflücken mit der Hand schon die Maschine übernommen hatte, führte das traditionsbewusste Ehepaar Stallmeister den Hopfenjahrtag ein, der seither jedes Jahr am 15. August veranstaltet wird.

Der Jahrtag beginnt am Vormittag mit einem Gottesdienst und Böllerschüssen. Danach geht es mit dem Pferdewagen zum Hopfengarten, von dem die Hopfenreben in einen Bauernhof im nahen Fürholzen gefahren werden. Dort kann nun jeder nach Lust und Laune Hopfen zupfen. Wer ein bestimmtes Maß im Metzen hat, bekommt eine Urkunde. Um 17 Uhr beginnt das Prominentenzupfen unter den Augen der vielen Zuschauer. Den ganzen Tag über läuft ein Programm mit echter bayerischer Volksmusik.

Bauernjahrtage

Eine lange Tradition haben die Bauernjahrtage. Bevor 1848 endgültig die jahrhundertelange Leibeigenschaft aufgehoben wurde, waren die Bauern rechtlose Untertanen der Grundherren. In diesen Notzeiten versuchten sie durch Bauernvereinigungen sich gegenseitig zu helfen und mehr Freiheit zu erkämpfen.

„Nach altem Brauch und Sitte findet jedes Jahr der herkömmliche Bauerntag statt", wie in einer Niederschrift zu lesen ist. Dieser Bauernjahrtag wird zu Ehren der heiligen Bauernpatrone Wendelin, Isidor und Notburga in Anlehnung einer Bauernhochzeit gefeiert. In aller Regel verläuft der Tag nach

Pfarrer Wilhelm Höfler aus Langenbruck schnitzte kunstvoll einen Isidorschild

einem überlieferten Ritual. Er beginnt mit dem Sammeln der Mitglieder zum Kirchenzug, bei dem bäuerliche Symbole, wie Pflug und Schild mit dem Bild des hl. Isidor, mitgetra-

Aufstellung der Mitglieder des Isidor- und Notburgabundes in Tegernbach zum Kirchenzug 1953

gen werden. Nach dem Gottesdienst, bei dem der verstorbenen Mitglieder gedacht wird, geht es mit Blasmusik zum Gasthaus. Dort empfängt der Wirt in Geisenfeld und Wolnzach die Gäste mit einem vollen Humpen Bier. Gelegentlich werden auf die Vorstandschaft und prominente Gäste gern gehörte G`stanzln gesungen. Nach dem Mittagsmahl spielt die Musik zum Tanz auf. In Langenbruck und in Reichertshofen müssen die Vor-

 stände scharf aufpassen, dass das Isidorschild, ähnlich dem „Brautstehlen" bei einer Hochzeit, nicht abhanden kommt, weil es sonst teuer ausgelöst werden muss.

Nachdem seit den 60er Jahren die Zahl der Bauern stark abnahm, wurde in Langenbruck der Bauernjahrtag in Bürgerjahrtag umbenannt. Dadurch nahm die Zahl der Mitglieder wieder zu.

Auch in den anderen Orten gehören aus Solidarität zu den Bauern auch Geschäftsleute und Nichtbauern dem Isidorbund an.

Leonhardiritt

Eine lange Tradition hat der Leonhardiritt in Pichl, der bis ins 18. Jahrhundert zurückreicht.

Im Jahr 1960 wurde der Ritt eingestellt, weil es wegen der schwindenden Landwirtschaft kaum mehr Pfer-

Leonhardumzug in Pichl

de gab. Nach 25-jähriger Unterbrechung ließ man den Brauch wieder aufleben, nachdem Reitpferde für die Freizeitgestaltung begehrt waren.

Am Sonntag nach Sankt Leonhard (6.Nov.) sammeln sich auf dem Sportgelände die Reiter mit ihren Pferden, denen vor dem Abritt Erinnerungsschleifen umgehängt werden. Dem Zug voraus fährt ein bunt geschmückter Truhenwagen, auf dem die Paartaler Trachtlerinnen mit einer Schnitzfigur des hl. Leonhard sitzen. Nach altem Brauch umrunden die Reiter drei Mal das barocke Leonhardikirchlein, bevor der Priester mit Weihwasser den Segen erteilt. Dazu spielt die Blaskapelle einen Choral.

Neu eingeführt wurde die Pferdesegnung auf dem Haglhof in Prambach, wo mehrere Reitpferde von ihren Besitzern gehalten werden. Seit 1988 findet am letzten Sonntag im Oktober auf dem Bauernhof der Familie Hagl ein Gottesdienst mit Pferdesegnung statt. Am Nachmittag läuft ein gemischtes Programm mit reiterlichen, z.T. artistischen Übungen und Dressurvorführungen ab.

In Lampertshausen führte Geried Wolf, der aus Tölz hierher übersiedelte, den Leonhardiritt im Jahr 1995 ein, wie er ihn von seiner Heimatstadt gewohnt war. Mit geschmückten Wagen und schönen Pferdegespannen, angeführt von der Steinkirchener

Blaskapelle, bewegt sich der Zug zum Bildstock des hl. Leonhard, den G. Wolf auf seinem Grundstück errichten ließ. Dort erteilt der Geistliche nach einer kurzen Andacht den kirchlichen Segen. Anschließend wird im Festzelt noch gefeiert.

Letzter Leonhardiritt in Strobenried 1950

Leonhardiritte gab es noch in Eulenried und Strobenried, die aber kurz nach dem letzten Krieg eingestellt wurden.

Stephaniumritt in Haimpertshofen

Nachweislich seit 1895 kamen am Stephanstag (26. Dez.) zum Pferderennen nach Haimpertshofen die Bauern der näheren Umgebung. Dort ritten sie mit ihren Pferden dreimal um die dem hl. Stephan geweihte Kirche. Nach einer Andacht erteilte der Geistliche mit dem Stephanus-Reliquienkreuz den Segen. Dann ging es zum Rennen auf der Mühlangerwiese.

Pferdesegnung am Stephani-Tag in Haimpertshofen

Nach mehreren Unterbrechungen wurde der Ritt 1960 eingestellt. Erst 1990 wurde der Brauch erneut aufgenommen. Heute kommen am Stephanstag wieder Reiter zum Umritt um die Kirche, angeführt vom Spielmannszug der Stadtkapelle Pfaffenhofen. Nach dem dritten Umritt mit Segen bekommt jedes Pferd ein Säckchen mit geweihtem Hafer von den Ministranten überreicht.

Silvester - Jahreswechsel

Geht das Jahr zu Ende, halten die Menschen besinnliche Rückschau. Dazu lädt auch die Jahresschlussandacht ein. In den Familien erwartet man den Jahreswechsel, um das alte Jahr zu verabschieden und das neue zu begrüßen. Mit einem Glas Sekt stößt man um Mitternacht an und wünscht sich gegenseitig ein „Gutes Neues Jahr", wenn feierlich die Kirchenglocken läuten und Bläser mit Chorälen hoch am Turm das Neue Jahr ankünden. Die Leute gehen ins Freie und „schießen" mit bunten Raketen und Feuerkörpern das Jahr an.

Literatur

Simon Aiblinger, Vom echten Bayerischen Leben, München 1990
Albert Bichler, Wie`s in Bayern der Brauch ist, Pfaffenhofen 1994
Heidi C. Ebertshäuser, Das bairische Jahr, München 1979
W. Kaltenstadler, Brauchtum in der Heimat, D` Hopfakirm Nr. 11, Pfaffenhofen 1986
Martin Sedlmeier, Wallfahrten im Landkreis Pfaffenhofen, Pfaffenhofen 2001

Landkreis
PFAFFENHOFEN a.d.Ilm

Entwicklung und Wandel der
Hauslandschaft

Gunther-F.-L. Hasse
Andreas Sauer M.A.

Gunther-F.-L. Hasse
Andreas Sauer M.A.

"Wir leben da, wo Andere Urlaub machen!" Dieser Satz drückt aus, was viele von uns tagtäglich empfinden. Unsere reizvolle, unverbaute Landschaft und die signifikante, typische Baukultur ist bei uns, im Gegensatz zu vielen anderen Regionen Deutschlands, noch erlebbar. Es ist eine Lebensqualität, welche nicht nur wir und unsere Gäste sehr schätzen, es ist zudem ein nicht hoch genug zu würdigender Standortvorteil der Wirtschaftsansiedelung. Will man sich diese Lebensqualität und den vorhandenen Standortvorteil erhalten, lohnt es sich, das Typische und Originelle unserer Bautradition genauer zu betrachten.

Die Hauslandschaft im Landkreis Pfaffenhofen ist das Ergebnis einer jahrhundertelangen Entwicklung. Topographie und klimatische Verhältnisse, örtliche Rohstoffquellen und handwerkliche Gepflogenheiten spielten u. a. eine entscheidende Rolle bei der Ausformung und Gestaltung der verschiedenen Haustypen.

Unser Landkreis wird nicht durch einen einzigen Haustyp bestimmt. Die Häuser des Landkreises Pfaffenhofen gehören zur nördlichen oberbayerischen Hauslandschaft, die auch z.T. in den benachbarten Landkreisen anzutreffen sind, so dass sich eine spezifische Hauslandschaft der Region ausbildete.

Urtyp des Wohnhauses

Bei den Hauptbaukörpern handelte es sich immer um rechteckige, meist mit dem Giebel zur Straße stehende Häuser, ohne oder mit nur niedrigem Sockel. Ein steiles Satteldach (knapp unter oder über 45°) bildete den Abschluss des Baukörpers. Bei den bäuerlichen Wohnhäusern in unserem Bereich waren auf der Eingangsseite ein einseitiger Dachüberstand, das sogenannte „Greddach" typisch. Die Dachfläche war ruhig gestaltet, in der Regel ohne Dachaufbauten. Kleinere

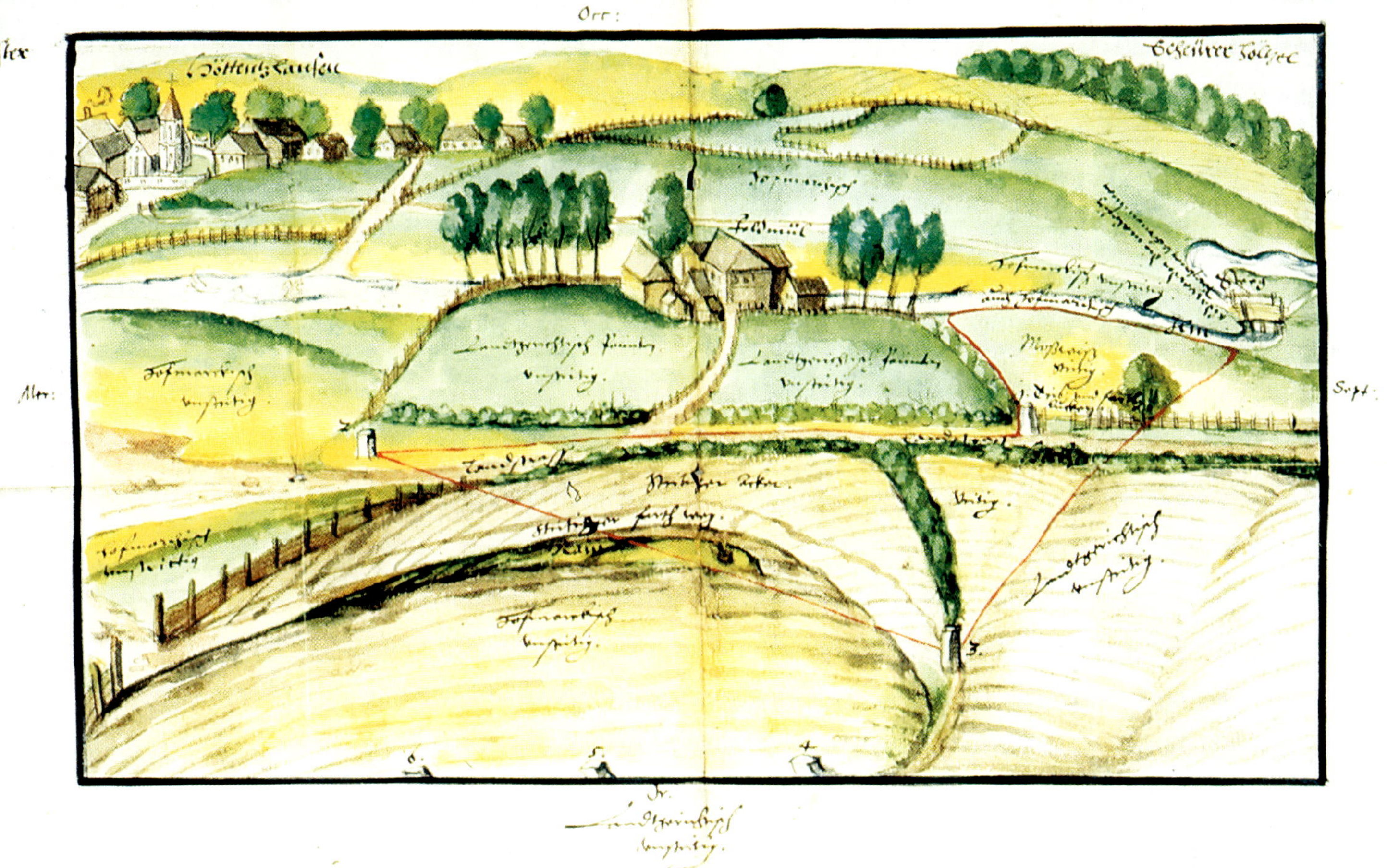

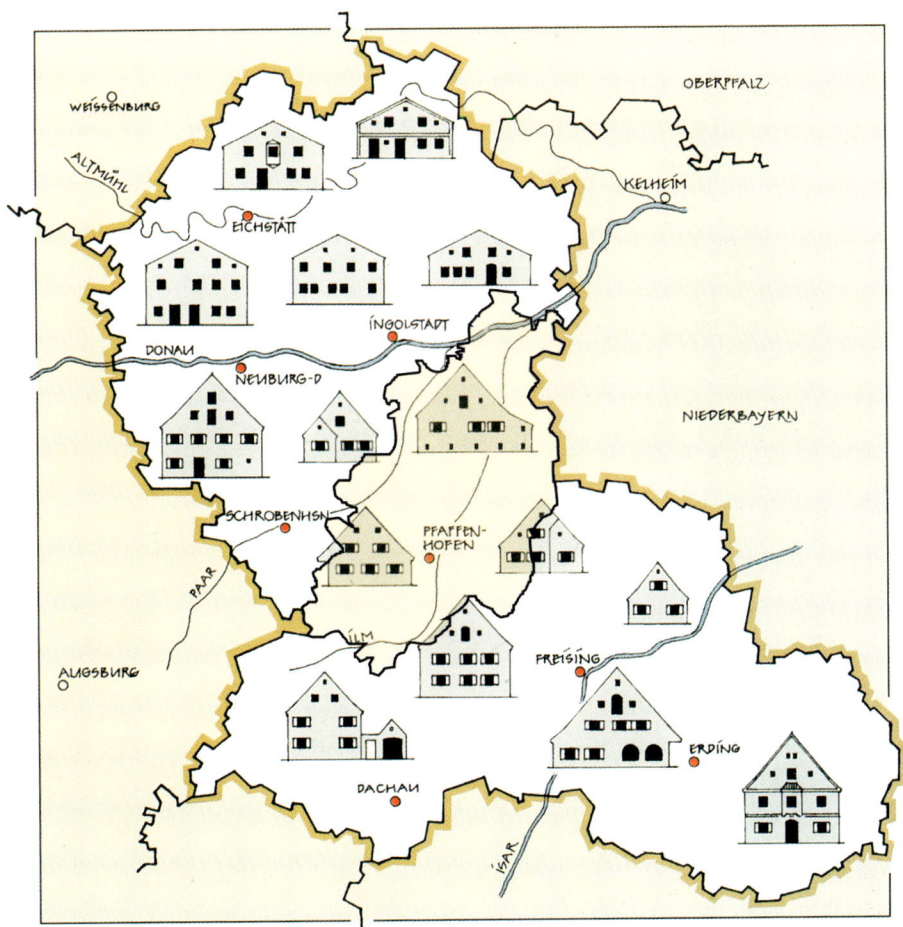

Die kolorierte Zeichnung einer Landschaft bei Hettenshausen (um 1600) zeigt gut erkennbar die rechteckigen Hauptkörper mit Satteldach. Auch bei unterschiedlicher Größe wird die Erscheinungsform beibehalten. Die farbliche Darstellung und die angedeutete Struktur lassen vermuten, dass diese Gebäude wohl aus Holz errichtet wurden. Nur die Kirche scheint bereits als Steinbau errichtet, weiß verputzt und mit Ziegeldach. (Bayerisches Hauptstaatsarchiv München, Plansammlung Nr. 11516)

Anbauten, wie die Erweiterung der Wohn- oder Austragsstuben wurden vor die Giebelseite gesetzt und nahmen die Dachneigung des Hauptbaukörpers auf.

Stall oder Scheune befanden sich meist unter gleichem First und unterstrichen den längs gestreckten Baukörper oder waren winkelförmig oder parallel daneben angeordnet, so dass sich ein Hofraum ausbildete. Ab der frühen Neuzeit, dem 16. Jahrhundert, finden sich genauere Hinweise zum Aussehen der Häuser in unserem Landkreis.

Alte Salbücher (Besitzverzeichnisse) und Steuerbeschreibungen berichten von hölzernen Häusern, deren Rauchfänge ebenfalls aus Holz hergestellt waren, wie kurfürstliche Anordnungen aus dem 18. Jahrhundert bele-

Übersichtskarte mit den Hausformen im nördlichen Oberbayern, der Landkreis Pfaffenhofen a.d.Ilm ist farblich hervorgehoben Quelle: Landesverein für Heimatpflege e.V.

75

Eines der wenigen fotografisch überlieferten, traditionellen Holzbauten, hier eines Kleingütlers in Rohrbach. Sehr gut erkennbar sind die Holzbaukonstruktion, das Greddach und die klare, ruhige Struktur des Hauses mit Satteldach (ca. 1930).

gen. Die Dächer der Häuser und großen Hofstellen waren fast ausnahmslos mit Stroh gedeckt.

Entsprechend hoch war die Brandgefahr. Die Furcht vor Ausbreitung des Feuers in einem Ort war groß, wenn nur ein einziges Gebäude in Flammen stand. Gemauert waren auf den Dörfern und Weilern lediglich die Pfarrhöfe (auch hier gibt es Ausnahmen) und herrschaftliche Gebäude, wie die Verwaltungsgebäude der Hofmarksrichter, die Gasthöfe und die sog. „Getreidekästen", die der Sammlung und Aufbewahrung der Abgaben der Untertanen an die Grundherrschaft dienten. In der Stadt Pfaffenhofen a.d.Ilm und den Märkten Hohenwart, Wolnzach, Geisenfeld und Vohburg waren die gemauerten Häuser häufiger anzutreffen. Sie sollten die besonders hohe Brandgefahr in diesen dicht besiedelten Orten verringern.

In Ilmmünster kam es am 4. August 1733 in einem Weberhaus zu einem Brand, der sich rasch ausbreitete und binnen kurzer Zeit 21 Wohn- und

Wirtschaftsgebäude, darunter die Brauerei des Ortes mit dem zugehörigen Wirtshaus dem Erdboden gleichmachte. Den Abbrändlern wurde nun zur Auflage gemacht, ihre neuen Häuser in ausreichendem Abstand zu den Nachbarn zu errichten, die Häuser

aufzumauern und keinesfalls Holz zu verwenden. Erste Maßnahmen zum Brandschutz wurden auch in einer kurfürstlichen Anordnung aus dem Jahr 1731 deutlich, die es verbot, hölzerne Rauchfänge zu errichten. Diese sollten künftig gemauert werden.

Bauernhaus in Fahlenbach, bereits in Stein errichtet, mit Gred. Obwohl sich die Baumaterialien änderten wurde das Erscheinungsbild in Grundform und Höhe des Baukörpers beibehalten (1914).

Entwicklungen im 19. Jahrhundert

Obwohl sich das Material der Haus- und Dacheindeckung, von Stroh über Holzschindel, bis allmählich hin zum Dachziegel über die Jahrhunderte änderte, blieb die Haus- und Dachform in der Regel unverändert. Das Gleiche gilt auch für die bauliche Gestaltung und Proportionen. Die Fußböden bestanden noch überwiegend aus Lehm und wurden erst im Lauf des 19. Jahrhunderts mit Brettern und Steinen belegt.

In seinem Physikatsbericht, - einer Darstellung des Landgerichts Pfaffenhofen (Vorläufer des Landkreises) aus medizinischer und topographischer Sicht -, aus dem Jahr 1861 beschreibt der Landarzt Dr. Häuslmayr das typische Haus der Region:

„In der Mitte des Hauses befindet sich ein durchgehender Gang, rechts die Wohnstube, die mit den Hühnern und gegen das Frühjahr mit jungen Schweinen und Gänsen geteilt wird. Zur linken Seite ist das Schlafzimmer des Bauers und der Bäuerin untergebracht, das zugleich Speisekammer und auf und unter den Bänken Garderobe ist. In diesem Gemach schlafen auch die kleinen Kinder. Rückwärts ist in der Regel noch eine halbdunkle Kammer mit sechs Zoll hohen Fenstern [~15cm] für erwachsene Töchter und weibliche Dienstboten."

Noch gegen Ende des 19. Jahrhunderts stellte sich der damaligen Bauaufsichtsbehörde (Bezirksamt) das Problem strohgedeckter und hölzerner Häuser und Wirtschaftsgebäude. In Hettenshausen wollte ein Hausbesitzer in den 1870er Jahren im Ort eine Ziegelei errichten. Das Bezirksamt nahm den Platz für die Ziegelei in Augenschein und befand schließlich ablehnend, dass der Platz viel zu nahe an zwei strohgedeckten Kleingütler-Häuschen läge und die Feuergefahr viel zu groß sei.

Im Laufe der Industriellen Revolution und in Folge der Reparationszahlungen des gewonnenen Krieges 1870/71 kommt nicht nur vermehrt Kapital sondern auch ortsuntypische Baumaterialien zum Einsatz, so z.B. die Schieferdeckung des Rathauses in Wolnzach. Mit dem Kapitalzuwachs stiegen auch die Lebensbedürfnisse. Zunächst wurden im späten 19. Jahrhundert die Häuser aufgestockt und veränderten sich in ihrer Höhe, selten jedoch im Grundriß.

Veränderungen im 20. Jahrhundert

Das 20. Jahrhundert brachte schließlich weitere gravierende Veränderungen in die gewachsene Hausland-

Dieses Wohnhaus eines stattlichen Hofes in Waal zeigt auch hier die klare Grundform mit Satteldach. Besondere Aufmerksamkeit verdient der schmückende Treppengiebel und der entlang der Eingangsseite verlaufende Stützengang. Erst in den 1960er Jahren wurde dieses außergewöhnlich Bauwerk abgebrochen.

Ansicht von Osten.

"Panta rhei" - "Alles fließt" - und so ist auch die Baukultur einem kontinuierlichen Fluss, einem Wandel unterworfen. Ein Wandel, der sich auch in unserem Landkreis wie zuvor dargestellt vollzogen hat und weiter vollziehen wird. Ein Wandel der jedoch auch eine charakteristische Hauslandschaft herausbildete.

Die Globalisierung schreitet immer weiter fort, mit all Ihren Chancen, aber auch all ihren Schattenseiten. Schon jetzt wird eine weltumspannende Uniformität beklagt, einhergehend damit ein Verlust von Identität.

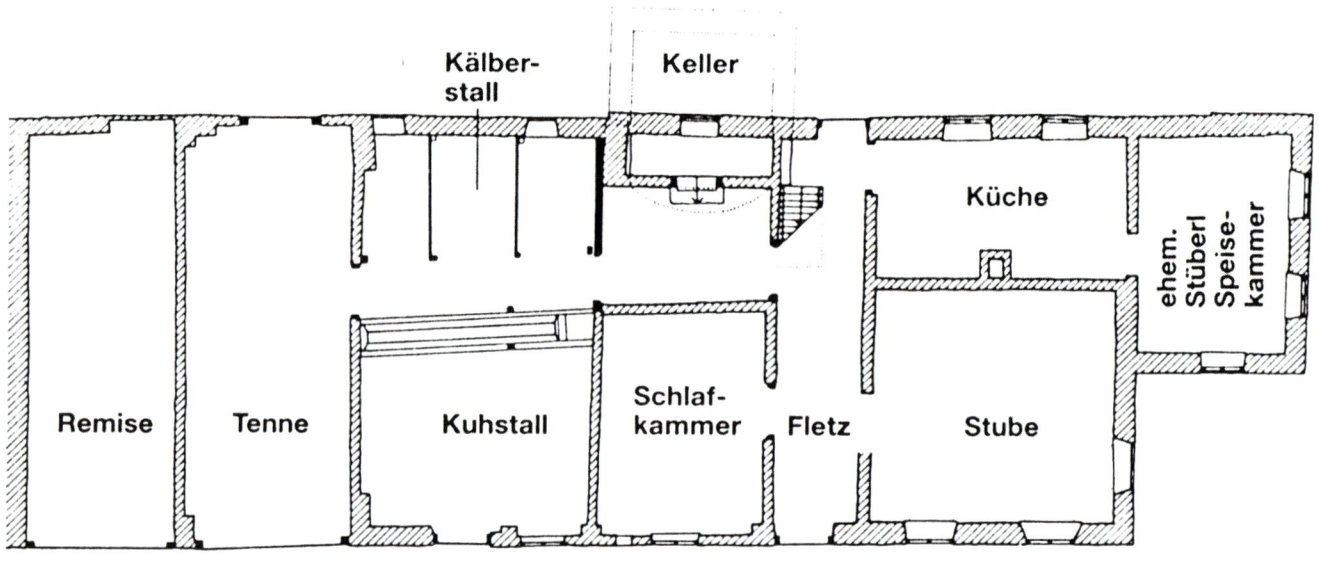

Erdgeschoß.

Grundriss und Schnitt eines typischen Einfirsthofes mit einseitigem Gred und Stüberlvorbau (Stadtarchiv Pfaffenhofen)

schaft der Region. Vereinzelt die 20er Jahre, verstärkt die 30er Jahre mit dem Siedlungsbau in Märkten und Gemeinden wie Scheyern oder Ilmmünster, und vor allem die umfassenden Wohnungsbeschaffungsmaßnahmen für die Geflüchteten und Vertriebenen in den 50er Jahren brachten den Bau von Wohnhäusern mit sich, die ohne landwirtschaftliche Nebengebäude errichtet wurden und bereits eine Veränderung der Berufs- und Lebenswelt ankündigten: Der beginnende Rückzug der Landwirtschaft als einzige berufliche Perspektive für die Bevölkerung.

Seitdem verringert sich die Zahl der typischen Häuser in der Region, eingadig mit Greddach, immer mehr. Die

folgenden Jahrzehnte brachten, jeweils der Baumode der Zeit entsprechend, Haustypen mit sich, die Zeugen ihrer Entstehungszeit, nicht mehr jedoch für die Region oder eine bestimmte Hauslandschaft sind. In jüngerer Zeit wird jedoch versucht einen Kompromiss zu finden: Modern bauen mit den gewachsenen Ansprüchen der Gegenwart, in Aussehen und Gestaltung vieler Details jedoch die Traditionen aufnehmend. Auf diese Weise gelingt immer wieder eine Symbiose zwischen „neuem" und „altem" Bauen, zwischen dem traditionellen Greddachbau, z.T. mit Stüberlvorbau und den Annehmlichkeiten und umweltverträglichen Heiz- und Energietechniken der Gegenwart.

Selbstbewusstes ortstypisches Wohnhaus mit Anbau in Gestalt eines Austragsstüberls (Rottenegg, Badstraße)

Nicht zuletzt deshalb wurde bei der Gestaltung eines vereinten Europas, auf ein Europa der Regionen Wert gelegt.

Die Herausforderung der Zukunft wird es sein, nicht nur in der Gestaltung der Hauslandschaften die Anforderungen und Errungenschaften der Zukunft zu integrieren, ohne unsere kulturelle Eigenständigkeit zu verleugnen.

Damit auch in einer weltweiten Betrachtung, in einem Europa der Regionen, unsere Kulturlandschaft, damit der Landkreis Pfaffenhofen a.d.Ilm seinen unverwechselbaren Charakter behält.

Oben: Ein typischer Einfirsthof als rechteckiger, längsgestreckter Baukörper mit mittigem Satteldach, giebelständig zur Straße stehend mit einseitigem Greddach errichtet. Wohnhaus, Stall und Tenne sind unter einem Dach (1910). Unten: Dasselbe Haus, ca. 50 Jahre später fotografiert. Es wurde aufgestockt, die Grundform, Fensterformate etc. blieben jedoch unverändert.

Zweigeschossiger, betont längsgestreckter Baukörper ohne die Erscheinung störende Vor- und Rücksprünge mit ruhigem Satteldach (Schweitenkirchen, Dürnzhausener Straße)

Einfamilienhaus mit Greddach auf der Eingangsseite mit sich unterordnenden Dachaufbauten (Mitterscheyern)

Landkreis
PFAFFENHOFEN a.d.Ilm

Freizeit und Erholung

Rudi Engelhard

Rudi Engelhard

Es gibt
viel zu entdecken

Haben Sie Lust, die eine oder andere „Ecke" unseres Landkreises zu entdecken oder eine unserer Gemeinden wieder einmal zu besuchen? Dann kommen Sie doch mit auf eine Entdeckungsreise durch unseren Landkreis!

Wir beginnen unsere Tour in Jetzendorf, der südlichsten Gemeinde des Landkreises, eingebettet in eine sanfte Hügellandschaft am Oberlauf der Ilm. Jedes Jahr, am 15. August, steht ganz Jetzendorf Kopf, denn es wird „Frautag" gefeiert. Die riesige Dult, die sich über den ganzen Ort erstreckt, zieht jährlich Tausende von Besuchern an. Wenn Sie es etwas ruhiger mögen, dann besichtigen Sie das Schloss in Jetzendorf.

Nun verlassen wir das Ilmtal abwärts nach Reichertshausen. Zur Freizeitgestaltung bietet der Ort ideale Voraussetzungen: Zum Golfen, Reiten, Radeln, Wandern, Spazieren gehen und vielem mehr trifft man sich hier gerne. Die aktiven 36 Vereine in der Gemeinde organisieren zahlreiche Veranstaltungen. Am Faschingssonntag wird mit einem großen Umzug die närrische Zeit ausgiebig gefeiert. Zudem verfügt die Gemeinde über eine gut ausgestattete Skater-Freizeitanlage. Tipp: Das Schloss liegt anmutig im Ilmtal.

Wenn wir weiter in nordöstliche Richtung fahren, erreichen wir die Gemeinde Schweitenkirchen. Aufgrund ihrer Lage ist Schweitenkirchen ein hervorragender Ausgangspunkt für Ausflüge in das Hopfenanbaugebiet „Hallertau". Zudem kommen Flohmarktbesucher hier voll auf ihre Kosten: Jeweils am 1. und 3. Sonntag im Monat findet ein Flohmarkt statt, der für Sammler Allerlei zu bieten hat.

Wir verlassen Schweitenkirchen wieder und fahren in Richtung Westen nach Ilmmünster, das durch seine La-

Benediktiner-Abtei Scheyern mit Klosterweiher

ge an einem Hang im Ilmtal besticht. Im „Hinterland" des Ortes kann man die Seele baumeln lassen. Einen Besuch wert sind die renovierte romanische Basilika „St. Arsatius" mit Krypta, die Wallfahrtskirche Herrenrast sowie die gotische St. Peterskirche in Ilmried.

Nördlich von Ilmmünster gelegen ist die Gemeinde Hettenshausen, eine der kleineren Landkreisgemeinden. Erholungssuchende finden hier eines der beliebtesten Naherholungsgebiete rund um Pfaffenhofen, den idyllisch gelegenen Waldspielplatz. Auch für Reiter und Pferdefreunde gibt es in der Gemeinde verschiedene Angebote.

Ganz in der Nähe ist die Gemeinde Scheyern, die der geschichtlich bedeutsamste Ort im Landkreis ist. Die Heilig-Kreuz-Reliquie und die Kunstschätze des Benediktiner-Klosters locken alljährlich Tausende von Wallfahrern und Kunstfreunden in die Gemeinde. Besonders zu empfehlen ist eine Wanderung rund um Scheyern und im Scheyerer Forst mit anschließender „Einkehr" im Klosterbiergarten.

Im äußersten Westen des Landkreises gelegen ist die Gemeinde Gerolsbach. Wer Ruhe und Erholung beim Wandern in purer Natur sucht, kommt hier voll auf seine Kosten. Auch Reiter, Tennisfreunde und Golfer finden ideale Sportmöglichkeiten.

Nun geht unsere Reise weiter in die Kreisstadt Pfaffenhofen. Einen Besuch wert sind hier u.a. die Kath. Stadtpfarrkirche „St. Johannes Baptist", das Museum im Mesnerhaus für religiöse Kunst und die historische Werkstatt mit Lebzelterei und Wachsziehermuseum. Auf dem Besichtigungsprogramm stehen sollte ebenfalls die Trabrennbahn Pfaffenhofen, die alljährlich zu etwa 400 Rennen einlädt. Sportlich aktiv können Sie in der Kreisstadt beim Schwimmen, Eislaufen, Reiten, Segelfliegen, Wandern und Walken sowie Inlineskaten werden. Ein Volksfest, zahlreiche Dulten und jede Menge Veranstaltungen laden ebenfalls zum Bummeln, Erleben und zum gemütlichen Beisammensein ein.

Wenn wir wieder in Richtung Nordwesten fahren erreichen wir die Marktgemeinde Hohenwart. Sehenswert sind hier v.a. der schöne historische Marktplatz, das Kloster Hohenwart, die Pfarrkirche auf dem Kloster-

Trabrennbahn Pfaffenhofen

83

Schloss Rohrbach

berg sowie die Wallfahrtskirche Steinerskirchen.

Wie wär`s mit einem Abstecher nach Pörnbach? Bekannt ist die Gemeinde v.a. auch durch ihre Brauerei, die eine jahrhundertelange Tradition hat. Neben der Pfarrkirche und dem Schloss hinterlässt das Storchenpaar auf dem Brauereikamin einen nachhaltigen Eindruck auf Einheimische und Gäste. Pörnbach ist außerdem ein guter Ausgangspunkt für Rad- und Wandertouren ins Paartal. Hier können Sie auch den weithin bekannten „Pörnbacher Spargel" genießen.

Mit einem „Sprung" kommen wir nach Rohrbach, wo Schloss, Kirche, Rathaus und Tafernwirtschaft einst Sitz weltlicher, kirchlicher und bäuerlicher Herrschaft ein eindrucksvolles historisches Ensemble bilden. Spaziergänger und Radler schätzen hier die Hügellandschaft für individuelle

Ausflüge. Der „Hopfenzupferjahrtag" in Fürholzen lockt jährlich am 15. August unzählige Besucher an.

Wir fahren weiter in östliche Richtung zur Marktgemeinde Wolnzach, dem Zentrum des Hopfenanbaus im Landkreis Pfaffenhofen. Im Sommer kann man im „Meer" der Hopfenreben baden. Im „Deutschen Hopfenmuseum"

sowie am „Hopfenlehrpfad" können interessierte Besucher mehr über das „Grüne Gold" erfahren. Bekannt sind die historischen Festzüge während des Wolnzacher Volksfestes, bei dem alljährlich auch die „Hallertauer Hopfenkönigin" gekürt wird. Ein beheiztes Schwimmbad bietet für Sportler und Wasserratten ein nasses Sommervergnügen. Außerdem lädt das

Hopfenmuseum Wolnzach

Museum „Kulturgeschichte der Hand" zu einem Besuch ein.

Ein weiteres wichtiges Hopfenanbaugebiet ist Geisenfeld. Im alten Rat-

Nördlich von Reichertshofen grenzt die Gemeinde Baar-Ebenhausen an. Hier bieten gute Sportanlagen und nahe gelegene Weiher viele Freizeitmöglichkeiten an. Es lohnt sich, die

Noch weiter im Norden liegt die Marktgemeinde Manching. Sehenswert ist hier das Keltisch-Römische Museum, in dem der Besucher mehr über die einstige Keltenhauptstadt erfährt. Zahlreiche Feste wie das Frühlingsfest oder der Barthelmarkt in Oberstimm sind alljährlich Publikumsmagnete.

Auf der B 16 ist es nur ein Katzensprung nach Ernsgaden. Für Freizeit- und Wanderaktivitäten im nahen Feilenforst ist der Ort ein idealer Ausgangspunkt. Der Laurenzimarkt findet alljährlich am 1. Wochenende im August statt. Auch fürs Schwimmen, Tennis spielen, Reiten und Inlineskaten finden sich in Ernsgaden beste Möglichkeiten.

Ganz im Norden des Landkreises bietet die Stadt Vohburg für Sportangler an Donau, kleiner Donau, Ilm und Paar sowie mehreren kleinen Kieswei-

Hallertauer Hopfen- und Heimatmuseum Geisenfeld (Altes Rathaus)

Burgmauer und Pflegschloss in Vohburg

haus können Interessenten das „Hallertauer Hopfen- und Heimatmuseum" besuchen. Im nicht weit entfernten Erholungsgebiet „Feilenmoos" gibt es zahlreiche Badeweiher, wo auch die Möglichkeit zum Surfen, Angeln und Tauchen besteht.

Unsere Tour geht weiter zur Marktgemeinde Reichertshofen. Ein beliebtes Ausflugsziel ist hier die Wallfahrtskapelle „St. Kastl" mit der riesigen, über tausend Jahre alten Linde. Reichertshofen eignet sich auch gut als Ausgangspunkt für Radtouren ins Paartal und ins Donaumoos. Gute Bademöglichkeiten finden man am „Heideweiher".

Pfarrkirchen „St. Maria" und „St. Martin" zu besichtigen. Wer mit einem Ballon hoch hinaus will, hat in Baar-Ebenhausen die besten Möglichkeiten.

Wallfahrtskirche St. Kastl

hern ideale Möglichkeiten. Bei einer Stadtführung können Sie die Klosterkirche „St. Peter", den Burgberg mit Burgtor und Burgmauer, das kleine Donautor sowie den Historischen Stadtplatz besichtigen.

Den Abschluss unserer Entdeckungsreise bildet die Gemeinde Münchsmünster. Hier finden Sie zahlreiche Möglichkeiten zum Reiten, Schwimmen, Eislaufen, Tennis, Angeln, Wandern, Inlineskaten sowie Skateboardfahren. Spazieren gehen kann man in den nahen Donauauen in unberührter Natur. Sehenswert sind die Pfarrkirche „St. Sixtus" sowie die ehemalige „Seelenkapelle".

Landkreis
PFAFFENHOFEN a.d.llm

Gemeinden

im Landkreis Pfaffenhofen a.d.Ilm

Baar-Ebenhausen

Wir über uns

Die heutige Einheitsgemeinde Baar-Ebenhausen, die rund 4.870 Einwohner zählt, wurde aus den ehemalig selbstständigen Gemeinden Baar und Ebenhausen im Jahre 1984 die Einheitsgemeinde gebildet und besteht aus den drei Ortsteilen

· Baar
· Ebenhausen
· Ebenhausen-Werk

Der Ort Baar-Ebenhausen liegt an der Bundesstraße 13

· ca. 10 km südlich von Ingolstadt
· ca. 22 km nördlich von Pfaffenhofen entfernt. Unsere Nachbargemeinden im Landkreis Pfaffenhofen sind Manching und Reichertshofen.

Chronik des Ortsteiles Baar

Seinen Namen, der germanischen Ursprungs ist, hat die Ortschaft von dem Fluss Paar erhalten, der sich im Osten in einer Schleife um den Ort windet, durch den Ort Ebenhausen

fließt und als rechter Nebenfluss in die Donau mündet.

Die erste urkundliche Nennung der Gemeinde Baar geht auf die Tradition des Klosters Münchsmünster zurück, die den Ort um 1030 erstmals erwähnt.

Um 1500 bestand bereits eine große Wallfahrt zu Mariä Himmelfahrt Baar.

Bei Renovierungen im Jahre 1697 fand der damalige Pfarrer auf dem Sockel der heute noch vorhandenen gotischen Madonna die Jahreszahl 1480 eingraviert.

Im Jahre 1721 wurde das heilige Grab, ein seltenes Werk barocker Kunst und Frömmigkeit, zum erstenmal aufgerichtet.

Am 1. Mai 1753 erlebte die Gemeinde Baar ein Fest mit der ganzen Pracht und Begeisterung der Barockzeit, nämlich die Überführung und Aufbewahrung der Gebeine des hl. Fortunatus in die hiesige Pfarrkirche.

Die Ortschaft Baar war aber auch von Umweltkatastrophen nicht verschont. So nahm am 28. Februar 1784 ein Hochwasser der Paar solche Ausmaße an, dass im Dorf außer dem Pfarrhaus und der Schmiedsbehausung kein Haus vom Wasser verschont blieb.

Auch im Jahre 1866 wurde der Ort von einem schweren Unglück betroffen, als am 09.06.1866 durch ein ausgebrochenes Feuer im Laufe weniger Stunden 16 Wohnhäuser und 36 Nebengebäude in Schutt und Asche fielen und dadurch 16 Familien obdachlos wurden.

Im Jahre 1867 trug die Verlegung der Eisenbahnlinie Ingolstadt-München dazu bei, dass das Dorf Baar mit sei-

nen 396 Einwohnern im Laufe der Zeit seinen bäuerlichen Charakter verlor. Im Laufe der folgenden Jahrzehnte hat sich die Gemeinde Baar stetig weiter entwickelt und konnte eine rege Bautätigkeit verzeichnen, so dass aus dem einst kleinen Dorf eine ansehnliche Gemeinde wurde.

Chronik des Ortsteiles Ebenhausen

Es ist anzunehmen, dass die Gemeinde Ebenhausen im 8. oder 9. Jahrhundert entstanden ist, da der frühere Name Ebenhausen von dem Begriff „Häuser in der Ebene" bzw. von „zu den Häusern des Ebo oder Eberhardt", der als Grundherr und vermutlich als Vorfahr der Ritter von Ebenhusen Hörige und Halbfreie hier ansiedelte.

Ein altes Geschlecht waren die Ritter von Ebenhusen, die bei den Fürsten des Landes in hohen Ehren standen. Unter der Äbtissin Gebirga von Geisenfeld, welche von 1037 - 1061 dort wirkte, kommt in einer Urkunde als Zeuge „Chuono von Ebenhusen" vor.

1163 erscheint im Schenkungskodex des Klosters Indersdorf als Zeuge der Ritter „Dilcherius von Ebenhusen".

Im Jahre 1509 starb das Mannestum der Ritter von Ebenhusen aus und von da an ist von ihnen in den Urkunden nichts mehr zu finden.

Im Jahre 1310 ist Ebenhausen als Markt aufgeführt und gehörte zum Amt Vohburg. Im Jahre 1505, als der Ort zum Herzogtum Pfalz-Neuburg kam, ging das eigentliche Marktrecht verloren.

Am 01.01.1880 wurde der Ort Ebenhausen dem Bezirksamt Ingolstadt zugeteilt, dem es bis 1972 angehörte.

Im Jahre 1972 wurde Ebenhausen dann dem Landkreis Pfaffenhofen angegliedert.

Ein besonderes Wahrzeichen des Ortes Ebenhausen ist der in Barock gehaltene Zwiebelturm der St.-Martins-Kirche. Ein Bild wahrer Naturschönheit bildet die vor gut 100 Jahren gepflanzte und unter Naturschutz stehende Eiche in der Mitte der Ortschaft.

Auch dieser Ort wuchs im Laufe der Jahrzehnte durch seine Weiterentwicklung zu einer stattlichen Gemeinde heran.

Chronik des Ortsteiles Ebenhausen-Werk

Zu erwähnen ist auch noch der Ortsteil Ebenhausen-Werk.

Im Jahre 1862 wurde durch die Zerstörung der militärischen Pulvermühle in München beschlossen, im jetzigen Ortsteil Ebenhausen-Werk - in der Nähe der damaligen Aidmühle - eine neue Pulverfabrik zu errichten.

Diese Pulverfabrik war jedoch nicht von Unfällen verschont. So explodierte am 09.08.1865 das Walzwerk, die zweite Mühle und einige Stunden später das Stampfwerk.

Weitere Explosionen gab es am 24.09.1866 und am 09.05.1867.

In den Jahren 1914 - 1918 wurde die Pulverfabrik in einen großen Betrieb ausgebaut, in dem zeitweise bis zu 6.000 Arbeiter beschäftigt waren. Das Ende des 1. Weltkrieges brachte auch das Ende der Pulverfabrik.

Das Gelände lag mit Ausnahme einiger kleiner Betriebe bis 1938 still. Im Jahre 1938 wurde auf dem Gelände wieder eine neue Pulverfabrik errichtet. Im Jahre 1942 lief dann die Fabrikation von Pulver an und im Jahre 1943 waren alle Gebäude und Einrichtungen in vollem Betrieb.

Nach Ende des 2.Weltkrieges wurden sämtliche Fabrikationsgebäude, das große Kesselhaus und der neu erbaute Wasserturm durch Sprengungen zerstört.

Heute sind in Ebenhausen-Werk mehrere größere aber auch mittelständische und kleinere verschiedenartigste, nämlich papier-, kunststoff-, metall- sowie holzverarbeitende Betriebe angesiedelt. Auch das Bayerische Rote Kreuz hat hier sein Hauptlager.

Ansässig in Ebenhausen-Werk ist auch die Gesellschaft zur Beseitigung von Sondermüll (kurz: GSB) in Bayern.

Ernsgaden

Am Anfang war die Burg

Der Legende nach baute Ernsgadens Gründer, Graf Ernst von Hohenburg und Murach, an der heutigen Pfarrstraße eine kleine Burg (lat. „gadum"). Er nutzte sie in den damals ausgedehnten Auwäldern der Donau als Jagdschloss. Der Feilenforst war damals schon für den Tierreichtum bekannt. Im Jahr 1087 kam das Dorf zum Kloster Geisenfeld, von dem die Gemeinde jahrhundertelang verwaltet wurde.

Wegen des wenig ertragreichen Sandbodens war die Ernsgadener Gegend seit jeher ein karger Landstrich. Auch wegen der häufigen, von Donau und Paar ausgehenden Überschwemmungen, blieb das kleine Bauerndorf in seinen Entwicklungsmöglichkeiten beschränkt. Noch im Jahr 1950 zählte man lediglich 500 Einwohner.

Heute hat der Ort rund 1.400 Einwohner. Aufgrund seiner verkehrsgünstigen Lage an der B 16 und der Nähe zu Ingolstadt ist Ernsgaden eine beliebte Wohngemeinde. Zum Wachstum trugen in den letzten Jahrzehnten die planmäßige Ausweisung von Wohnbau- und Gewerbeflächen

bei. Zur örtlichen Infrastruktur gehört ein Kindergarten, eine Grund- und Teilhauptschule und das Gemeindehaus als Verwaltungs- und Veranstaltungsgebäude. Wer es sportlich mag findet ein vorbildliches Sportzentrum mit Fußball- und Tennisplätzen sowie Stockbahnen. Die nahen Wälder des Feilenforsts und die Seen des Feilenmoos laden zum Radeln, Wandern, Laufen und Baden ein. Sehenswert ist die schöne renovierte Pfarrkirche „St. Laurentius" im neuromanischen Baustil.

Geisenfeld

Unterzentrum im nördlichen Landkreis

Um 700 n.Chr. von aus Böhmen eingewanderten Bajuwaren besiedelt, hat sich der Ort insbesondere durch die Gründung des Benediktinerinnenklosters 1030 weiter entwickelt. Die Abtei, deren stattliche Gebäude noch in sehr gutem Zustand erhalten sind, war eines der größten und auch reichsten Klöster im damaligen Bayern. Seit der Säkularisation 1803 werden die Gebäude anderweitig genutzt.

Neben dem Klostertrakt steht die im Ursprung romanische Stadtpfarrkirche St. Emmeram. Das Hochaltargemälde im gotischen Altarraum stammt von Marcantonio Bassetti aus Verona um 1620.

Das 1626 erbaute alte Rathaus mit der von Balthasar Stoll geschaffenen „Justitia" am Südgiebel beherbergt heute das Geisenfelder Hopfen- und Heimatmuseum. Im neuen Rathaus gegenüber befindet sich die Geschäftsstelle der Verwaltungsgemeinschaft Geisenfeld-Ernsgaden und das neu installierte Stadtcafe „Maximilian's" im Erdgeschoss.

Am 18. November 1952 wurde Geisenfeld zur Stadt erhoben mit damals 3.100 Einwohnern. Seit 1971 ist Geisenfeld eine Großgemeinde mit einer stattlichen Fläche von 88 km². 11 ehemalige Gemeinden haben sich im Zuge der Gebietsreform der Stadt Geisenfeld angeschlossen, die heute 9.600 Einwohner zählt.

Der Hopfenbau prägt immer noch das Landschaftsbild, angebaut wird auf einer Fläche von rund 1.600 ha. Übrigens: Der erste Braumeister des Münchener Hofbräuhauses Heimeran Pongraz kam aus Geisenfeld. Die positive Einwohnerentwicklung erforderte natürlich auch eine entsprechende Anpassung der Infrastruktur. 1972 konnte die neue Verbandsschule an der Sedelbreite bezogen werden, Realschule, Förderschule und Kindergarten folgten, 3 weitere Kindergärten wurden in den letzten 2 Jahrzehnten in Betrieb genommen.

Durch neue Wohngebiete erhielten gerade junge Familien die Möglichkeit, Wohnungseigentum zu schaffen um am Ort zu bleiben, gleichzeitig

konnte auch der Zuzug von Neubürgern gefördert werden. Parallel dazu war auch die Ausweisung neuer Gewerbeflächen notwendig, um namhaften Betrieben die erforderlichen Entwicklungsmöglichkeiten zu bieten. Besonders hervorzuheben ist hier die Firma Wolf mit rd. 300 Beschäftigten. Der Industriepark Ilmendorf an der B 16 mit den Logistikzentren

von ALDI und LIDL entstand in den neunziger Jahren.

Ein großer Erfolg war der Abschluss der Hochwasserfreilegung in Geisenfeld und allen Beteiligten gebührt dazu Dank und Anerkennung.

Im Rahmen der Städtebauförderung konnten große Teile des Ortskerns saniert und städtebaulich aufgewertet werden, der neue Sinnesgarten lädt zum Verweilen ein. Das Naherholungsgebiet Feilenmoos und das Naturschutzgebiet bei Nötting bieten Ausgleich, Erholung und Naturgenuss und zahlreiche Vereine weitere Möglichkeiten einer sinnvollen Freizeitgestaltung.

Im Rathaus werden Sie gerne beraten.

Gerolsbach

Inmitten fruchtbarer Wiesen und Felder im Südwesten des Landkreises Pfaffenhofen a.d.Ilm und zur Hallertau gehörend liegt die Gemeinde Gerolsbach (459 m ü. NN), die sich ihre ländliche Ursprünglichkeit weitgehend bewahrt hat. Auf der ca. 5894 ha großen Fläche mit über 3.200 Einwohnern sind 77 kleine Dörfer, Weiler und Einödhöfe in einer reizvollen Hügellandschaft verteilt.

Gerolsbach ist das Verwaltungszentrum der Gemeinde und verfügt über eine Grundschule, Kindergärten, Post, Banken, Arzt- und Zahnarztpraxis, Apotheke, Einkaufsmarkt, mehrere Metzgereien sowie verschiedene Einzelhandelsgeschäfte, Kfz-Werkstätte mit Tankstelle und umfangreiche, auch gehobene Gastronomie.

Ausgezeichnete Wanderwege, ein 18-Loch-Golfplatz, ein eigenes Freizeitzentrum für Pferdesport, weitere Sport- und Tennisplätze sowie hervorragende Gastronomiebetriebe, ein reges Vereinsleben (46 Vereine) und eine sich ständig verbessernde Ausstattung mit öffentlichen Einrichtungen empfehlen diese Gemeinde als ruhigen und sportlichen Erholungsort.

Hervorgegangen aus den fünf ehemals selbständigen Gemeinden Alberzell, Gerolsbach, Klenau, Singenbach und Strobenried hat sich in der seit 1978 bestehenden Einheitsgemeinde bisher einiges getan, um den Zusammenhalt und das Gemeinschaftsgefühl aller Bürgerinnen und Bürger zu stärken und auszubauen: Aufbau einer zentralen Wasserversorgung mit 2 Brunnen und 1 Hochbehälter, Neubau der Kläranlage Gerolsbach einschl. Errichtung von Regenrückhaltebecken, Neubau der Grundschule mit Mehrzweckhalle und Freisportanlagen einschl. Tennisplätzen,

Errichtung eines 2. Kindergartens, Neubau des gemeindlichen Bauhofs mit Wertstoffhof und Feuerwehrgerätehaus in Gerolsbach, Errichtung eines Grüngutlagerplatzes in Gerolsbach, Neubau eines Feuerwehrgerätehauses in Schachach, Errichtung eines Sportheimes mit Freisportanlagen und Tennisplätzen sowie Ausbau des Feuerwehrgerätehauses in Alberzell, Errichtung eines Dorfheimes mit Freisportanlagen und Tennisplätzen sowie Feuerwehrgerätehauses in Junkenhofen, Errichtung eines Dorfheimes mit Feuerwehrgerätehaus in Singenbach, Renovierung der gemeindeeigenen Dorfkapelle Singenbach, Neubau eines Feuerwehrgerätehauses in Strobenried und nicht zu vergessen die Anlage von Kinderspielplätzen und Bolzplätzen in Gerolsbach, Alberzell, Klenau, Junkenhofen, Singenbach und Strobenried sowie die Erschließung von Baugebieten in Alberzell, Gerolsbach, Junkenhofen, Singenbach und Strobenried, Abschluss der Flurbereinigungen in Klenau und Alberzell, Dorferneuerungsmaßnahmen in Klenau, Junkenhofen, Singenbach und Strobenried, Städtebaumaßnahmen in Gerolsbach.

Hettenshausen

Die Gemeinde Hettenshausen mit derzeit rund 2000 Einwohnern grenzt unmittelbar südlich an die Kreisstadt Pfaffenhofen und zählt zu den kleineren Gemeinden im Landkreis. Bereits im Jahre 798 wurde der Ort erstmals urkundlich erwähnt. Die Gemeinde Hettenshausen ist von jeher überwiegend ländlich strukturiert. Zum Gemeindegebiet gehören die Ortsteile Reisgang und Webling und seit der Eingemeindung 1978 die bisher selbstständige Gemeinde Entrischenbrunn mit Prambach und Winden. Ein wichtiger wirtschaftlicher Faktor für die Gemeinde sind die mittelständischen Handwerksbetriebe und das Gewerbegebiet in Reisgang mit mehreren größeren Betrieben. Überregionale Bedeutung hat die Mühle in Reisgang. Im Rahmen der Gebietsreform wurde am 01.01.1980 die Gemeinde Hettenshausen Mitglied der Verwaltungsgemeinschaft Ilmmünster.

1981 erhielt Hettenshausen ein neues Gemeindewappen. Durch das Ausweisen neuer Baugebiete und den Zuzug neuer Familien in den letzten 20 Jahren mussten zahlreiche Anpassungsmaßnahmen an der Infrastruktur durchgeführt werden, so z. B. die Modernisierung der Wasserversorgung, Beschaffung eines Feuerwehrfahrzeugs und der Bau eines neuen Kindergartens, der 1990 feierlich eingeweiht wurde. Mit Erwerb des Stroblanwesens im Ortsmittelpunkt von Hettenshausen wurde die Möglich-

keit geschaffen, dieses gemeindliche Zentrum für gemeinnützige Projekte und Vereine zu nutzen. Hettenshausen weist ein vielseitiges aktives Vereinsleben auf. Zwei Feuerwehrvereine, zwei Schützenvereine, der Krieger-, Soldaten- und Kameradschaftsverein sowie der Sportverein FC Hettenshausen bieten ausreichend Gelegenheit, sich in der Freizeit zu betätigen.

Hohenwart

Geschichtliches zu Hohenwart

Der Ursprung des Marktes Hohenwart liegt auf dem Klosterberg. Eine wehrhafte Burganlage war bis ins 11. Jahrhundert im Besitz des Grafengeschlechts der Rapotonen. Graf Ortolf erbaute auf Wunsch seiner Schwester nach einer glücklichen Heimkehr von einer Pilgerreise ins heilige Land ein Benediktinerinnenkloster. Bischof Embricho von Augsburg nahm am 13.

Mai 1074 die Weihe der Kirche und des Klosters vor. Rund um das Kloster entstand nun eine Siedlung. Mit den Jahren nahm das Kloster immer mehr an Bedeutung zu. Der Grundbesitz des Benediktinerinnenstifts reichte bis ins Land Tirol. Viele Rechte, wie z. B. Grund- und Hauszinsen, Zoll und Zapfenrechte, fielen dem Kloster zu. Aber auch Kriege und Feuersbrünste hielten nicht Einhalt vor den Mauern

der Benediktinerinnen. Brandschatzungen und Raub in den Jahren 1220, in den Schmalkaldischen Krie-

gen 1546 und 1632 im Dreißigjährigen Krieg forderten ihren Tribut. Ende des 14. / Anfang des 15. Jahrhunderts beginnt dann eine Abwanderung der Hohenwarter ins Tal. Hier entstand ein neuer Ort, der bestrebt war, Eigenständigkeit zu erlangen und Rechte zu erwerben. Urkunden aus den Jahren 1409 und 1410 bestätigen den Bürgern von Hohenwart das Eigentum an Grund und Boden für ihren neu erbauten Markt. Das Marktrecht selbst geht aber noch auf die Zeit davor zurück. Auch Wappen und Siegel besaßen die Hohenwarter schon auf dem Berge. 1394 ist ein Wappen nachweisbar, das den Hl. Georg darstellt. Aus der Zeit der Gründungsjahre im Tal ist heute noch ein Tor und Teile des Grabens erhalten. Auch die Marktkirche dürfte um diese Zeit erbaut worden sein.

Die Befestigungsmauer und zwei weitere Türme wurden Anfang des 19. Jahrhunderts vollends abgerissen. Das Benediktinerinnenkloster wurde durch die Säkularisation 1803 aufgelöst. Erst 1878 wurde es durch Johann Ev. Wagner einer neuen Bestimmung zugeführt. Schwestern des Franziskanerinnenordens nahmen sich der Ausbildung taubstummer Jungen und Mädchen an. In das Jahr 1855 fällt die Eröffnung eines Krankenhauses in Hohenwart. 1865 wurde dem Markt Hohenwart das Recht zugesprochen, ein Hopfensiegel zu führen. An der Schwelle zum 20. Jahrhundert verdrängte bereits das elektrische Licht in Hohenwart die Petroleumlampe. 1899 beschloss der Magistrat die elektrische Beleuchtung einzuführen. 1921 hatten von 197 Wohngebäuden 184 einen Stromanschluss. Die Versorgung mit Wasser bereitete den Hohenwartern lange Jahre Schwierigkeiten. Nur ein geringer Anteil der Häuser hatte einen eigenen Brunnen. Zwei öffentliche Marktbrunnen mussten den Großteil des Trinkwasserbedarfes abdecken. 1894 geht aus einem Schreiben des Magistrats hervor, dass durch diesen Missstand wohl auch um die Gesundheit der Bevölkerung gebangt werden muss. Aber erst ein Jahrzehnt später,

nische Soldaten in Hohenwart ein. Im Haidforst entstand ein amerikanisches Truppenlager. Erst am 27. Juni 1947 verließen die Amerikaner wieder den Markt. Zu Beginn des Zweiten Weltkrieges zählte der Markt Hohenwart 959 Einwohner. In den Nachkriegsjahren stieg wie überall in Deutschland, bedingt durch den Zustrom von Heimatvertriebenen, die Einwohnerzahl. Doch den 1950 gezählten 1407 Hohenwartern standen 1961 nur noch 1109 gegenüber. Mit der Gebietsreform veränderte sich

gemeindung von Weichenried und Seibersdorf, Deimhausen schloss sich bereits am 1. Oktober 1971 Hohenwart an. Abgeschlossen wurde die Gebietsreform am 1. Januar 1978 mit der Eingliederung von Klosterberg, Koppenbach und Freinhausen. Gestärkt ging der Markt Hohenwart aus dieser Gebietsreform hervor. Die Einwohnerzahl betrug nach Beendigung der Reform 3290. Das Gemeindegebiet umfasst zum jetzigen Zeitpunkt mit der am 1. April 1971 eingegliederten Fläche des Haidforstes (3,68 qkm) 52,5 qkm. Der Markt Hohenwart entwickelte sich mit seinen Ortsteilen kontinuierlich weiter. Die Ausweisung von Baugebieten ließ die Einwohnerzahl bis Ende 2002 auf über 4.200 ansteigen. Entsprechende Infrastruktur musste geschaffen werden. Eine Verbandsschule befindet sich seit 1970 in Hohenwart und wird derzeit von 431 Schülern besucht. Ein dritter zweigruppiger Kindergarten wurde am 1.September 2003 in Betrieb genommen. Kläranlagen wurden im gesamten Gemeindegebiet gebaut und in den letzten beiden Jahren in Weichenried und Hohenwart erneuert.1987 beginnt im Rahmen der Städtebauförderung die Umgestaltung der Straßen in Hohenwart. Straßenzüge wurden komplett neu geordnet und durch viel private Initiative Wohn- und Geschäftshäuser renoviert oder neu gebaut. Flurbereinigungsverfahren veränderten das Landschaftsbild. Freinhausen erhielt den Staatspreis 1987/88 für einen vorbildlichen Beitrag zur Gestaltung und

nämlich 1904, wurde mit dem Bau einer öffentlichen Wasserversorgungsanlage begonnen.

Während der beiden Weltkriege verloren viele Hohenwarter Familien ihre Söhne und Väter. Im Zweiten Weltkrieg musste Hohenwart eine Besetzung über sich ergehen lassen. Am 28. April 1945 marschierten amerika

das Bild des Marktes Hohenwart. Seit dem Jahre 1812 gehörte der Markt zum Landgericht und späteren Landkreis Schrobenhausen.

Am 1. Juli 1972 wechselte der Markt Hohenwart die Landkreisgrenzen. Von diesem Zeitpunkt an hieß die neue Kreisstadt Pfaffenhofen a.d.Ilm. Am 1. Januar 1972 erfolgte die Ein

Neuordnung des ländlichen Raumes. Südlich der B 300 wies der Markt Hohenwart 1998 und 2001 11 ha Gewerbe- und Industriegebiet aus. 45 Vereine prägen das gesellschaftliche Leben in der Gemeinde Hohenwart. Sie sind im sportlichen, kulturellen und auch künstlerischen Bereich tätig. Herz-Jesu Missionare betreuen in der Oase Steinerskirchen, übrigens die kleinste Pfarrei Deutschlands, Tagungsstätten mit allen technischen Voraussetzungen für Bildungs- und Begegnungsprogramme. Aus dem einstigen Kloster von 1878 auf dem Klosterberg entwickelte sich die Regens Wagner Hohenwart. Sie ist heute Lern-, Arbeits- und Wohnstätte für Hörgeschädigte und Menschen mit geistiger und Mehrfachbehinderung. Mit der derzeitigen Aufstellung eines neuen Flächennutzungsplanes setzt der Markt Hohenwart für seine Entwicklung in der Zukunft weitere Akzente.

Ilmmünster

Im Jahre 1996 feierte die Gemeinde Ilmmünster mit zahlreichen kulturellen Veranstaltungen seine 1250-jährige Geschichte. Ilmmünster war ehemals eine bedeutende Ortschaft, eine der benediktinischen Urzellen, von denen aus das gesamte Gebiet an der Ilm und in der Hallertau missioniert wurde.

Gerade im Gebiet des heutigen Landkreises Pfaffenhofen kam dem Stift an der Ilm eine herausragende Stellung zu, die im frühen und hohen Mittelalter durch die enge Beziehung zum Münchner Herzoghof noch vertieft wurde. Die großen Notare und Kanzler der Herzöge kamen im 13. Jahrhundert aus dem weltlichen Chorherrenstift an der Ilm. Der Blütezeit des Stiftes setzte die unfreiwillige Verlegung an das Münchner Stift „unserer lieben Frau" ein jähes Ende. Im Jahre 1495 wurde dem gläubigen, heftig protestierenden Volk auch noch sein heiliger Arsatius nach München entführt. Obwohl sich die Reliquien des heiligen Arsatius mittlerweile wieder in der Basilika befinden, sank die mächtige Stiftskirche im 16. Jahrhundert zur einfachen Dorfkirche herunter. Nur sie kündet heute als stiller Zeuge von der einstigen großen Zeit des Stiftes Ilmmünster.

An diese große Tradition kann die heutige politische Gemeinde, zu der auch die Ortsteile Ilmried, Riedermühle und Unterdummeltshausen gehören, leider nicht mehr anknüpfen. Trotzdem, oder vielleicht gerade deshalb, sind wir als ländlich geprägte Gemeinde mit über 2000 Einwohnern mit unseren beschaulichen Lebensverhältnissen sehr zufrieden.

Die Gemeinde ist bemüht, durch eine maßvolle Ausweisung von Baugebieten ein die dörfliche Idylle zerstörendes Größenwachstum zu verhindern, und gleichzeitig die Lebensqualität des Ortes zu verbessern.

In den vergangenen Jahren hat die Gemeinde viel in die Verbesserung der Infrastruktur investiert: Der Bau des Sportzentrums, der Schulhausanbau, die Kanalisierung des Ortsteiles Ilmried, zahlreiche Dorferneuerungsmaßnahmen sowie der Neubau des Feuerwehrgerätehauses seien hier nur beispielhaft genannt.

Das Leitbild der Gemeinde lautet: „Ilmmünster, ein liebenswertes aktives Dorf mit qualitativem Wachstum, eingebunden in eine naturnahe Kulturlandschaft". Der Schutz und der Erhalt von Natur und Landschaft ist uns dabei ein besonderes Anliegen.

Jetzendorf

Die Gemeinde Jetzendorf wurde 893 erstmals urkundlich erwähnt, als Graf Jezo seine Besitzungen an der Ilm gegen Besitztümer des Bischofs Waldo in Schrobenhausen vertauschte. In

den folgenden Jahrhunderten wird Jetzendorf immer wieder in den verschiedensten Urkunden genannt, wobei die Gutsherren häufig wechselten. Besitzer waren u.a. die Herren von Kamer, von Zillenhart, Graf Rechberg, Freiherrn von Stromer, Graf Lösch und ab 1812 die Freiherrn von Freyberg.

Sehr wichtig für die Gemeinde Jetzendorf ist die Tatsache, dass Lorenz Wagner kurz nach dem 1. Weltkrieg die Schuhfabrik LOWA gründete. Diese Firma bietet etwa 200 Arbeitsplätze und bringt eine beträchtliche Gewerbesteuer in die Gemeindekasse ein.

Eigentlich sollte die Gemeinde Jetzendorf im Zuge der Gebietsreform seine Eigenständigkeit verlieren und

mit Hettenshausen, Ilmmünster und Reichertshausen zu einer Verwaltungsgemeinschaft umfunktioniert werden. Dank des Widerstandes der politischen Führung erhielt die Gemeinde Jetzendorf jedoch ihre Eigenständigkeit 1980 wieder zurück.

Seitdem geht es mit der Gemeinde Jetzendorf kontinuierlich aufwärts. Die Einwohnerzahl stieg dank einiger Baugebiete auf ca. 3000 im Jahre 2003. Durch die nahe S-Bahn-Station Petershausen ist Jetzendorf ein beliebter Wohnort geworden und nur durch behutsame Baulandausweisung konnte ein zu starkes Anwachsen der Gemeinde vermieden werden.

Trotzdem mußten zwischenzeitlich die Schule erweitert und ein neuer Kindergarten gebaut werden. Auch eine Turnhalle entstand, dank derer die Jetzendorfer Turner weit über die Landkreisgrenze hinaus erfolgreich sind. Rathausbau und Bau eines Feuer-

wehrhauses waren ebenfalls Themen im Gemeinderat.

Besonderes Augenmerk wurde in den letzten Jahren darauf gerichtet, den Anschlussgrad bei der zentralen Wasserversorgung und der Abwasserbeseitigung zu erhöhen. Bis auf einzelne Weiler sind zwischenzeitlich alle Orte angeschlossen.

Stolz ist man auch auf ein kleines Gewerbegebiet, in dem insbesondere die neu errichtete Tankstelle eine große Nachfrage erfährt.

Besonderes Lob muss den zahlreichen Vereinen ausgesprochen werden, die hervorragende Jugendarbeit betreiben und durch viele Veranstaltungen das öffentliche Leben mit gestalten.

Manching

Der Markt Manching, zehn Kilometer vor Ingolstadt, an der Autobahn

München - Nürnberg gelegen, war einst eine alte Keltenstadt. An einem Kreuzungspunkt wirtschaftlich, politisch und militärisch bedeutsamer Verkehrswege, wo sich der Handel von Nord nach Süd und von Ost nach West überwachen ließ, siedelten seit

450 v. Chr. die Kelten, die ersten namentlich bekannten Bewohner unserer Heimat. Nicht zuletzt infolge der wirtschaftlichen und politischen Bedeutung des Platzes entwickelte sich diese Niederlassung zwischen Paar und dem ehemaligen Hauptarm der Donau zur Großhauptstadt der Kelten, die zum Schutz der Germanenstämme einen Ringwall um Manching legten.

In den letzten 50 Jahren erfuhr Manching, das 844 urkundlich erstmals erwähnt wurde, seine bedeutsame räumliche Ausweitung, nicht zuletzt durch die Gebietsreform im Jahre 1971, sondern auch durch den wirtschaftlichen Aufschwung infolge leistungsstarker Gewerbe- und Industriebetriebe. Diesen kam die günstige Lage an der Autobahn ebenso zugute, wie die nicht unbedeutende Straßenführung zwischen Regensburg, München, Augsburg und Nürnberg. Der Aufschwung vom Fischerdorf zur Großgemeinde begann ab 1935 mit dem Bau der Autobahn und der Errichtung des ersten Flugplatzes.

Erst 1950 setzte wieder ein allgemeiner Aufschwung ein, Handwerk und Gewerbe gaben dem Ort neue Impulse. Als 1955 in Manching der Nato - Flughafen mit der Erprobungsstelle der Luftwaffe sowie die damalige Flugzeugfirma Messerschmitt-Bölkow-Blohm, heute EADS, sich südlich von Manching niederließen, brach für die Manchinger ein neues Zeitalter an und hatte die wirtschaftliche Struktur Manchings wesentlich verändert. So entstand 1960 für die benötigten Arbeitskräfte zum Bau der Flugzeuge neben der Autobahn die Donaufeldsiedlung im großstädtischen Stil. Durch zahlreiche Bauge-

biete, die in allen Ortsteilen ausgewiesen wurden, wuchs der Ort von 2845 Personen im Jahre 1945 auf heute 11.200 Einwohner an.

In den Jahren 1971/72 und 1984/85 wurde auf einer Fläche von 21 Hektar das Gewebegebiet Manching ausgewiesen und nach der Erweiterung der beiderseitige Anschluss an die Bundesstraße 16 zur Autobahn geschaffen. Ein weiteres Gewerbegebiet am Manchinger Bahnhof, das 2002/03 ausgewiesen wurde, trägt abermals zur Weiterentwicklung von Manching bei. Ein stets wachsames und weitsichtiges Auge hatten die Gemeindeväter für den Bau von Schulen und die Bildung unserer Jugend übrig. 1960 wurde aufgrund der steigenden Schülerzahlen die Donaufeldschule errichtet, 1979 wurde die Grundschule an der bestehenden Hauptschule im Lindenkreuz angebaut und 1978 bekam Manching den Zuschlag zum Bau einer Realschule, die 2003 mit einem großen Anbau erweitert wurde.

Münchsmünster

Münchsmünster seit der Gebietsreform in den 70er Jahren

Zahlreiche Abstimmungen und Verhandlungen wurden geführt, bis man sich bei der Gebietsreform für eine selbstständige Gemeinde ohne Schwaig entschlossen hatte. Da mit Wöhr stets gute wechselseitige Beziehungen bestanden, war es eine Selbstverständlichkeit, diese Orte zur Gemeinde Münchsmünster einzugliedern.

Nach Abschluss dieser kommunalpolitischen Reform änderte sich die wirtschaftliche Struktur der Gemeinde entscheidend.

Mit der Ansiedlung von Industrieanlagen wurde Münchsmünster mit Vohburg und Neustadt ein Stützpunkt des Industriedreigestirns im nördlichen Landkreis. Dadurch verbesserte sich sowohl die Infrastruktur als auch die Arbeitsmarktsituation am Ort wesentlich. Viele Baugebiete konnten neu ausgewiesen und 1978 der Bebauungsplan für das Gewerbegebiet Süd genehmigt werden.

„Wolfswinkel" für ein neues Gewerbegebiet aufgestellt. Mit der Fertigstellung der Erschließung wird im Sommer 2004 gerechnet. Ein weiteres Wohngebiet mit 20 Baugrundstücken entsteht derzeit im Ortsteil Mitterwöhr.

Münchsmünster entwickelte sich im Laufe der Jahre zu einem aufstrebenden Kleinzentrum mit ca. 3.000 Einwohnern.

Viele sportliche und kulturelle Freizeitmöglichkeiten bieten die verschiedensten Vereine von Münchs-

gen oder Aufführungen verschiedenster Art benutzt wird.

Münchsmünster ist nicht nur zu einem gegenwärtigen wirtschaftlichen Kleinzentrum herangewachsen, sondern kann auch auf eine kirchlichklösterliche Geschichte bis um 650 zurückblicken.

Chronologie der 1. Bürgermeister:
Leonhard Daffner 1945 - 1949
Anton Lehmeier 1949 - 1966
Ludwig Schrötzlmair 1966 - 1990
Hermann Müller 1990 - 2002
Andreas Meyer seit 2002

Pfaffenhofen a.d.Ilm

Die Stadt Pfaffenhofen a.d.Ilm, seit dem 12. Jahrhundert als Markt und seit 1438 urkundlich als Stadt belegt, ist bereits seit dem Hochmittelalter Verwaltungssitz, bis ins 19. Jahrhundert des Landgerichts und seitdem des Bezirksamtes bzw. später des Landkreises Pfaffenhofen. Trotz schwerer Rückschläge in den Kriegen früherer Zeiten, wie dem 30jährigen Krieg (1618-1648) oder den Erbfolgekriegen des 18. Jahrhunderts, hat sich die Stadt immer wieder erholt und weiterentwickelt.

Insbesondere im 19. Jahrhundert setzten nachhaltige Veränderungen ein, die Pfaffenhofen beeinflussten. Mit dem Bau der Eisenbahn 1865/7 und technischen Entwicklungen zum Ende des 19. Jahrhunderts (Motorisierung und Elektrifizierung) setzten eine stetige Fortentwicklung und Ausdehnung der Stadt ein. Erste „industrielle" Fertigungsbetriebe, insbesondere für landwirtschaftliche Maschinen, ließen sich in Bahnhofsnähe nieder. Neue und bessere Arbeitsmöglichkeiten und langsam einsetzender Zuzug sorgten für eine erste kontinuierliche Zunahme der Einwohnerzahl.

Fast alle Straßen konnten ausgebaut und eine Abwasserbeseitigung mit moderner leistungsfähiger Kläranlage geschaffen werden. Eine umweltfreundliche Energieversorgung mit Erdgas für die Gemeinde Münchsmünster ist weitgehend abgeschlossen und ein sofortiger Bezug für jeden Hausanschluss möglich.

Im Industriepark haben sich heute die vier Betriebe von Basell, Degussa, Ruhroel und Thyssen Krupp zusammengeschlossen und bieten ca. 700 Arbeitsplätze.

Um weitere Beschäftigungsmöglichkeiten für Arbeitssuchende zu gewinnen, wurde der Bebauungsplan

münster und Wöhr. Zu erwähnen ist auch der im Norden vorbei führende Donauradwanderweg, der aktiven Freizeitsportlern aus nah und fern eine abwechslungsreiche Auenlandschaft bietet.

Über die Region hinaus bekannt ist vor allem der im Süden liegende Dürnbucher Forst mit zahlreichen Wander- und Spazierwegen - ein großflächiges Naherholungsgebiet von unschätzbarem Wert.

Vielen Bürgerinnen und Bürgern aus dem Landkreis ist auch der großzügig gestaltete Bürgersaal vertraut, der ebenso für örtliche wie für überregionale Veranstaltungen, Versammlun-

Besonders spürbar wurden die Veränderungen in den Jahren nach dem Zweiten Weltkrieg, einem sehr wichtigen Zeitraum, als sich die Bevölkerungszahl durch Zuzug und Ansiedlung von Heimatvertriebenen und Flüchtlingen binnen weniger Jahre

nahezu verdoppelte und in den 50er und 60er Jahren weiter zunahm.

Seit der Gebietsreform der Jahre 1972 bis 1978, als zwölf ehemals selbstständige Gemeinden zu Pfaffenhofen kamen, hat sich das Bild der Stadt stark verändert. Die Integration der Gemeinden bedeutete zusätzliche Aufgaben für die räumlich wesentlich gewachsene Stadt hinsichtlich Aufrechterhaltung und Ausbau der Infrastruktur, jetzt auch in den neu gewonnenen Stadtteilen.

Die attraktive Lage Pfaffenhofens mit hervorragenden Anbindungen an die Städte München und Ingolstadt bzw. Regensburg und Augsburg und dem Eisenbahnanschluss bietet ideale Voraussetzungen für eine wirtschaftlich starke Kreisstadt. Als Wirtschaftsstandort hat sich Pfaffenhofen a.d.Ilm bereits mit der Ausweisung der Gewerbegebiete im Norden der

Stadt Mitte der 70er Jahre - binnen zehn Jahren machten sich dort 35 Betriebe ansässig - zu verändern begonnen.

Bedeutendster Wirtschaftsfaktor ist die Nährmittelfabrik Hipp, die 900 Menschen Arbeit bietet. Weitere wichtige Arbeitgeber für Stadt und Umland sind Sankyo Pharma GmbH (früher Luitpoldwerk) für Arzneimittel, die Firma MAWA (Kleiderbügel), Matsushita Electric Works (Europe) AG mit Relaisproduktion aber auch die Firmen Hecht-Anlagenbau oder PolyDiagnost auf dem Sektor der Mikroendoskopie.

Dieser damals begonnene Entwicklungsprozess als gesuchter Wirtschaftsstandort hält bis in die jüngste Zeit mit den Gewerbegebieten „Sandkrippenfeld" und „Kuglhof" an und schafft die Voraussetzungen für eine positive Entwicklung der Stadt in

den nächsten Jahren.

In Verbindung mit den guten Arbeitsmöglichkeiten hat sich Pfaffenhofen a.d.Ilm als gefragte Stadt zur Ansiedlung für Familien in der Hallertau er-

wiesen. Auch Zuzug aus den Ballungsräumen der großen Städte hat viele Familien in den attraktiven Lebensraum Pfaffenhofen geführt. Die Ausweisung der Baugebiete „Radlhöfe" und „Doderhof" trägt einem auch in naher Zukunft zu erwartenden Wachstum der Stadt Rechnung.

Auf dem Bildungssektor hervorragend ausgestattet mit einem Gymnasium, einer Realschule, einer Hauptschule, einer Grund- und Teilhauptschule und zwei Grundschulen sowie der Adolf-Rebl-Förderschule kann Pfaffenhofen auf ein breites Angebot für die Kinder aufwarten. 8 Kindergärten decken den Bedarf an Plätzen für die Vorschulkinder in der Stadt wie in den Gemeindeteilen hervorragend ab. Ein Kinderhort und ab 2004 eine neu eingerichtete Kinderkrippengruppe runden das Bild der Kindertagesstätten ab.

Nach Schließung des ersten Jugend-

zentrums in den 70er Jahren wurde 1992 das Jugendzentrum „Utopia" als offener Betrieb eröffnet. Die ungünstige Lage inmitten eines Wohngebietes führten 1994 zur Einstellung des offenen Betriebes. Drei Jahre später konnte das neu errichtete Jugendzentrum „Atlantis" oberhalb des Eisstadions eröffnet werden. Das Atlantis ist an fünf Tagen in der Woche geöffnet und bietet den Besuchern zahlreiche Veranstaltungen an, wobei der Schwerpunkt auf sozialarbeiterischen Inhalten liegt. Das ehemalige Jugendhaus „Utopia" wurde anschließend für Zwecke der projektorientierten Jugendarbeit in ein Jugendkultur- und Medienzentrum umgebaut und 1999 wiedereröffnet.

Seit Frühjahr 2000 ergänzt die Jugendanlaufstelle „Backstage" in der

Innenstadt als Ausgangspunkt der „Mobilen Jugendarbeit (Streetwork)" und als Jugendberatungsstelle die infrastrukturelle Palette der Pfaffenhofener Jugendarbeit.

Ein breites Angebot an Kultur- und Freizeitveranstaltungen trägt zur guten Atmosphäre in der Stadt bei. Die Rathauskonzerte ebenso wie Kunstausstellungen, anspruchsvolles Kabarett und Aktionen wie der „Kultursommer" und die „Europäischen Kulturtage", oft mit renommierten Gästen, sorgen für vielfältige Unterhaltung auf hohem Niveau.

Mehrere ganz unterschiedliche „Errungenschaften" haben Pfaffenhofen in den letzten 20 Jahren auf ihre Art an Qualität gewinnen lassen. Die 1981 fertiggestellte Trabrennbahn, die inzwischen landesweit bekannt gewordene „Hopfenmeile", ist zu einer der renommiertesten Pferderennstrecken Deutschlands geworden.
Auf dem schulischen Sektor bildete die 1994 erfolgte Fertigstellung und Einweihung des Schulzentrums in Niederscheyern einen wichtigen Einschnitt. Das Gebäude erweiterte die Kapazitäten des Schulstandortes Pfaffenhofen a.d.Ilm und wurde 1993 mit dem Preis des Bundes Deutscher Architekten ausgezeichnet.

Das im Jahr 2001 fertiggestellte und in Betrieb genommene Biomasse-Heizkraftwerk an der Ecke Schrobenhausener-/Posthofstraße hat der Kreisstadt bundesweit Bekanntheit gebracht. Als erste Stadt Deutschlands konnte Pfaffenhofen die Umweltnormen für den Kohlendioxid-Ausstoß deutlich unterbieten und somit auf dem Gebiet des Klimaschutzes absoluter Vorreiter im Land werden.

Auf dem Freizeit- und Erholungssektor kann Pfaffenhofen jetzt mit einem der modernsten und bestausgerüstetsten Freibäder Bayerns aufwarten. Ausgestattet unter anderem mit einer großen Wasserrutsche und mehreren Becken mit Erlebnisfaktor hat Pfaffenhofen mit dieser Investition ein besonderes Highlight auf diesem Gebiet erworben.

Immer wichtiger in der Zeit einer Gesellschaft mit stetig steigender Lebenserwartung wird die Aufgabe, der älteren Generation Hilfe und Unterstützung zu gewähren und angenehmes Wohnen auch im Alter zu ermöglichen. Die im Sommer 2003 eingeweihte Seniorenwohnanlage St. Josef mit 28 Wohnungen im Innenstadtbereich ist ein Vorzeigeobjekt der Stadt Pfaffenhofen a.d.Ilm geworden.

Den gewachsenen, schwierigen und sich schnell wandelnden Aufgaben der Gegenwart stellt sich die Stadt Pfaffenhofen a.d.Ilm durch die Ausarbeitung vorausschauender und weitreichender Konzepte. Initiativen wie die „Agenda 21" oder das Stadtmarketing erarbeiten und entwickeln neue Wege, Pfaffenhofen als Wirtschaftsstandort attraktiv zu halten und weiterzuentwickeln. Ein vernünftiges Wachstum der Stadt, die Sicherung der Infrastruktur für die Bevölkerung, etwa in den Bereichen Lebensqualität, Bildung und Freizeit, und der Erhalt der Landschaft um Pfaffenhofen als attraktiver Erholungsraum sind einige wesentliche Aufgabenfelder.

Pörnbach

Pörnbach mit den Ortsteilen Puch, Raitbach, Maushof und Kreut hat rund 1900 Einwohner und gehört somit zu den kleineren Gemeinden im Landkreis Pfaffenhofen.

Erste urkundliche Erwähnungen stammen aus dem Ende des 12. Jahrhunderts. Seit Mitte des 17. Jahrhunderts ist Pörnbach eng mit dem Adelsgeschlecht der Grafen Toerring verbunden. Das Schloss und die Brauereigebäude prägen das Ortsbild noch heute. Auf dem alten Brauereikamin nistet jedes Jahr ein Storchenpaar.

In den Jahren 1972 bis 1978 wurden die damaligen Gemeinden Raitbach und Puch im Rahmen der Gebietsreform eingemeindet.

Das Arbeitsplatzangebot im Gemeindegebiet ist begrenzt. Viele Pörnbacherinnen und Pörnbacher haben deshalb ihre Arbeitsplätze in den Ballungsräumen um Ingolstadt und München. Die verkehrsgünstige Lage Pörnbachs hat aber dazu geführt, dass viele ehemalige Stadtbewohner sich in Pörnbach niedergelassen haben. Die Ausweisung neuer Baugebiete soll diese positive Entwicklung der Einwohnerzahlen weiterhin fördern.

Die Infrastruktur in der Gemeinde ist diesem Trend angepasst worden. Beispielsweise hat die Gemeinde 1984 einen Kindergarten neben dem Grundschulgebäude errichtet, der heute 3 Gruppen beherbergt.

Der Bau der Schulturnhalle Anfang der 90er Jahre war eine weitere große Herausforderung für die Gemeinde.

Pörnbach ist noch stark von der Land-

wirtschaft geprägt. Neben dem Hopfenbau ist vor allem der Spargelanbau zu einer wichtigen Säule der landwirtschaftlichen Betriebe geworden.

Die Ortsgestaltung ist den Pörnbachern ein großes Anliegen. So wurde Mitte der 80er Jahre der Ortsteil Puch beim Wettbewerb „Unser Dorf soll schöner werden" auf Landesebene mit einer Gold- und auf Bundesebene mit einer Silbermedaille ausgezeichnet.

Zusammengefasst lässt sich die Gemeinde Pörnbach folgendermaßen kurz beschreiben:
Eine Gemeinde, die den ländlichen Charakter bewahrt hat und ein hohes Maß an Lebensqualität besitzt.

Reichertshausen

Ein aufstrebender Ort mit langer Geschichte ist Reichertshausen, Zentrum des oberen Ilmtals. 1980 feierte die Gemeinde ihr 1200jähriges Bestehen. Augenfälliges Zeugnis der Reichertshausener Vergangenheit ist das auf das 12. Jahrhundert zurückgehende, spätgotische Wasserschloss, das hervorragend erhalten geblieben ist und heute von dem Freiherrn von Cetto bewohnt wird.

Reichertshausen gehört mit seinen Ortsteilen Langwaid, Paindorf, Pischelsdorf und Steinkirchen zu jenen Orten im südlichen Landkreis, die durch den starken Zuzug aus dem Münchener Raum einen großen Bevölkerungsanstieg zu verzeichnen haben. Auf einer Fläche von 23,6 km² leben hier rund 5.000 Einwohner. Durch die landschaftlich reizvolle Lage im oberen Ilmtal besitzt die Gemeinde einen sehr hohen Wohnwert. Der Ort hat heute vor allem Bedeutung als Wohngemeinde. Der Grund: Reichertshausen verfügt für die Berufspendler über hervorragende Verkehrsanbindungen.

Zur Freizeitgestaltung bietet der Ort ideale Voraussetzungen: Zum Golfen, Reiten, Radeln, Wandern, Spazieren gehen und vielem mehr trifft man sich hier gern. Die aktiven 36 Vereine in der Gemeinde Reichertshausen organisieren zahlreiche Veranstaltungen. Zudem bietet die Gemeinde allen Jugendlichen und Junggebliebenen zwei Jugendfreizeitheime sowie eine gut ausgestattete Skater-Freizeitanlage an, wo man unter freiem Himmel seine Skaterkenntnisse aufbessern bzw. von der Pike auf erlernen kann. Bekannt ist auch die hervorragende Gastronomie in Reichertshausen.

Reichertshofen

Der Markt Reichertshofen grenzt im Norden an die Ausläufer der Donauebene und im Westen an den Rand des Donaumooses. Im Süden liegen zu beiden Seiten des Tales der Paar, einem Schwarzwasserfluss, sanfte, teilweise bewaldete Höhenzüge. Die östliche Gemarkungsgrenze verläuft längs des Feilenforstes und endet südlich am St. Kastulus-Berg (Kastlberg), der höchsten Erhebung dieser Landschaft an der Pforte zur Hallertau. St. Kastl mit Wallfahrtskirche und der mächtigen alten Linde ist ein beliebtes Ausflugsziel.

Das Bild des Ortes wird noch immer geprägt von seiner Vergangenheit als Markt: relativ wenige Bauernhöfe, vorwiegend Geschäftshäuser, Verkaufsstellen, Handwerksbetriebe und Gasthäuser. Von diesen erinnern der Oberbräu und der Müllerbräu, der zu einem Wohn- und Geschäftshaus umgebaut wurde, an die ehemaligen drei Brauereien Reichertshofens. Von

das Marktrecht, ein Ereignis, das die Entwicklung des Ortes bis in die Gegenwart beeinflusst hat. Reichertshofen stand nun das Recht zu, einen eigenen Rat zu haben, der von der ganzen Bürgerschaft gewählt wurde. Um diese Zeit taucht auch erstmals das Wappen von Reichertshofen mit den beiden Reiherköpfen auf. 1472 wurde mit dem Bau des 58m hohen Kirchturms der St. Margarethen-Pfarrkirche begonnen; dieser zählt immer noch zu den bemerkenswertesten Baudenkmälern in Reichertshofen.

Durch den wirtschaftlichen Aufschwung nach 1945 erhielten auch Handwerk, Gewerbe und Industrie im Markt Reichertshofen neue Impulse. Der Ort selbst entwickelte sich durch Ausweisung vieler Baugebiete sowie eines Industrie- und Gewerbegebietes und öffentlicher Einrichtungen zu einem neuen Mittelpunkt.

Am 1. Mai 1971 schloss sich die Nachbargemeinde, die „Drei-Brücken-Gemeinde" Gotteshofen dem Markt an. Im Rahmen der Gebietsreform von 1972 wurde der Landkreis Ingolstadt aufgelöst und der Markt Reichertshofen kam zum Landkreis Pfaffenhofen a.d.Ilm. Durch die Eingemeindung der östlichen Nachbargemeinden Hög, Langenbruck und Winden am Aign wurde die Großgemeinde Reichertshofen gebildet. Die Einwohnerzahl des Marktes wuchs damals von rund 2.400 auf 4.600 Einwohner, die Gemarkung vergrößerte sich von ursprünglich 719 Hektar auf 3.628 Hektar. 1989 schloss der Markt mit der ungarischen Stadt Paks einen Partnerschaftsvertrag.

Zwischen den Wirtschaftsräumen München und Ingolstadt hat sich der Markt Reichertshofen zu einem leistungsstarken, kommunalen und wirtschaftlichen Zentrum entwickelt. Der Markt zählt zurzeit etwa 7.500 Einwohner.

Die Qualität Reichertshofens als Wohnort wurde durch viele neue Einrichtungen wesentlich verbessert. So wurden drei neue Kindergärten ge-

dem einst umwallten und befestigten Ort stehen noch Mauerreste und bis vor Jahren auch die enge Straßendurchfahrt beim Oberbräu, wo einst das obere Tor stand.

Über den Ursprung der alten Siedlung an der Paar ist wenig bekannt. Vom Ortsnamen, den man von „zu den Höfen Richards" ableiten könnte, ist darauf zu schließen, dass ein Mann dieses Namens mit seiner Burg und zwei Sedel- oder Mayerhöfen der Gründer des heutigen Reichertshofen gewesen sein dürfte. Die älteste, bis jetzt nachweisbare Nennung von Reichertshofen ist jene Tradition aus dem Traditionsbuch des Klosters Münchsmünster, in der um 1100 ein N de Rikershouen genannt wird.

Jahrhundertelang krönte den Markt ein stattliches Schloss; umwehrt und mit festen Türmen besetzt sah es weit in das ebene Land hinaus. Auf den Fundamenten und in den verbliebenen Mauern dieses Schlosses wurde später die Schule eingerichtet. Nun beherbergt es das Rathaus.

Um 1400 wurde am Ort ein wittelsbachisches Pflegamt eingerichtet. 1522 kam Reichertshofen zu Neuburg-Pfalz und wurde Sitz eines Landgerichts. Der Richter residierte auf dem Schlossberg und hatte den Blutbann.

Am 6. Februar 1449 verlieh Herzog Heinrich von Landshut in Ingolstadt Reichertshofen und seinen Bürgern

baut, die Paarhalle, eine Mehrzweckhalle sowie zwei Turnhallen, die Schulen in Reichertshofen und Langenbruck wurden erweitert, ein neues modernes Feuerwehrgerätehaus wurde errichtet sowie neue Kinderspielplätze angelegt. Im Rahmen der Ortssanierung hat man die Ortsdurchfahrt neu gestaltet. Eine bedarfsgerechte Ausweisung von neuen Baugebieten soll außerdem den hohen Wohnwert in Reichertshofen sichern.

Rohrbach

Rohrbach erscheint in alten Urkunden schon recht früh. Als Rorpahe um 869 und Roripache um 1099. Der Name weist auf das mit Röhrich bewachsene Tal hin.

Das herzogliche Ministerialengeschlecht war verwandt mit den angesehensten Adelsfamilien im Land. Sie hatten in Scheyern eine eigene Begräbniskapelle. Auf dem heutigen „Turmberg" stand ihre wehrhafte Anlage. Erst in der zweiten Hälfte des 16. Jahrhunderts wurde der Herrensitz in den Ort hinunter verlegt. Mit dem Tode des Freiherrn Johann Heinrich Moritz von Rohrbach 1709 ist das Geschlecht der „Rohrbecker" im Mannesstamme erloschen.

Eine über ein halbes Jahrtausend währende Herrschaft in Rohrbach ging damit zu Ende.

Die Hofmark ging nun an die Grafen von Perusa über, die 1732 von den Freiherrn von Dürsch erworben wurde. In ihrem Besitz blieb die Hofmark Rohrbach über drei Generationen, bis sie im Jahre 1816 der königlich bayerische Finanzdirektor Alois Koch erworben hat, der im folgenden Jahr in den Adelsstand erhoben wurde.

Sehenswert ist das schön renovierte, typisch bayerische Ensemble im alten Ortskern mit Schloss, alter Kirche St. Johannes Baptist und der (Tafern-) Wirtschaft und seit 1959-61 der neuen Kirche. Der von Architekt Alexander von Branca im Stile einer römischen Basilika errichtete Kirchenbau zählt zu den bedeutendsten Kirchenbauten unserer Zeit. Zeugnis vom Opfersinn einer fortschrittlichen Gemeinde und vom Mut des damaligen Pfarrers Bruno Feß.

Der benachbarte Schulhauskomplex, baulich hinter der Kirche zurücktretend, unterstreicht den Bildungswillen der Rohrbacher für den Weg in die Zukunft.

Die Geschichte von Rohrbach ist vor allem auch die Geschichte ihrer Bevölkerung, der Bauern, Tagwerker, Handwerker, Arbeiter und Geschäftsleute. Sehr früh, ab 1610, sind umfangreiche Aufzeichnungen im Schlossarchiv vorhanden. Sie erfassen alle alten Anwesen, die zur ehemaligen Hofmark gehörten.

Berühmte Männer lebten hier:
Johann Andreas Schmeller, der Schöpfer des Bayerischen Wörterbuches, der Pfarrer in Rohr Anton Nagel, Mitglied der Akademie der Wissenschaften, und Franz Edler von Koch, einstiger Landrat und „Vater des Landkreises" genannt.

Als geographisch zentraler Ort im Landkreis und verkehrsmäßig außerordentlich günstig gelegen steigen mit Hilfe initiativer Bürger Bedeutung und Ansehen von Rohrbach. Bis zum Einzug der Hopfenpflückmaschinen in den 50er Jahren des letzten Jahrhunderts war Wolnzach-Bahnhof, der seit wenigen Jahren in Bahnhof Rohrbach (Ilm) umbenannt ist, Sammelpunkt und Verteilerzentrale für viele tausende Hopfenzupfer in der ganzen Hallertau.

Aus einem alten Adelssitz, der sich als einer von wenigen über tausend Jahre bis in unsere Zeit erhalten hat, und dem unter ihm gewachsenen Bau-

erndorf, ist mit dem Ausbau der Verkehrswege, vor allem des Bahnhofes, einer der aufstrebendsten Orte geworden.

Mit dem wirtschaftlichen Fortschritt haben hier auch Geist und Kultur Schritt gehalten. Aus einem mittleren Bauerndorf ist eine beliebte Wohngemeinde mit attraktivem Gewerbegebiet geworden, die alle notwendigen Versorgungseinrichtungen eines Kleinzentrums bietet.

Scheyern

Die frühere Stammburg der Schyren (Grafen von Scheyern) d.h. des Hauses Wittelsbach und danach ab 1119 das Benediktinerkloster prägten seit jeher den Ort Scheyern und machten ihn bayernweit bekannt. Das Kloster lockt heute noch Tausende von Wallfahrern und Kunstfreunde aus ganz Bayern an. Scheyern entwickelte sich

so zur geschichtlich bedeutsamsten Gemeinde des Landkreises. Daneben war das Kloster bis vor wenigen Jahrzehnten größter Arbeitgeber in Scheyern und wirkte sich so bestimmend auf das gesellschaftliche Leben aus. Erst mit der Errichtung einer Kaserne für die Streitkräfte in den Fünfziger Jahren stand Scheyern auf wirtschaftlich gesünderen Beinen.

Einhergehend mit der Gebietsreform 1972/78 und damit dem Anschluss von Euernbach, Mitterscheyern, Triefing, Vieth und Winden entwickelte sich Scheyern zu einem emporstrebenden Kleinzentrum. Mit dem Neubau der Johann-Andreas-Schmeller Volksschule 1980 kamen Schüler von den Nachbargemeinden nach Scheyern. Im Jahre 1976 wurde die bayernweit einzige Heimberufsoberschule eröffnet. Dem folgte 1979 die Waldbauernschule, die 2003 nach Goldberg/Kelheim verlegt wurde. Weiter nahm 1988 das Caritas-Altenheim

seinen Betrieb auf. Als weitere Besonderheit steht dem Forschungsbund Agrarökosystem München (FAM) teilweise das Klostergut zur Verfügung, um die Auswirkungen landwirt- und landschaftlicher Nutzungsänderungen auf die Umwelt zu erforschen. Im Klostergut „Prielhof" finden auch überörtliche Veranstaltungen wie Open-Air-Konzerte und Ausstellungen statt. Zudem ist der Scheyerer Forst ein beliebtes Ausflugsziel. Diese überregionalen Einrichtungen machten Scheyern in ganz Bayern bekannt.

Im Zuge der Bundeswehrumstrukturierung wurde 1993 die Schyren-Kaserne geschlossen und von der Gemeinde übernommen. Das Hauptgebäude wurde zur Grundschule umgenutzt. Die Mehrzweckhalle steht neben der schulischen Nutzung auch für Grossveranstaltungen wie Konzerte und Theateraufführungen zur Verfügung. Weiter konnte hier der neue Gemeindekindergarten errichtet werden. Ebenso sind Räumlichkeiten für die Volkshochschule und sonstige schulische Zwecke wie Musikunterricht vorhanden. Auch die örtlichen Vereine erhielten ein Vereinsheim. Zusätzlich konnte dort ein grosser Einkaufsmarkt eröffnet werden. Diese neuen Einrichtungen belebten das gesellschaftliche und kulturelle Leben.

Dieser hohe Stellenwert zusammen mit der reizvoll anmutenden Landschaft mit ihren Hügeln und Wäldern tragen zu einem beachtlichen Einwohnerzuwachs bei. Die Gemeinde sichert deshalb kontinuierlich mit einer bedarfsgerechten Ausweisung von neuen Baugebieten den Wohnwert in Scheyern.

Schweitenkirchen

Schweitenkirchen, als Ansiedlung bereits im 9. Jahrhundert nachweisbar, kann auf eine lange Geschichte zurückblicken. Im 14. Jahrhundert ist die Ortschaft als Pfarrei des Dekanats Attenkirchen überliefert. Erst im Jahr 1841 kam Schweitenkirchen zum damaligen „Landgericht" Pfaffenhofen, davor gehörte der Ort - ebenso wie Aufham, Dürnzhausen und Sünzhausen - zum Landgericht Moosburg. Als landwirtschaftlich geprägter und mit 523m Höhe höchstgelegener Ort der Umgegend hat die Gemeinde insbesondere im letzten halben Jahrhundert einen durchgreifenden Wandel erfahren.

Immer mehr gaben die Landwirte aufgrund der allgemein schlechten Situation für die Landwirtschaft ihren Hauptberuf auf und wurden entweder sog. „Nebenerwerbslandwirte" oder verdingten sich gleich in Gewerbe und Industrie. Während es im Hauptort Schweitenkirchen heute nur mehr fünf „aktive" Landwirte gibt, überwiegt in den anderen Ortsteilen noch die Landwirtschaft, hauptsächlich mit Hopfenanbau.

Einige Handwerksbetriebe (etwa Schuhmacher) starben im Laufe der Jahre durch die preisgünstigere industrielle Fertigung der Waren allmählich aus und nur wenige bestehen bis heute. Andere haben sich nach notwendigen Umstellungen den heutigen Bedürfnissen angepasst (z.B.

vom Schmied zum Heizungsbauer). Seit den sechziger Jahren fasst man in den Gemeinden die Gewerbebetriebe in Gewerbegebieten zusammen. Sie sind wegen der ortsnahen Arbeitsplätze und der Steuerkraft für die Gemeinden enorm wichtig. Das ältere Gewerbegebiet liegt im Süden von Schweitenkirchen und umfasst 13,2 ha. In jüngster Zeit hat man dort den alten Bebauungsplan neueren Vorstellungen angepasst und das ganze Gebiet überplant. Das jüngere liegt westlich der Autobahn an der St 2045 und ist 29,88 ha groß. Durch die verkehrsgünstige Lage der Gemeinde (Autobahnanschluss, Nähe Flughafen München II) ist ein weiterer Zuzug von Betrieben zu erwarten.

Mit der Gebietsreform der 70er Jahre hat sich die Gemeinde Schweitenkirchen deutlich vergrößert. Nach Dürnzhausen, das sich bereits 1971 der Gemeinde Schweitenkirchen anschloss, folgten im Jahr 1978 noch Aufham, Geisenhausen und Sünzhausen. Gemeinsam werden die gewachsenen Aufgaben der nun 53 qkm großen und 42 Ortsteile umfassenden Gemeinde bewältigt. 1998 wurde Schweitenkirchen zum Kleinzentrum aufgestuft. Heute leben knapp 5.000 Menschen in der Gemeinde.

Die Schulhausneubauten von 1972/73 und 1991/92 weisen den Ort als gewachsenen Schulstandort

aus. Zwei Kindergärten in Schweitenkirchen und Geisenhausen runden die gute Ausstattung auf dem Sektor Erziehung und Bildung ab. Auf kulturellem Gebiet wird in unserem ländlichen Gebiet vor allem etwas für die Volksmusik und das Brauchtum getan:

Unsere Schweitenkirchener Jugendblaskapelle tritt des öfteren während des Jahres an die Öffentlichkeit, so z.B. bei ihrem Frühjahrs- oder Herbstkonzert sowie beim Volksfest, und hat sich aufgrund einer fundierten Ausbildung durch den Bezirksdirigenten und ihres daraus resultierenden hohen spielerischen Niveaus einen guten Ruf im Landkreis und darüber hinaus erworben. Seit einigen Jahren begleitet die Kapelle auf Einladung musikalisch auch den Rosenmontagszug in Mainz.

An Pfingsten jeden Jahres findet in Schweitenkirchen das viertägige Volksfest statt. Jeweils am 1. Advents-Sonntag halten alle Vereine einen Christkindlmarkt für einen guten Zweck ab.

Vohburg a. d. Donau

Vohburg ist einer der geschichtsträchtigsten Orte im Landkreis. Scherbenfunde auf dem Burgberg bezeugen eine Besiedelung bereits in der frühen bis mittleren Bronzezeit (um 1500 v. Chr.).

Nach 895 findet sich der erste urkundliche Nachweis: Eine größere befestigte Hofanlage gehört einem „Perhard de Vohaburch". Von 911 bis 1081 sind hier die Grafen von Vohburg nachzuweisen. Durch Heirat kamen dann die Diepoldinger in den Besitz der Burg, die dreimal zerstört wurde: 1104, 1316 und 1641.

Ab 1204 war die Burg im Besitz der Wittelsbacher. Elisabeth, die Tochter von Herzog Otto des Erlauchten, heiratete hier 1246 den Hohenstaufenkaiser Konrad IV. Vohburgs „Hohe Zeit" war unter Ludwig dem Strengen. Der Herzog hatte auf der Burg nachweislich von 1291 bis 1294 die Verwaltungszentrale seines gesamten Hoheitsgebietes eingerichtet. Sämtliche Münzsteuern flossen nach Vohburg, das damals mehrfach als „Stadt" erwähnt wird.

1414 baute Herzog Ernst von Bayern die seit 1316 zerstörte Veste wieder auf. Sein Sohn Albrecht III. wohnte hier von 1431 bis 1435 mit der schönen Augsburger Baderstochter Agnes Bernauer und heiratete sie heimlich gegen den Willen seines Vaters. Nach dem Tod der Bernauerin 1435 - sie wurde in Straubing ertränkt - und nach der endgültigen Zerstörung der Burg 1641 durch die Schweden verlor Vohburg seine herausragende Stellung. Man nannte sich wieder „Markt" und wurde erst 1952 wieder formell zur „Stadt" erhoben. Der Na-

me Vohburg (früher: Voheburch, Vohenburg, Voheburg) bedeutet „Fuchsburg", weshalb die Stadt im Wappen einen springenden Fuchs führt.

Durch die Ansiedlung einer Erdölraffinerie 1963/67 (heute Bayernoil Raffineriegesellschaft) und eines Dampfkraftwerkes 1966/72 in Irsching (heute EON) wurde eine deutliche Aufwärtsentwicklung eingeleitet.

Mit der Eingliederung der ehemaligen Gemeinden Dünzing, Hartacker, Oberhartheim, Menning, Irsching und Rockolding vergrößerte sich das Hoheitsgebiet von 483 ha auf 4515 ha; die Einwohnerzahl beträgt derzeit über 7000.

Die Stadt hat in den vergangenen Jahrzehnten besonderen Wert auf die Ausweisung von Wohnbaugebieten gelegt und mit der Ausweisung von Gewerbegebieten in Vohburg und Rockolding die Grundlagen für die Ansiedlung mittelständischer Betriebe gelegt. Damit geht die Schaffung und Erhaltung notwendiger Infrastrukturmaßnahmen wie der Bau eines dritten Kindergartens oder die Sanierung der Grund- und Hauptschule einher.

Schwerpunktarbeiten der vergangenen Jahre waren auch die Sanierung der zahlreichen geschichtlich bedingten Baudenkmäler im Rahmen der Altstadtsanierung wie zuletzt das ehemalige Pflegerschloss auf dem Burgberg; in der ehemaligen St. Andreaskirche entsteht derzeit ein neues Rathaus. Darüber hinaus werden besondere Anstrengungen für einen Hochwasserschutz unternommen, was wegen der Lage an der Donau und der Kleinen Donau eine besondere Priorität genießt.

Die Sehenswürdigkeiten der Stadt ergeben sich aus der Geschichte. Der stadtbildprägende Burgberg mit Burgtor und Resten der Burganlage sowie der St. Peterskirche und dem ehemaligen Pflegerschloss, der Stadtplatz mit dem Kleinen Donautor, der ehemaligen Kirche St. Andreas und der Kirche St. Anton prägen die Altstadt.

Im Freizeitbereich sind besonders das Warmbad im Ortsteil Irsching, die Bootsanlegestelle an der Donau mit Zeltplatz und die zahlreichen Angelmöglichkeiten hervorzuheben. Der europäische Donau-Radwanderweg führt direkt durch diese mittelalterlich geprägte Kleinstadt.

Wolnzach

Die Spuren menschlicher Besiedelung in der Marktgemeinde Wolnzach füh-ren weit zurück in vorgeschichtliche Zeiten, wie ein bronzezeitlicher Depotfund in Wolnzach und weitere Funde am Schloßberg von Haushausen bezeugen. Feuersteinwerkzeuge aus der mittleren Steinzeit, Keramikscherben und Metallgeräte aus allen Epochen der Vorgeschichte und Töpferware aus der geschichtlichen Zeit der Kelten und Römer wurden hier bei Grabungsarbeiten gefunden. Bis ins Hochmittelalter reichen die Funde aus der mächtigen mittelalterlichen Wallanlage am Schloßberg, um dann plötzlich abzureißen. Die Besiedlung verlagerte sich in die fruchtbaren Tallagen.

Die erste gesicherte urkundliche Erwähnung Wolnzachs stammt aus dem Jahre 814 und ist in den Freisinger Traditionen zu finden. Ein gewisser Pietto ließ zum Heil seiner Seele ein Drittel seines Grundbesitzes zu Wolnzach (Uuolamotesaha) an den Dom zu Freising übergeben.

Die folgenden Jahrhunderte werden ausgefüllt von den Namen adeliger Familien, die die Herrschaft über Wolnzach und seine Zugehörungen ausübten: Die Hoholt-Pilgrim vom 9. Jahrhundert bis 1266, die Preysing von 1266 bis 1482, die Schadt von 1548 bis 1584 und die Elsenheim von 1584 bis 1725. Unter herzoglicher Verwaltung stand Wolnzach von 1482 bis 1548 und wiederum von 1725 bis 1804. Danach wurde das Herrschaftsgericht Wolnzach dem Landgericht Pfaffenhofen unterstellt. Die am Anfang des 19. Jahrhunderts vorgenommene Einteilung in politische Gemeinden hielt sich fast unverändert bis zur Gemeindegebietsreform der Jahre 1972/78.

Bei den dabei durchgeführten Eingemeindungen ist die Gemeinde Wolnzach um ein Vielfaches gewachsen. Hatte der Markt 1970 nur 3850 Einwohner, so waren es 1980 nach den Eingemeindungen 7314. Die Fläche der Gemeinde wuchs von 16,62 qkm auf 91,50 qkm (2003: Fläche 91,62 qkm, 10.666 Einwohner, 116,4 Einw/qkm). Von einem Ort mit dörflicher Struktur entwickelte sich der Markt hin zu einer Ortschaft mit kleinstädtischem Charakter. Durch die günstige zentrale Lage im Mittelpunkt zwischen den Großstädten München, Augsburg, Regensburg und durch die Nähe weiterer Wirtschaftsstandorte und Kulturstädte wie Ingolstadt, Neuburg/Donau, Freising und Landshut ist Wolnzach interessant geworden für ansiedlungswillige Familien. Die Möglichkeit, in der Stadt zu arbeiten, aber „auf dem Land" zu wohnen ist durch den Anschluss an die Autobahnen A9 München-Nürnberg bzw. A93 München-Regensburg geradezu ideal.

Ebenso ideal sind Wohn- und Lebensqualität insbesondere für junge Familien mit Kindern. Sechs Kindergärten stehen den Jüngsten zur Verfügung. Mit einer gut ausgestatteten Grund- und Hauptschule, einem modernen Gymnasium in Wolnzach und weiterführenden Schulen in Geisenfeld und Pfaffenhofen stehen die Möglichkeiten der schulischen Ausbildung in alle Richtungen offen. Ebenso gut sind die Möglichkeiten der Freizeitgestaltung; ein großzügiges Freibad, ein funktionelles Sportzentrum, Reit- und Wanderwege, über 120 Vereine, zwei Museen und vielfältige kulturelle Veranstaltungen bieten dem Interessenten zahllose Möglichkeiten, sich sportlich oder kulturell zu betätigen. Ein hohes Engagement äußert sich in zahlreichen von der Gemeinde oder Vereinen organisierten Aktivitäten: der historische Festzug im Turnus von drei Jahren, der Austausch mit der Partnerstadt Poperinge in Belgien, die Wahl der Hopfenkönigin, die Vorführungen des Zirkus Tonelli; Vernissagen und Ausstellungen, Feste und Veranstaltungen runden das Angebot ab. Bürgerinitiative und Bürgerstolz zeigten sich auch nach dem Verlust der ortsansässigen Brauerei in der Gründung einer neuen Bürgerbrauerei 1999 und ferner in der stilvollen Renovierung des 1878 gebauten Rathauses.

Der Markt Wolnzach ist darüber hinaus ein wichtiger Gewerbestandort im Landkreis. Wirtschaftliches Wachstum erzielte die Gemeinde durch die Ansiedlung von Betrieben mit z.T. hohen Mitarbeiterzahlen aus der Elektronik, Bau- und Baunebengewerbe, Hopfenverarbeitung und Speditionsbranche. In den zahlreichen alt eingesessenen mittelständischen Betrieben stehen Hunderte von weiteren Arbeitsplätzen zur Verfügung.

Seit der Expansion des Hopfenanbaus in der zweiten Hälfte des 19. Jahrhunderts gingen zahlreiche Impulse von Wolnzach aus: die Einführung des Hopfensiegels, die erste Schwefelhalle in der Hallertau, das Hopfenherkunftsgesetz, Drahtgerüstanlage, Hopfenspritze, Hopfendarre. In Hüll beherbergt Wolnzach das einzige Hopfenforschungsinstitut der Welt und im Haus des Hopfens sind die weltweit operierenden Organisationen der Hopfenvermarktung untergebracht. Zu diesen Institutionen gesellt sich am Platz des Hopfens im Zentrum von Wolnzach das Deutsche Hopfenmuseum, das mit seinen Installationen eine Brücke schlägt von der großen Geschichte des Hopfens zu den rationellen Produktionsmethoden der Gegenwart.

Landkreis
PFAFFENHOFEN a.d.Ilm

Scheyern

Stammsitz der
Wittelsbacher und Kloster

P. Lukas Wirth OSB

P. Lukas Wirth OSB

An den Wurzeln Bayerns - Burg und Kloster Scheyern

Wer sich heute auf den Weg nach Scheyern macht, den grüßt schon von Ferne die monumentale Klosteranlage der Benediktinerabtei, welche breit und gewissermaßen altbaierisch behäbig und doch von zeitloser Eleganz und mit erstaunlicher Harmonie die Grenzen zwischen Geschichte und Gegenwart für Augenblicke fast vergessen läßt. Nicht Jahrzehnte oder Jahrhunderte, sondern weit über ein Jahrtausend grüßen uns frisch und froh. Und wie nahezu bei allem Großen liegen auch die Anfänge Scheyerns im Dunkel der Geschichte.

Schon der Name Scheyern gibt Rätsel auf. Die ältesten lateinischen Aufzeichnungen (um 950) überliefern „ad Scirum". Daraus wird Sciran, Schira oder Schyra; im Deutschen wird Skiren zu Schyren, Scheyren, Scheiern und dem heutigen Scheyern[1]. Für manche Historiker deutet dies auf eine spätrömische Besiedlung etwa in Verbindung mit einer befestigten Grenzlinie im Lech-Donauraum zur Abwehr der sich ausdehnenden Franken um das Jahr 500 n. Chr. hin[2]. Im 19. Jahrhundert hielt man die im Klosterforst gelegene Schanze und die dortigen Hügelgräber für Reste einer römischen Siedlungsstruktur. Heute sind diese archäologischen Denkmäler nachweislich als keltischen Ur-

Benediktinerabtei Scheyern von Nord-Westen

Benediktinerabtei Scheyern von Westen über den Fischteichen des Klosters

sprungs einzuordnen und lassen dahingegen sogar von einer Erschließung dieses Siedlungsraumes bereits vor dem Jahr 500 v. Chr. ausgehen.

REX. STEPHAN. GISELA ADALBERT. EPISCOP. PRAGENSIS. ETC.
STEPHN. CV GISELA A. ISQ. SCHRAM PETIT ET IBI FONTE. STINCT. AVGVSTOS. HYMENÆOS. FACIT.

Hochzeit von König Stephan I. v. Ungarn und der bayer. Prinzessin Gisela im Jahr 996 in Scheyern, aus dem Zyklus der Scheyerer Fürstenbilder in der Kapitelkirche, 1623

Die bisher gängigste Deutung der Frühgeschichte Scheyerns leitet Scheyern vom Volksstamm der Skiren ab. Diese tauchten im Dunkel der Völkerwanderung des 5. Jahrhunderts auf und ließen sich nördlich der Alpen nieder. Der sogenannte Vater der bayerischen Geschichtsschreibung, Aventinus Turmair (1477-1534) aus Abensberg, nannte das Jahr 508 für die erste Besiedlung und leitete von den Skiren auch die späteren Grafen von Scheyern ab[3]. Aus diesem uralten Stamm der Schyren ließ sich ein gewisser Arnulf I. (+937) zum bayerischen Stammesherzog ausrufen. Spätestens mit ihm wird die Geschichte Bayerns und Scheyerns über 1000 Jahre untrennbar miteinander verbunden bleiben. Herzog Arnulf gilt auch als der Erbauer oder Erneuerer der in und unter den heutigen Mauern des Scheyrer Klosters noch nachweisbaren Stammburg seines Geschlechtes.

In der zu Beginn des 13. Jahrhunderts verfassten Handschrift „Mater verborum"[4] verweist eine Notiz ebenfalls in die Scheyrer Frühgeschichte. Dem-

nach soll um das Jahr 750 durch den Hl. Bonifatius zu Ehren der Gottesmutter Maria in Scheyern eine Kirche geweiht worden sein.

Die Bedeutung der Scheyrer Burganlage mag auch die 996 im Beisein des heiligen Bischofs Adalbert von Prag gefeierte Verlobung zwischen König Stephan I. von Ungarn und der dem Geschlecht der Scheyrer entstammenden bayerischen Prinzessin Gisela betonen[5]. Bis heute erinnert die sogenannte Königskapelle an der Nord-Ostecke des Kreuzganges, welche auf den Mauern einer frühromanischen Kirche gründet, an dieses festliche Ereignis, das nach den Ungarneinfällen fortan den Frieden zwischen Bayern und Ungarn besiegelte.

Als Gründerin des Klosters gilt die Gräfin Haziga, die ebenfalls dem uralten Geschlecht der Grafen von Scheyern entstammte. Als Witwe ihres zweiten Gemahls, des Grafen Otto II. von Scheyern, überließ sie um 1076 den Eremiten Otto und Adalprecht ein Waldgebiet beim heutigen Bayrisch-

zell zur Gründung einer Einsiedelei. Diese „Zelle" schenkte sie kurze Zeit später dem Benediktiner-Reformkloster Hirsau im Schwarzwald, das um 1080 12 Mönche und Laienbrüder zur Errichtung eines Klosters sandte. Noch vor 1087 siedelte der Konvent in das günstiger gelegene Fischbachau über, das bis zur Säkularisation 1803 als Propstei des Klosters Scheyern erhalten blieb. Um 1104 veranlaßte Graf Otto III. von Scheyern dann die Verlegung dieses Klosters auf den Petersberg bei Eisenhofen-Dachau. Nachdem Pfalzgraf Otto V. um das Jahr 1115 in Wittelsbach bei Aichach eine eigene Burg errichtet hatte, die alte Stammburg in Scheyern zwischenzeitlich im Gemeinbesitz mehrerer Familienangehöriger war und zudem Otto III., ein Sohn der Klostergründerin Haziga, eine Pilgerfahrt nach Jerusalem unternehmen wollte, wurden Überlegungen über die Zukunft des alten Familienstammsitzes angestellt. Auf einer Familienversammlung wohl 1116 in Freising entschloss man sich, die Scheyrer Stammburg den Mönchen des jüngst

[1] vgl. Hanser, P. Laurentius, Scheyern einst und jetzt, Scheyern 1927, S. 2
[2] vgl. Gleixner, Heribert, Die griechische Epoche der bairischen Sprache: Protobairisch (Teil 1), in: Förderverein Bairischer Sprache und Dialekte e.V., Rundbrief Nr. 46, Aying 2003, S. 4
[3] vgl. Reichhold, P. Anselm, Chronik von Scheyern, Weißenhorn 1998, S. 13ff.
[4] heute Bayerische Staatsbibliothek, Clm 17403
[5] Szánató, Konrad, Das Leben der seligen Gisela, der ersten Königin von Ungarn, S. 42

Eckhart, Wernher, Arnold und Konrad, die Grafen der Scheyerer und Dachauer Linie, beschließen, ihre Burg Scheyern in ein Kloster umzuwandeln, Miniatur auf Pergament aus einem Scheyerer Totenrotel unter Abt Maximilan Rest (1722-1734)

ter schon froh war, ab dem Jahr 1315 unumfochten die niedere Gerichtsbarkeit zu besitzen. Damit war das Kloster, das weiterhin den erblichen Titel der Grafen von Scheyern führte, in Scheyern, wie in manch anderen Orten Oberbayerns, nicht nur Grund- und Pfarrherr, sondern auch Gerichtsherr. Diese Verbindung von geistlichem Amt und weltlicher Herrschaft blieb über Jahrhunderte erhalten. Ab der Mitte des 14. Jahrhunderts wurde es in der Klosteranlage mit den dazu benötigten Bediensteten zu eng, so dass eine neue Siedlung am dem Kloster gegenüberliegenden Hang (Hag) errichtet wurde. Noch heute wird der alte Kern des „Dorfes" Scheyern Großenhag genannt.

Als Folge der Napoleonischen Kriege und der sich durchsetzenden Geisteshaltung der Aufklärung wurde im Jahr 1803 mit der Säkularisation, wie in ganz Bayern so auch in Scheyern, diese alte Ordnung samt dem klösterlichen Leben zerschlagen. Mit dieser Trennung von Kirche und Staat wurde die Entwicklung Bayerns zu einem modernen Flächenstaat möglich. Doch der Preis für eine solch durchaus positive Entwicklung war hoch. Die damals in Scheyern lebenden 26 Mönche mussten das Kloster verlassen, Kulturgüter wurden in Scheyern genauso wie anderen Orts verschleudert, zerstört oder nach München deportiert, das vom Kloster getragene höhere und niedere Bildungswesen brach zusammen und auch eine medizinische Grundversorgung wurde erschwert. An diesem wirtschaftlichen wie gesellschaftlichen Niedergang konnten auch die am Ort verbliebenen neun Mönche, welche sich weiter um die Seelsorge kümmerten, nichts ändern.[7]

Erst als König Ludwig I. an eine Wiederbegründung des Klosters dachte, gewann Scheyern erneut an Bedeutung. Erste Pläne, die Benediktiner nicht nur in Scheyern, sondern von dort aus in ganz Bayern wieder neu zu beleben, wurden bereits 1832 gefasst. Da es jedoch Schwierigkeiten

gestifteten Klosters auf dem Petersberg zu übergeben. Die Übersiedlung der Mönche vom Petersberg nach Scheyern dürfte im Herbst oder Winter 1119 auf 1120 erfolgt sein.[6]

Damit beginnt nun für Scheyern der zweite Abschnitt seiner Geschichte. Obwohl dem Kloster mit seiner Gründung die Reichsunmittelbarkeit, das

heißt auch die Freiheit gegenüber dem Stifterhaus der Grafen von Scheyern-Wittelsbach, zugesichert worden war, konnten diese Rechte nicht durchgesetzt werden. Nachdem mit Otto dem Großen 1180 die bis 1918 ununterbrochene Reihe der Scheyrer-Wittelsbacher als bayerische Herrscher begann, wurde der Einfluss dieser Familie so groß, dass das Klos-

---

[6] vgl. Hanser, P. Laurentius, Scheyern einst und jetzt, Scheyern 1927, S. 43
[7] vgl. Wirth, P. Lukas, Die Säkularisation in Scheyern, in: Der Scheyrer Turm, Nr. 60, Scheyern 2003, S. 9-102

BEGNVM POSTAVS OB
CCXX.ĀÑLAVIDE
VILSEPEDTITVLIE
RECVPEROIVS

OTTO MAGNVS
WITTELSPĀCENSIS

ĪLFST HEROS HIC V EV DEPINGERE SED EXPRIMERE NEMO POSSIT IMO NEC QVIDE DEPINGER E
M ET VIRT'OB MAGNITVDINE PEÑICILLO SVBDITBV A V INCVDI PT PRÔ HEROV DEC MARMVM

Otto d. Große, aus dem Zyklus der Scheyerer Fürstenbilder in der Kapitelkirche, 1623

beim Erwerb der ehemaligen Kloster-gebäude samt der dazugehörigen Landwirtschaft und des Forstes gab, und nach der Aussage von Zeitzeu-

Jahren erstarkte das Kloster und konn-te seinerseits am Beginn des 20. Jahr-hunderts die Abteien Ettal und Plankstetten neu besiedeln.

Klosters. Genauso erinnern die Grä-ber der bayerischen Fürsten samt ih-rer Angehörigen aus der alten Familie der Scheyrer-Wittelsbacher, welche fast durchwegs bis in das Jahr 1253 in Scheyern bestattet sind, an die her-vorgehobene Stellung Scheyerns auch als Hauskloster der bayerischen Herrscher noch über Jahrhunderte hinaus. Die an der Ostseite des Kreuz-ganges gelegene Kapitel- oder Johan-neskirche ist noch heute dem Ge-dächtnis dieser engen familiären Bin-dung zum bayerischen Herrscher-haus der Wittelsbacher gewidmet. Der romanische Kern der Klosteranla-ge, der in den Jahren nach der Um-siedlung der Mönche nach Scheyern, demnach ab 1119 errichtet wurde, blieb bis heute erhalten. Er zeigt trotz zweier Brandkatastrophen (1171 und 1181) und zahlreicher Umgestaltun-gen in einmaliger Weise das Baukon-zept der durch die Klosterreform von Hirsau geprägten Mönche. Aus dieser Frühzeit des Klosters sind bis heute kostbare Handschriften aus der eige-nen Schreibschule erhalten. Sie wur-den richtungsweisend für ganz Süd-deutschland und werden seit 1803 in der Bayerischen Staatsbibliothek auf-bewahrt.

Türme der Benediktinerabtei Scheyern. Der Hauptturm erhielt 1838 von Friedrich v. Gärt-ner seinen markanten Helm.

Portal vom Kreuzgang in die Kapitel- oder Jo-hanneskirche mit Wittelsbachergrab

gen die ehemalige Klosteranlage in-zwischen ein „Trümmerhaufen" war[8], kam es erst im Jahr 1838 unter Mithil-fe der inzwischen restituierten Bene-diktinerabtei Metten zu einer Wieder-belebung. Nach ersten mühevollen

Die nun gedanklich durchschrittenen Jahrhunderte haben auch bauge-schichtlich in der heutigen Klosteran-lage ihren Niederschlag gefunden. Reste der alten Burg finden wir in den heute noch sichtbaren Bauten des

---

[8] vgl. Kreuzer, Ildefons, Die Wiedererrichtung der Benediktinerabtei Scheyern, Scheyern 1959, S. 230f.

Handschrift des Mönches Konrad aus der Scheyerer Schreibschule um 1220, Verkündigung an Maria, Geburt Jesu, Verehrung durch die drei Könige, Darstellung des Herrn, heute in der Bayerischen Staatsbibliothek

1658) ihren Einzug. Trotz der Wirren des 30-jährigen Krieges konnte das klösterliche Leben in Scheyern weitgehend unbehelligt fortgeführt werden und zahlreiche Um- und sogar Neubauten wurden getätigt. Noch heute sind Reste der damaligen Umgestaltung in der Kapitel- oder Johanneskirche wie auch im Kreuzgang zu besichtigen. In diesen Jahren erhielt auch der Konventbau, welcher sich vom großen Klosterhof über gut 80 Meter nach Osten hin erstreckt, sein noch heute erhaltenes Aussehen.

Unter Abt Korbinian Riegg (1634-1658) erhielt der Kirchturm eine gewaltige barocke Haube mit Laterne und Zwiebel. Abt Coelestin Baumann hinterließ uns mit der neuen Sakristeieinrichtung aus dem Jahr 1697 ein einmaliges Zeugnis der damaligen Tischlerkunst. Unter Abt Joachim Herpfer von Herpfenburg (1757-1771) wurde nicht nur die Klosterkirche im Stil des Rokoko umgestaltet, sondern auch der noch heute beeindruckende Maierhof des Klosters, der Prielhof, vollkommen erneuert.

Prielhof in Scheyern, das alte Klostergut noch vor dem Neubau um 1700

Alle Stilepochen fanden in Scheyern ihren Niederschlag. Während die romanische Bauepoche mit der Weihe der Klosterkirche am 9. Oktober 1215 unter Abt Konrad I. von Luppburg weitgehend ihren Abschluss fand, begann mit Abt Johannes I. von Tegernbach (1436-1449) die gotische Bauperiode. Nicht nur der Turm wurde in den folgenden Jahren erhöht und die Kirche um etwa sieben Meter verlängert, sondern neben vielen Umbauten im Kloster wurden auch Kirchen, Kapellen und der Kreuzgang gotisch eingewölbt.

Die Renaissance hielt mit Abt Stephan Reitberger aus Euernbach (1610-

Apostelkopf als Gewölbeansatz in der spätgotischen Elisabethenkapelle, 1583

Nachdem es also nie zu einem kompletten Neubau von Kirche und Kloster kam, sollen nun wenigstens einige Namen der Künstler aufgezählt werden, welche Großes geschaffen haben oder deren Werke noch heute in Scheyern in Augenschein genommen werden können. Neben Hans von Pfaffenhofen zur Zeit der Gotik oder Peter Candit, Matthias Karger und Thomas Holzmair in der 1. Hälfte des 17. Jahrhunderts wirkten Melchior Puncher, der Baumeister Veit Haltmayr, der Freskant Johann Georg Dieffenbrunner, die Stukateure Ignaz und Joseph Anton Finsterwalder aus Wessobrunn, wie die Maler Andreas Wolff, Johann Georg Wolcker, Johann Baptist Dey-

*Historische Ansicht Kloster Scheyern von Süd-Osten. Buchmalerei im Einschreibebuch
der Rosenkranzbruderschaft, 1642*

Deckenfresko über dem Chor der Basilica Scheyern, Die Krönung Mariens gemalt von Otto Hemmerle, 1923

119

Basilica der Benediktinerabtei Scheyern, Innenansicht

rer, Christian Wink neben anderen im 18. Jahrhundert. Im Kirchenschatz finden sich u. a. auch einmalige Arbeiten aus der Goldschmiede Johann Georg Herkomers aus Augsburg und selbst das bildhauerische Können eines Ignaz Günther kann in Scheyern bewundert werden.[9]

Bei den nötigen Renovierungsmaßnahmen nach der Säkularisation gab u. a. der bekannte Hofarchitekt König

gendstils von Otto Hemmerle gemalt. Auch die Kunst der Moderne hat in Scheyern längst ihren Platz. Exemplarisch seien Max Faller, Franz Mikorey, Claus Hipp oder Rudolf Kurz, der jüngst den monumentalen Bronzeguß im Pfortenbau des Klosters schuf, genannt. So gehört die Benediktinerabtei Scheyern nicht nur historisch, sondern auch kunstgeschichtlich zu den bedeutendsten Orten unserer Heimat.

lichkeit und Offenheit aus. Der Mönch ist einer, der Gott sucht und in seinem Leben versuchen wird, die Nähe Gottes mitten im Alltag erfahrbar zu machen. Dabei ist eine ausgewogene Mischung von Gebet, Lesung wie Meditation und täglicher Arbeit prägend. Gerade unsere schnelllebige Zeit kann bereichert werden durch die Beständigkeit dieses „Ora et labora". Davon etwas zu erfahren sind heute genauso wie vor Jahrhunderten nicht nur Gäste eingeladen.

Prägend für die Klostergemeinschaft in Scheyern war von Anfang an auch die Seelsorge in und um das Kloster. Neben der Klosterpfarrei Scheyern wurden bis zur Aufhebung im Jahr 1803 weitere 14 Pfarreien, von denen Pfaffenhofen und Vohburg von größerer Bedeutung waren, und 11 Filialkirchen betreut. Heute sorgen sich die Mönche um Menschen in den Pfarreien Gerolsbach, Hirschenhausen, Niederscheyern und Scheyern.

Seelsorge besonderer Art ist die Wallfahrt zum Hl. Kreuz in Scheyern. Tausende von Pilgern kommen jährlich

Die Benediktiner-Abtei Scheyern.

Historische Ansicht der Scheyrer Klosteranlage, Aquarell von Johann Diermayr, 1838

Ludwigs I., Friedrich von Gärtner, entscheidende Impulse. Eine Umgestaltung der Klosterkirche in den Jahren 1876-78 wurde von Sebastian Wirsching und Sebastian Mutzl geprägt und die Fresken der Klosterkirche wurden 1923 noch im Empfinden des Ju-

Scheyern ist aber nicht nur Kunst und Geschichte. Scheyern ist ein lebendiges Kloster. Die Mönche leben wie ihre Vorväter nach der Regel des Hl. Benedikt. Diese Lebensweisung, welche vor 1500 Jahren geschrieben wurde, zeichnet sich durch gelebte Mensch-

zu den Kreuzfesten und über das Jahr, um den Segen mit dem Scheyrer Kreuz zu erbitten. Dieses Doppelkreuz, das Späne vom Kreuz Christi enthält, kam über den Kanoniker Konrad im 12. Jahrhundert ins Abendland und wurde mit dem Aussterben

---

[9] vgl. Paula, Georg, Zur Bau- und Ausstattungsgeschichte der Klosterkirche Scheyern im 18. Jahrhundert, in: Sammelblatt des Historischen Vereins Ingolstadt Nr. 101, Ingolstadt 1992, S. 183ff.

*Übergabe des Hl. Kreuzes durch Konrad III. v. Dachau (+ 1180), Emaillemalerei auf der gro-
ßen Kreuzmonstranz, Johann Herkomer, Augsburg 1738*

der Dachauer Grafen spätestens 1180 dem Kloster Scheyern übergeben. Noch heute wird im Klosterarchiv die in einer Jerusalemer Goldschmiede gefertigte byzantinische Fassung dieses Kreuzreliquiars aufbewahrt. Scheyern gehört mit seiner Hl. Kreuzwallfahrt zu den ältesten Wallfahrtsorten Deutschlands. Das Scheyrer Kreuz wurde nicht nur prägend für das Kloster, sondern fand auch Eingang in das Wappen der politischen Gemeinde Scheyern wie das des Landkreises Pfaffenhofen. Dieses Kreuz wird als der größte Schatz des Klosters in der dafür eigens errichteten Hl. Kreuzkapelle aufbewahrt und verehrt.

Daneben waren und sind Bildung und Wissenschaft dem Kloster stets ein wichtiges Anliegen. Bereits in der Mitte des 13. Jahrhunderts ist eine Klosterschule nachweisbar. Diese wurde im 19. und 20. Jahrhundert zum

Gymnasium ausgebaut, welches 1970 mit dem neu errichteten staatlichen Gymnasium in Pfaffenhofen verschmolzen wurde, das nicht nur deshalb den Namen „Schyrengymnasium" trägt.

Zur Schule gehörte seit altersher ein Seminar bzw. Internat. Diese Tradition wird noch heute mit einem Wohnheim für die 1976 errichtete Berufsoberschule Scheyern fortgeführt. Derzeit leben etwa 120 junge Menschen aus ganz Bayern im Wohnheim des Klosters, um in ein, zwei oder mehr Jahren nach der Berufsausbildung - zusammen mit weiteren knapp 150 Schülern und Schülerinnen aus der näheren Umgebung - das Abitur zu erlangen.

Daneben hat sich Scheyern im Lauf der Jahrhunderte einen guten Ruf in der Wissenschaft erworben. In der Barockzeit wird Scheyern sogar „scola

doctorum" genannt. Immer wieder waren Mönche aus Scheyern als Professoren an verschiedenen Universitäten und Hochschulen tätig. Dabei beschränkte man sich nicht nur auf den Fachbereich der Theologie, doch gerade in diesem Bereich konnten noch in jüngster Zeit durch den damaligen Abt Johannes Hoeck maßgebliche Impulse für einen möglichen Weg der getrennten Christen zur Einheit anläßlich des Zweiten Vatikanischen Konzils in Rom gegeben werden.

Profunder Beleg für dieses reiche wissenschaftliche Schaffen ist auch die Klosterbibliothek, die mit über 150.000 Büchern und ihrem schmucken barocken Bibliothekssaal zu den bedeutendsten Privatbibliotheken Bayerns zählt. Obwohl im Jahr 1803 die wertvollsten Bücher - zumal aus der eigenen Scheyrer Schreibschule des 13. Jahrhunderts, welche für den süddeutschen Raum richtungswei-

Byzantinisches Kreuzreliquiar, Innere und Äußere Fassung, Jerusalem vor 1155, in diesem Behältnis kamen die in Scheyern seit über 800 Jahren hoch verehrten Partikel vom Kreuz Jesu nach Scheyern

Barocksaal der Klosterbibliothek, Einrichtung mit reichverzierter Galerietreppe unter Abt Joachim Herpfer (1757-1771)

send war - in die Bayerische Staatsbibliothek verbracht wurden, kann die Klosterbibliothek auch heute auf einen wertvollen historischen Buchbestand verweisen.[10] Dazu gehört eine kostbare Handschrift des Neuen Testamentes in griechischer Sprache aus dem Jahr 1000 genauso wie die ersten illustrierten Bibeln in deutscher Sprache, gedruckt von Zainer in Augsburg, 1475 bzw. von Koberger in Nürnberg, 1483.

Noch heute wird von der Abtei in Zusammenarbeit mit der Bayerischen Akademie der Wissenschaften in Scheyern ein Byzantinisches Institut unterhalten. Derzeit wird dort eine textkritische Ausgabe der Werke von Johannes von Damaskus (+ 749) erstellt.

Aber auch die Naturwissenschaften haben in Scheyern ihre Heimat. Im Klostergut wird seit über 10 Jahren modernste Forschung betrieben. In den kommenden Jahren wird unter Federführung der Gesellschaft für Umwelt und Gesundheit (gsf) in München unter dem Titel „Gesunde Pflanzen in einer gesunden Umwelt" Grundlagenforschung betrieben.

Nach altem benediktinischen Brauch ist das Kloster bis heute geistlich wie wirtschaftlich selbständig und unabhängig. So arbeiten die Mönche und zahlreiche Angestellte in ganz unterschiedlichen Berufen. Neben den erwähnten seelsorglichen und wissenschaftlichen Aufgaben findet man nicht nur Land- und Forstwirtschaft, sondern auch eine Buchbinderei, Schreinerei oder Elektrowerkstatt. Die zum Kloster gehörenden Betriebe wie die Klostermetzgerei, der Klosterladen samt Schyrenbuchhandlung, die Klosterbrauerei und die Klosterschänke oder auch die Klostergärtnerei leisten bis heute einen wertvollen Beitrag zum Erhalt der Klostergebäude. Um die Mönche bei dieser großen He-

rausforderung auch in wirtschaftlich schwierigen Zeiten wie auch in ihrem gesellschaftlichen, wissenschaftlichen, kulturellen und kirchlichen Aufgaben zu unterstützen hat sich im Jahr 2003 ein eigener Freundeskreis der Benediktinerabtei Scheyern unter dem Ehrenvorsitz des Hauses Wittelsbach gebildet. So schließt sich der Kreis einer weit über tausendjährigen Geschichte von Burg und Kloster, von Scheyern-Wittelsbach und Bayern.

Im Laufe der vielen Jahrhunderte hat sich der alte Wahlspruch des Klosters „Fluctuat nec mergitur" - „Wenn es auch wankt im Sturm der Zeit, es geht nicht unter" stets bewahrheitet. Um auch heute Zukunft glücklich gestalten zu können wird es weiterhin, wie es der hl. Benedikt in seiner Regel fordert, nötig sein „Neues und Altes hervorzuholen" (Benediktsregel Kap. 64). Möge Scheyern - uralt und doch immer jung - bestehen: zur Ehre Gottes und zum Wohle der Menschen.

[10] Gressierer, P. Franz, Beiträge zur Geschichte der Klosterbibliothek Scheyern, Scheyern 1999

Landkreis
PFAFFENHOFEN a.d.Ilm

Manching -
einst bedeutender Sitz der
Kelten

Dr. Susanne Sievers

*Das vergoldete
Kultbäumchen, links
Rekonstruktion*

Dr. Susanne Sievers

Als am Ende des 4. Jhs. v. Chr. an der Mündung der Paar in die Donau, im Raum des heutigen Manching, eine Siedlung gegründet wurde, wurde der Grundstein zu einem der bedeutendsten keltischen Zentralorte gelegt. Leider kennen wir den antiken Namen Manchings nicht; es wird aber vermutet, dass es sich um den Hauptort des keltischen Stammes der Vindeliker handelt.

Einblick in die Geschichte Manchings geben Ausgrabungen, die in den letzten 50 Jahren ca. 25 ha der 380 ha großen Siedlung freigelegt haben. Manching ist somit das am besten erforschte Oppidum des Kontinents. Gerade die letzten 20 Jahre haben viele neue Erkenntnisse erbracht.

Zeugen einer ersten Ansiedlung in der Zeit der keltischen Völkerwanderung, die sich entlang der großen Ströme ihren Weg suchte, sind zwei Gräberfelder auf Manchinger Boden, Hundsrucken und Steinbichel. Mit 22 bzw. 43 Bestattungen sind sie die größten bekannten Flachgräberfelder Südbayerns. Auch aus der Umgebung von Manching kennen wir aus dieser Zeit kleinere Gruppen von Grablegen, die anzeigen, dass neben der schnell wachsenden Zentralsiedlung mit vielen kleineren oder größeren Gehöften zu rechnen ist.

Gründe für den Aufstieg Manchings waren die verkehrsgünstige Lage an Fernverkehrsachsen, das in direkter Nachbarschaft, im Feilen-, Riedel- und Donaumoos anstehende Raseneisenerz, aber auch die Lage in der Ebene in einigermaßen fruchtbarem Gebiet. Der Donau-Altarm „Dürre Au", der nördlich in das Siedlungsgebiet eingriff, eignete sich bestens als Hafen. Wohl schon um 300 v. Chr. entstand neben einem größeren freien Platz ein zentrales Heiligtum in Form eines kleinen „Umgangstempels", der zweimal erneuert wurde. In der unmittelbaren Umgebung deponierte man Waffen und Gerätschaften,

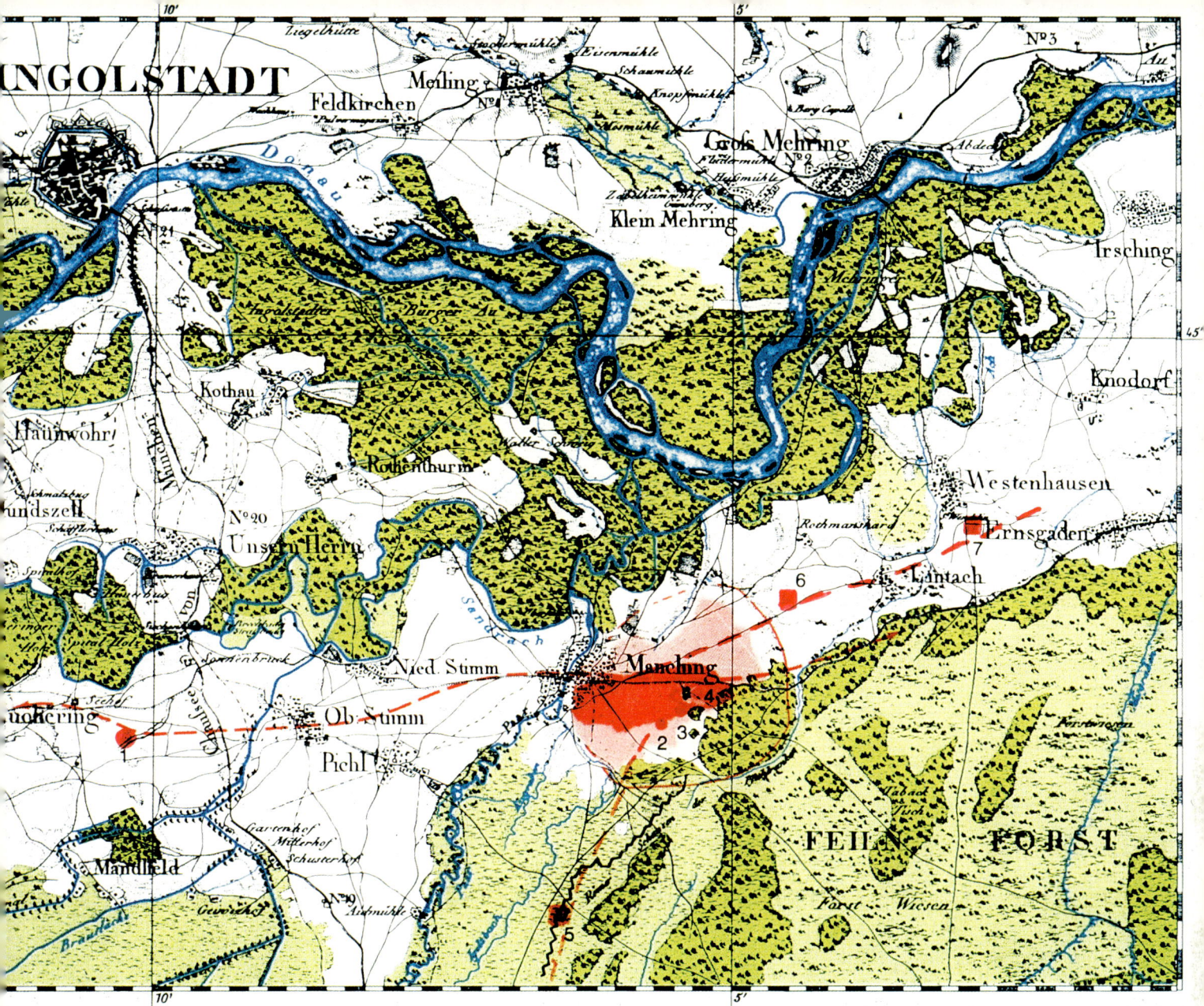

Das Donautal bei Ingolstadt und Manching um 1815. Rot: das Oppidum und die wichtigsten keltischen Verkehrswege

von denen einzelne Stücke südlich der Alpen hergestellt worden sein dürften. Ein erster Rückstrom ausgewanderter Kelten zeichnet sich hier ab. Südliche Anregungen lässt auch das in einem vergoldeten Futteral deponierte, gleichfalls vergoldete Kultbäumchen erkennen. Es soll eine von Efeu umrankte Eiche darstellen und ist wohl Teil des keltischen Baumkultes gewesen. Manching war demnach auch ein kultisches Zentrum.

Das Siedlungsgefüge dürfte anfangs durch Einzelgehöfte charakterisiert gewesen sein; es war an natürlichen Gegebenheiten orientiert, z.B. an Bachläufen, feuchten Niederungen u.dgl. Je mehr Personen sich hier niederließen, desto geregelter musste das Zusammenleben werden. Wir können auf den Grabungsplänen

große, unterschiedlich charakterisierte Gehöfteinheiten erkennen, die mit Zäunen gegeneinander abgegrenzt waren; sie reihten sich an bis zu 10 m breiten Straßen auf, die von Gräben begrenzt sein konnten.

An die Gehöfte schlossen sich Felder und Weiden an. In den Gehöften treffen wir, interpretieren wir die Funde richtig, die herrschende Klasse einschließlich der Aristokratie an, umgeben von Bauern und Handwerkern, Händlern und Kriegern. Man verarbeitete Bronze und Eisen, Holz, Leder, stellte Glas-, vielleicht auch Sapropelitschmuck her, produzierte Keramik und Stoffe und begann schließlich im 3. Jh. v. Chr. Münzen zu prägen. Hierfür sind die Münzen selbst, Schrötlingsformen, Schrötlinge, der Rest eines zugehörigen Ofens und Münz-

stempel eindeutige Belege. Auch der Schutz der Edelmetalle Gold und Silber war hier gewährleistet. Die Ausgrabungen in Manching haben einen wesentlichen Beitrag dazu geliefert, dass wir über handwerkliche Spezialisierung und Produktionsformen der jüngeren Latènezeit informiert sind, dies betrifft neben der Münzprägung die Glas-, Bronze- und Eisenproduktion, aber auch die Töpferei. Neben dem breiten Spektrum an Gerätschaften aus Eisen gewähren die Funde Einblick in die Versorgung mit Töpfereiprodukten; die große Zahl der hochwertigen bemalten Flaschen und der feinen Kammstrichtöpfe spiegelt den sozialen Status der Bevölkerung Manchings, das sich als Produktions- aber auch als Verteilerzentrum zu erkennen gibt. Dagegen sind auf der Basis von Siedlungsfunden Details

Rekonstruktion einer Gehöfteinheit mit Langbauten und Speichern

der Tracht weniger gut zu rekonstruieren.

Querschnitt durch die in Manching gebräuchliche Keramik

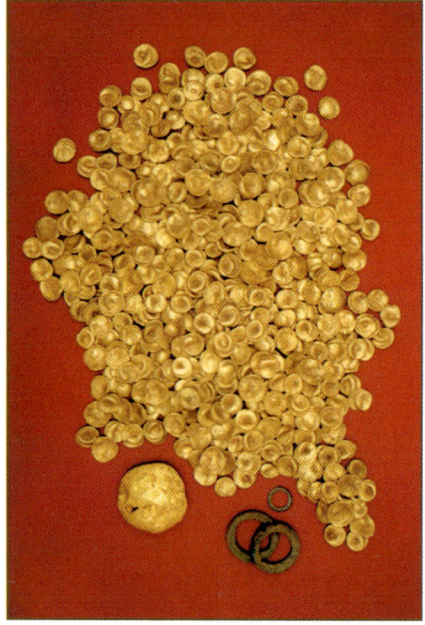

Der Manchinger Goldschatz

Zum engeren Machtbereich Manchings gehörte sicherlich das Ingolstädter Becken mit seinen Randgebieten. Manching beherrschte darüber hinaus aber auch den Fernhandel mit dem Westen und Süden und hatte engste Beziehungen zum ostkeltischen Raum, wie zahlreiche boische (böhmische) Funde, vor allem der Münzschatzfund von 1999 mit 385 Vollstateren und einem 217 g schweren Gussklumpen, erkennen lassen. Auch eine Scherbe mit der Aufschrift BOIOS verweist in diese Richtung. Womöglich haben sich in Manching sogar Boier niedergelassen. Für einen geregelten Fernhandel sprechen u.a. zwei Bleigewichte (65 und 125 g), die an griechische Marktgewichte erinnern; Schreibgriffel und Beschläge von Holztäfelchen belegen den Schriftgebrauch. Als Maßeinheit benutzte man den keltischen Fuß, von dem ein Maßstab in der Länge eines halben keltischen Fußes zeugt (15,45 cm).

Dass Manching als reicher Zentralort gefährdet war, zeigt am Ende des 2. Jhs. v. Chr. ein Bruch im Siedlungsgeschehen. Im Zentrum verstreut finden sich zahlreiche Waffen, manche verbogen, aber auch Reste einer Pferde-

plastik aus Eisen, die nur in kultischen Zusammenhängen zu verstehen ist. Hat man im Zuge von Kämpfen im Zentrum der Siedlung auch ein oder mehrere Heiligtümer in Mitleidenschaft gezogen?

Das Bleigewicht wiegt 125 Gramm. Vielleicht stellt es eine Gottheit dar, die den typisch keltischen Halsreif trägt.

Mit Kämpfen hat man früher auch die zahlreichen menschlichen Skelettreste im Siedlungsinneren in Zusammenhang gebracht. Zum einen handelt es sich um vereinzelte Bestattungen und grabähnliche Befunde; zum anderen verlangen Teilskelette und einzeln aufgefundene Knochen, bei denen sog. Langknochen zahlenmä-

Rekonstruktion des Osttores von Manching

ßig dominieren, nach einer besonderen Erklärung. Es wird diskutiert, ob man einer bestimmten Gruppe der Bevölkerung eine gesonderte Art der Bestattung (in der Siedlung) zukommen ließ oder ob die Kelten in ihrer Spätzeit allgemein eine mehrstufige Bestattungsweise praktiziert haben, bei

man zuhause stolz vorzeigte.

Der Bau der Stadtmauer am Ende des 2. Jhs. v. Chr. veränderte nichts an der schon städtisch zu nennenden Grundstruktur der Siedlung, gab ihr aber den Status einer Befestigung, die mit ihren monumentalen Zangen-

Dem Oppidum, also der im letzten Viertel des 2. Jhs. v. Chr. umwehrten Stadt, war nur eine kurze Blütezeit beschieden. Ab etwa 80 v. Chr. kamen keine Amphoren mehr an die Donau; auch die Graphitzufuhr aus der Gegend um Passau ließ merklich nach. Ein Grund dafür mag in der römischen Expansion gelegen haben; wahrscheinlich musste aber auch schon damals der Hafen aufgegeben werden; vielleicht zwang die übermäßig starke Ausbeutung aller Ressourcen (Eisenerz, Holz) zu einer vermehrten Altmetallwirtschaft, d.h. zu einer Zunahme der Selbstversorgung und einem allmählichen Verlust zentraler Funktionen. Die Verlagerung einzelner Gehöfteinheiten zurück aufs Land ist in diesem Zusammenhang nicht auszuschließen, lässt sich jedoch bislang nur sehr vereinzelt nachweisen. Um die Jahrhundertmitte vernichtete ein Brand das Osttor, womöglich im Zuge kriegerischer Auseinandersetzungen. Als potentielle Feinde kommen andere keltische Stammesteile oder Germanen in Frage.

Literatur
S. Sievers, Manching - Die Keltenstadt (Stuttgart 2003) mit weiterer Literatur

Teilskelett, das in halb verwestem Zustand in die Erde gekommen ist

der einzelne Knochen eine Zeitlang in der Siedlung aufbewahrt worden sind. Auffällig ist, dass es sich nur selten um Deponierungen handelt, ja dass die Masse der Menschenknochen in planierten Abfallschichten zwischen Keramikscherben und Tierknochen gefunden wurde. Bei einem relativ großen Teil der Schädel handelt es sich um Kriegstrophäen, die

toren sicherlich der Machtdarstellung und Repräsentation diente, die aber ganz konkret auch eine Schutzfunktion für das von ihr beherrschte Gebiet ausübte. Die Umleitung zweier Bäche im Süden des Oppidums vor den Wall sowie die jetzt erkennbar sehr regelmäßige Ausrichtung der Bebauung lassen auf stadtplanerische Eingriffe schließen.

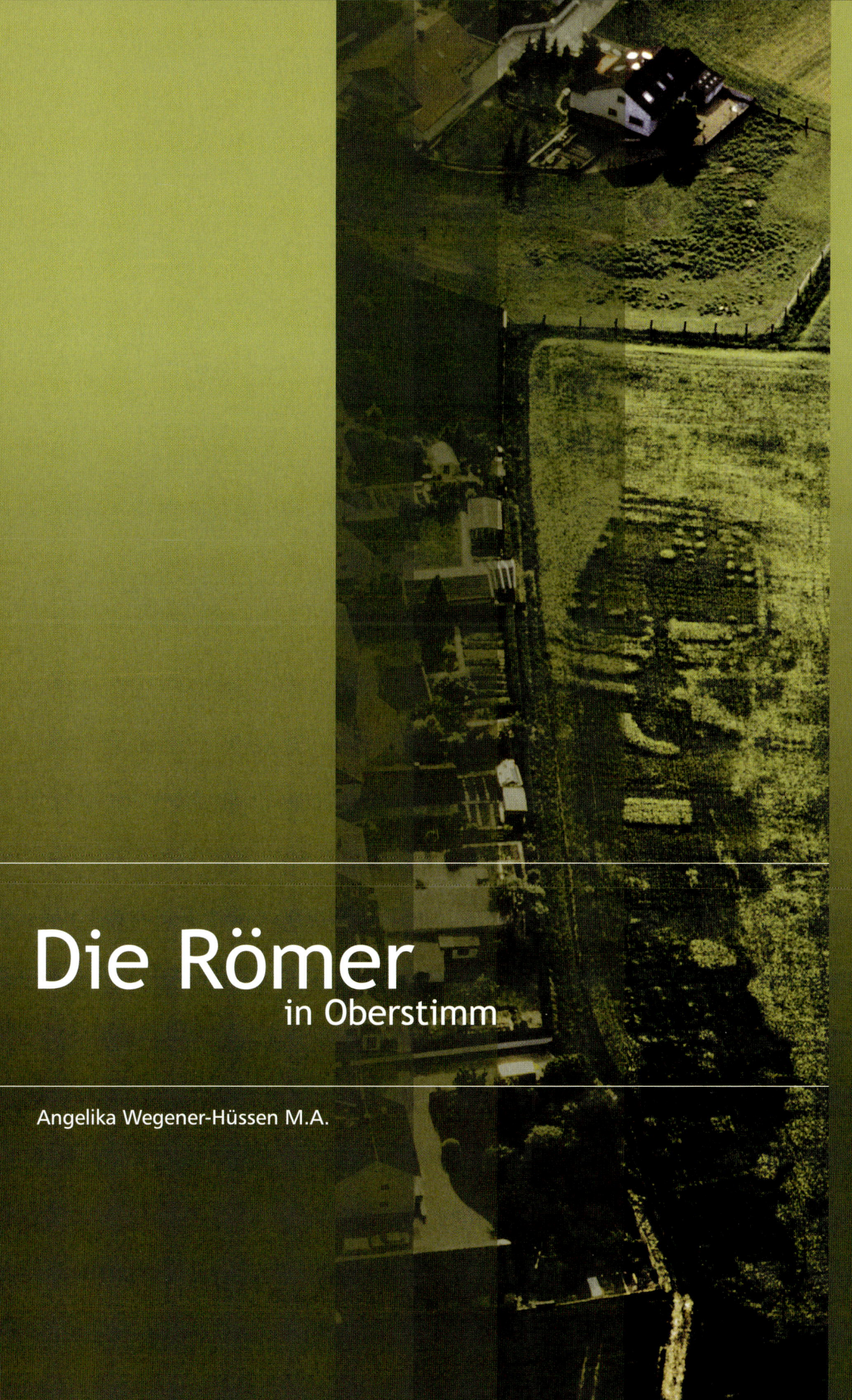

Die Römer
in Oberstimm

Angelika Wegener-Hüssen M.A.

Angelika Wegener-Hüssen M.A.

Die Donau als römische Reichsgrenze im 1. Jahrhundert

Die Okkupation des Alpenvorlandes durch die Römer endete mit der Einrichtung der Provinz Raetien unter Kaiser Tiberius. Die Donau wurde für einige Jahrzehnte zur Nordgrenze des römischen Imperiums. Eine gut ausgebaute Straße zog auf dem Niederterrassenrücken am südlichen Rand des Flusses von West nach Ost. Sie verband die Provinzhauptstadt Augsburg-*Augusta Vindelicum* mit den neu gegründeten Auxiliarkastellen, die in Abständen von etwa 20 - 30 km die Flussgrenze sicherten.

Das Kastell in Oberstimm entstand bald nach 40 n. Chr. unter Kaiser Claudius und war bis in flavische Zeit der östlichste größere Truppenstandort an der oberen Donau. Es lag günstig an der Donausüdstraße, auf die hier über das Tal der Paar eine Verkehrsverbindung aus dem Alpenvorland traf. In römischer Zeit floss die Donau etwa im Bereich der heutigen Sandrach nur wenige hundert Meter vor dem Militärlager vorbei. Auf dem Wasserweg war der Grenzstrom vom Lager aus über die Brautlach zu erreichen. Hier entdeckten die Archäologen der Römisch-Germanischen Kommission 1986 vor dem Westtor des Kastells in einem verlandeten Bachbett zwei gut erhaltene Holzschiffe, die vermutlich als Patrouillenboote auf der Donau eingesetzt worden waren.

In dem Auxiliarkastell lag wahrscheinlich eine teilberittene Einheit von rund 500 Mann, eine Cohors quingenaria equitata. Für die Anwesenheit von Reiterei sprechen u. a. einige große Gruben mit verendeten Pferden, die im Vicus aufgedeckt wurden. Der Name der Oberstimmer Truppe ist nicht überliefert. Der Fund eines Ziegelstempels der *cohors III Thracum* civium Romanorum kann nicht als Beleg für die Stationierung dieser Einheit in Oberstimm gewertet werden.

Kleinkastell am Ortsrand von Oberstimm (Luftbild O. Braasch 1988)

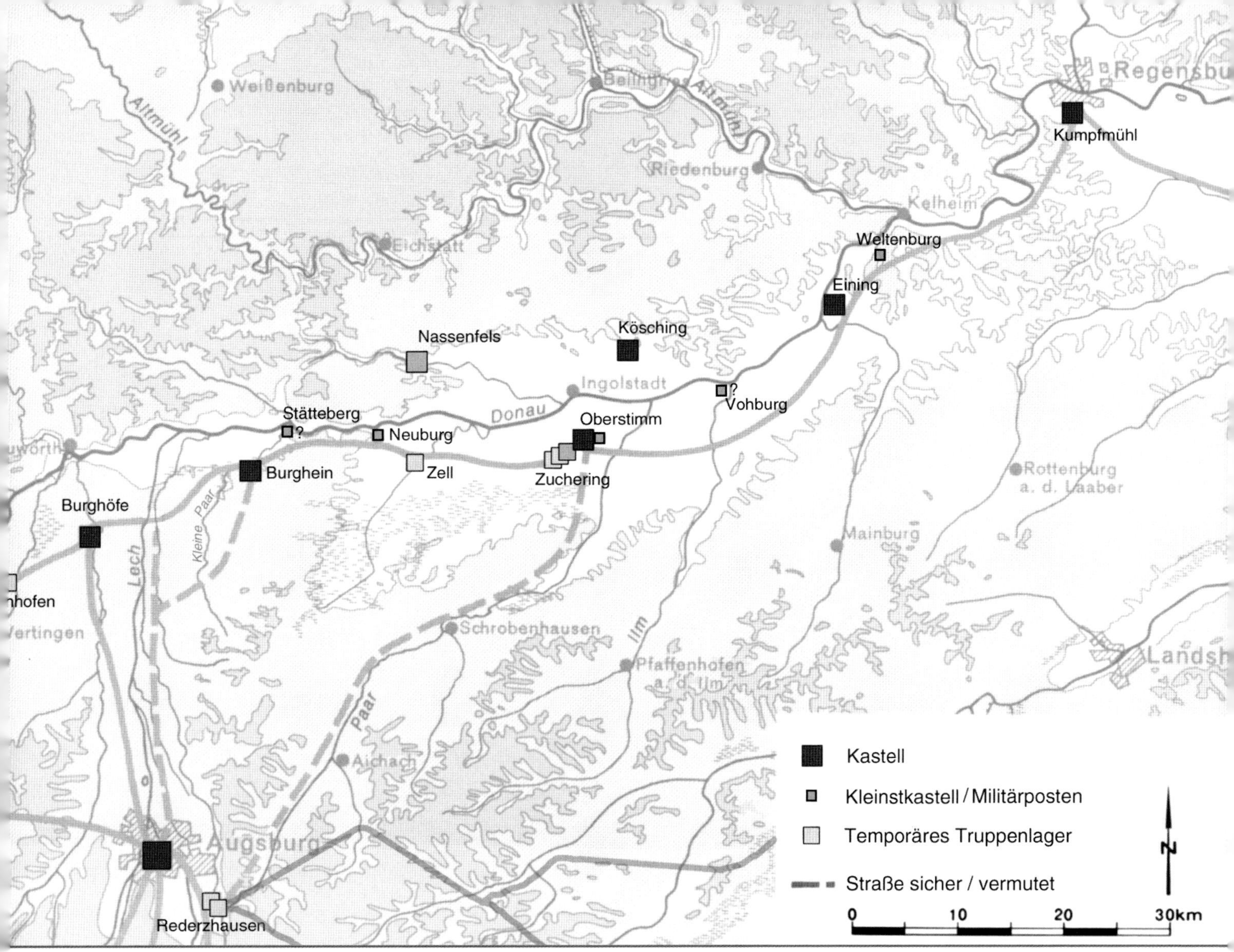

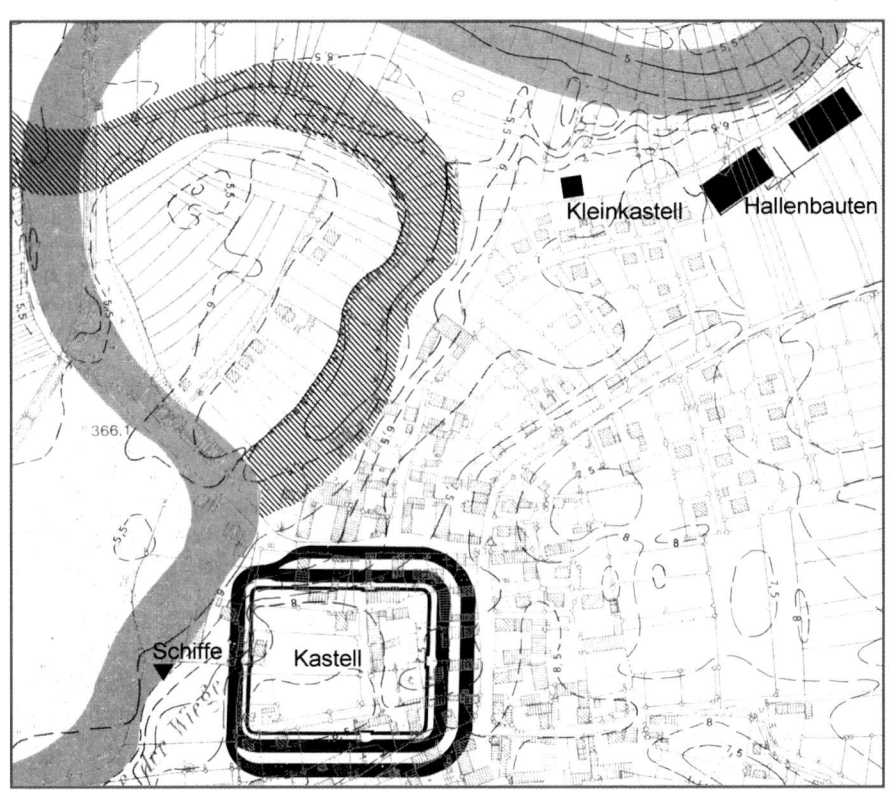

Die römischen Truppenlager an der Donau und im Limesgebiet im 1. und frühen 2. Jahrhundert n. Chr.

Im Dreikaiserjahr 69/70 stehen die Soldaten Raetiens auf der Seite des Thronaspiranten und späteren Kaisers Vespasian und die Oberstimmer Einheit wird abgezogen. Am Ort verbleibt für etwa 15 bis 20 Jahre nur eine kleine Besatzung. Erst in domitianischer Zeit lassen sich wieder Baumaßnahmen im Kastell nachweisen, in einer Zeit, als die Reichsgrenze bereits über die Donau hinaus nach Norden verlegt worden war.

Nur 12 km nördlich von Oberstimm entstand unter dem Provinzprokurator C. Saturius in Kösching das Reiterkastell *Germanicum*. Inschriften überliefern weitere Gründungen in der kurzen Regierungszeit des Kaisers Titus donauaufwärts in Günzburg (77/78 n. Chr.) und in Eining (79/81) donauabwärts. Das Lager in Oberstimm erfüllte in der weiteren militärischen Ausbauphase vor allem Versorgungsaufgaben für die Truppen, die zuerst

Lageplan des Kastells und vermuteter Lauf der Brautlach in römischer Zeit: Schiffe mit Uferbefestigung, Hallenbauten und Kleinkastell.

nach Nassenfels und wenig später bis nach Pfünz sowie ins Vorland der Fränkischen Alb bis Gnotzheim und Weißenburg vorrückten. Mit dem Ausbau und der Sicherung der künstlichen Grenze, dem raetischen Limes, durch neue Auxiliarlager und Kleinkastelle hatte das Nachschubkastell Oberstimm in den 20er Jahren des 2. Jahrhunderts n. Chr. seine Aufgabe erfüllt.

Nur 300 m entfernt vom Auxiliarlager wurde aus der Luft ein Kleinkastell entdeckt. Die kleine Militäranlage ist von einem dreifachen Grabensystem mit innenliegender Palisade umwehrt. In der Mitte einer Schmalseite ist eine Unterbrechung für eine Tordurchfahrt zu erkennen. Das Luftbild zeigt im Kastellareal Spuren von Pfostengrundrissen der Innenbebauung. Aus dem Kleinkastell liegen noch keine Funde vor, so dass eine Datierung der Gründung noch nicht möglich ist.

Die Ausgrabungen im Kastell Oberstimm

Als 1892 die Reichslimeskommission durch Kaiser Wilhelm II. gegründet wurde, begann deutschlandweit die gezielte Suche nach römischen Kastellen. Der damalige Medizinalrat A. Vierling vermutete als erster in Oberstimm den Platz eines Lagers, dessen Umwehrung in der Folgezeit durch den Pioniermajor H. Witz bei kleinen Sondagen freigelegt wurde. Nach dem 2. Weltkrieg brachten die Beobachtungen von Rektor H. Kneitinger, der in den vielen Baugruben der Nachkriegszeit im Ort immer wieder römische Befunde feststellte, ein Bild von der großen Ausdehnung des Fundplatzes und schaffte so die Grundlage für die Forschungsgrabungen der Römisch-Germanischen Kommission. Heute ist Oberstimm das am besten untersuchte Auxiliarkastell an der westraetischen Donaugrenze. Von 1968-1971 untersuchte Hans Schönberger etwa ein Drittel des gesamten Kastellareals.

Seither fanden zahlreiche kleinere und größere Ausgrabungen in der Kastellfläche und in der umgebenden Zivilsiedlung statt.

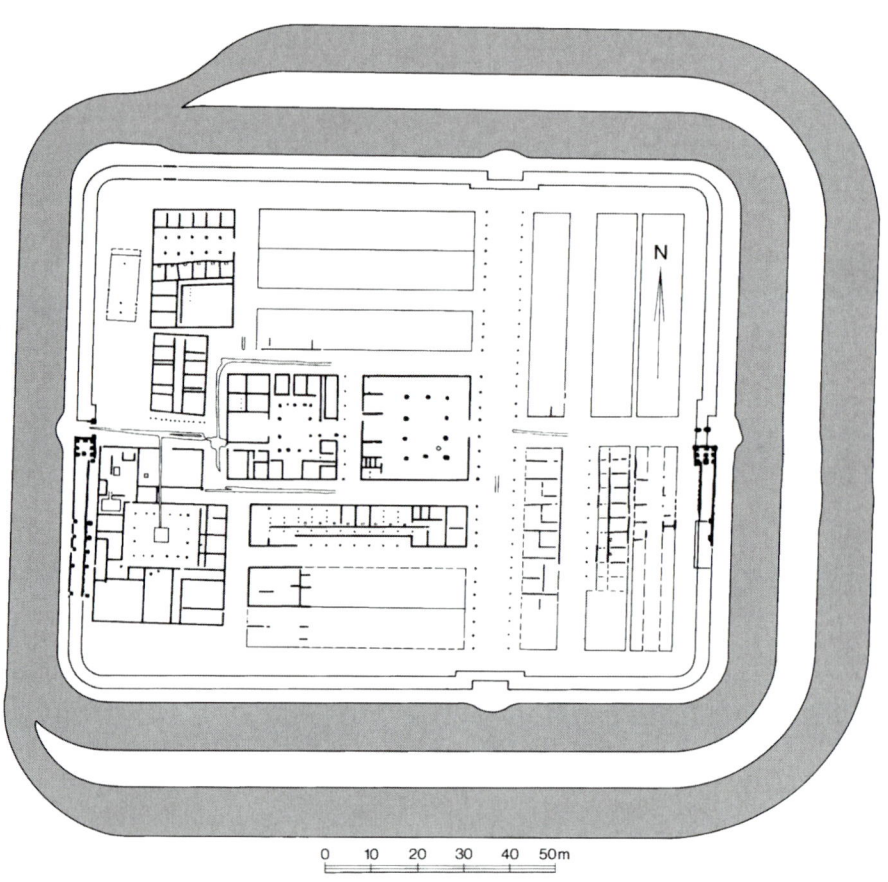

Auxiliarkastell Oberstimm mit Innenbebauung (Phase 1b nach Schönberger)

Das 1,44 ha große Lager befindet sich unter dem modernen Ort, wobei die Nordostecke heute etwa durch die Kirche markiert wird. Das Kastell war von einer Holz-Erde-Mauer mit Eck- und Zwischentürmen umwehrt und an drei Seiten mit einem Doppelgraben, im Westen nur mit einem einfachen Graben umgeben. In der Mitte jeder Seite stand ein von Türmen flankiertes Tor mit einer bzw. zwei Fahrspuren. H. Schönberger konnte in dem Kastell drei Bauphasen feststellen. In der Gründungszeit war die Innenfläche komplett in Holz ausgebaut, mit Baracken für die Mannschaften und den üblichen Zentralbauten (Phase 1a). Schon nach kurzer Zeit (Phase 1b) entstanden im rückwärtigen Lagerteil, der Retentura, einige Gebäude aus Stein: ein Magazinbau, ein Lazarett (valetudinarium) und ein Werkstattgebäude (fabrica). In der Praetentura, dem vorderen Lagerteil, lagen die großen Zentralbauten, von denen das Stabsgebäude (principia) und das Haus des Kommandanten (praetorium) ausgegraben wurden. Die Soldaten der Truppe waren weiterhin in Holzbaracken un-

tergebracht. Einige der Holzgebäude können auch als Stallungen für die Pferde interpretiert werden. Brauchwasser, das besonders für die Arbeiten in der Fabrica benötigt wurde, gelangte über ein Hebewerk von der nahegelegenen Brautlach in das Lager.

Die Errichtung des Lazaretts und das große Werkstattgebäude sprechen dafür, dass das Kastell neben der Grenzsicherung zusätzlich Versorgungsaufgaben für kleinere Truppenstandorte entlang der Donau übernahm. An einigen Steingebäuden lassen sich An- und Umbauten feststellen (Phase 1c), die vielleicht mit einem Truppenwechsel in Zusammenhang stehen.

Im Dreikaiserjahr zogen die Soldaten aus Oberstimm ab. Anders als an den Standorten donauaufwärts in Hüfingen, Rißtissen, Aislingen und Burghöfe wurde das Kastell aber in den Bürgerkriegswirren nicht zerstört.

In domitianischer Zeit erlangt das Lager als Etappenkastell wieder Bedeutung (Periode 2). Auf Steinfunda-

Römische Hallenbauten an der Brautlach vor der Ausgrabung (Luftbild O. Braasch 1981)

menten werden neue Zentralbauten errichtet, die Umwehrung auf der Ostseite wird nach außen verlagert und so die Innenfläche auf 1,66 ha vergrößert.

Die Funktion des Kastells als Versorgungsstation unterstreichen die beiden nur 350 m nordöstlich errichteten großen Hallenbauten. Die Gebäude lagen an einem Altarm der Brautlach und hatten eine Grundfläche von je etwa 1300 m². Vor der Ausgrabung zeigten sich aus der Luft regelmäßige Bewuchsmerkmale von großen Gruben, in denen die massiven Pfosten der Holzständerbauten steckten. Die beiden Speicher mit einem Fassungsvermögen von vielen Tonnen Getreide für die über die Donau vorrückenden Truppen mussten im Zuge von Neubaumaßnahmen 1982 ausgegraben werden.

Noch bis in spättrajanisch-frühhadrianische Zeit (115/125 n. Chr.) erfolgte von Oberstimm aus der Nachschub. Dann war die künstliche Grenze des Limes befestigt und der Platz südlich der Donau wurde militärisch bedeutungslos.

Die römische Zivilsiedlung

Mit dem römischen Militär zogen die Familien der Soldaten, Händler und Handwerker an die Standorte an der Donau und siedelten sich im Umfeld der Kastelle an. Als die Soldaten aus Oberstimm endgültig abzogen, blieb ein Teil der Zivilbevölkerung am Ort. Die Kastellgräben wurden einplaniert und überbaut. Die gesamte Ausdehnung des Vicus mit seinen Gewerbearealen ist noch nicht bekannt, erreicht aber nach den vielen Bauabschlüssen mit römischen Befunden im Ort mindestens eine Größe von 10 ha. Die übliche Vicusbebauung bestand aus langrechteckigen, so genannten Streifenhäusern aus Holzfachwerk. Im vorderen zur Straße gerichteten Teil lagen der Wohntrakt und Verkaufsräume, die gelegentlich unterkellert oder mit einer Hypokaustheizung ausgestattet waren. Im rückwärtigen Bereich lagen Werkstätten, Lagerräume und ein nicht überdachter Hofbereich mit Öfen und Brunnen.

Die Ausgrabungen in den Vicuspar-

zellen erbrachten reiche und qualitätvolle Funde. Zahllose Scherben von Gebrauchskeramik und wertvollem Tafelgeschirr (Terra Sigillata), Bronzetöpfe, Eisenmesser, Möbelbeschläge von Kästen und Truhen, Hausschlüssel, Schreibgriffel und Toilettengerät geben einen guten Einblick in die Alltagskultur der römischen Siedlung. Nach der Datierung der Funde bestand die Zivilsiedlung noch bis ins 3. Jahrhundert weiter.

Auch außerhalb des Kastells fand man Militaria wie z. B. 1997 in der Manchingerstraße einen vollständig erhaltenen Dolch (pugio) von der Waffenausstattung eines römischen Infanteristen oder 1994 auf dem Barthelmarktgelände die goldglänzenden Bronzebeschläge von Militärgürteln und Panzern.

Die römischen Schiffe auf dem „Barthelmarkt"

Die spektakulärste Entdeckung aus römischer Zeit im Bereich des Vicus waren zwei gut erhaltene Schiffswracks. Als die Römisch-Germanische Kommission am Ende der Grabungskam-

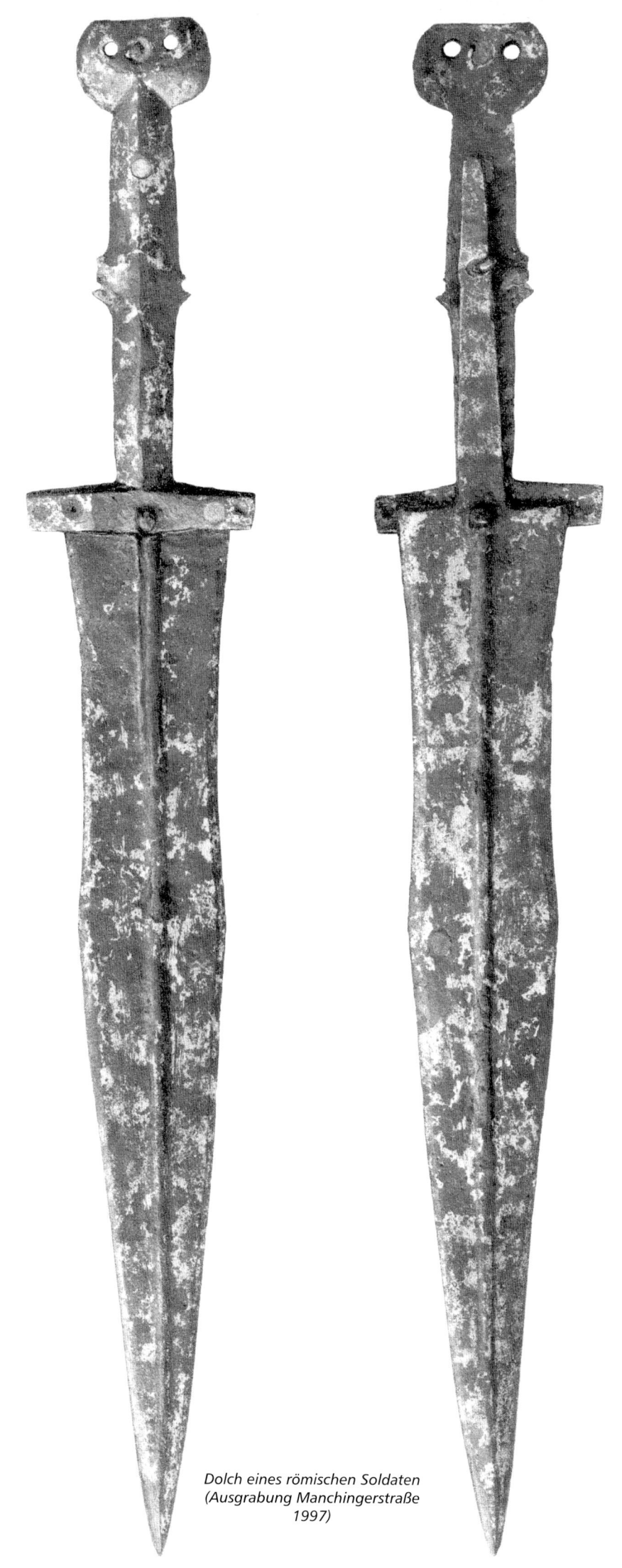

*Dolch eines römischen Soldaten
(Ausgrabung Manchingerstraße
1997)*

Militärische Ausrüstungsteile aus Messing und Kupfer im Zustand der Auffindung; Bereich der Schiffsgrabung auf dem Barthelmarkt. Durchmesser der großen Zierscheibe 5,5 cm.

pagne im Herbst 1986 noch einen Sondageschnitt anlegte, um die Umwehrung vor dem Westtor des Kastells zu untersuchen, staunten die Archäologen nicht schlecht über die Befunde, die sich in dem 1,9 m tiefen Schnitt zeigten. Unschwer zu erkennen, lagen im feuchten Boden die Planken von zwei teilweise übereinander liegenden Holzbooten. Der Suchschnitt hatte die Wracks etwa mittschiffs erfasst. Der sensationelle Fund wurde wieder mit der schützenden feuchten Erde bedeckt und erst acht Jahre später geborgen. Im Jahr der Entdeckung standen weder die Mittel für eine sachgerechte Ausgrabung noch Möglichkeiten zur Lagerung und Konservierung der beiden Boote zur Verfügung. Erst als 1994 im neu gegründeten Museum für Antike Schifffahrt des Römisch-Germanischen Zentralmuseums in Mainz die technische Ausstattung und Kapazitäten zur Konservierung der Schiffe bereitstanden, konnte dieser Jahrhundertfund in Zusammenarbeit mit der Römisch-Germanischen Kommis-

sion und dem Bayerischen Landesamt für Denkmalpflege ausgegraben werden. Heute liegen die Boote konserviert und restauriert bereit und sollen im zukünftigen Kelten- und Römermuseum in Manching einen neuen Heimathafen finden.

Die beiden Schiffe waren in erstaunlich gutem Zustand im Boden erhalten. Sie sind noch etwa 15 m lang und hatten ursprünglich etwa eine Länge von 19 m. In der Mitte ist der Schiffskörper etwa 3 m breit.

Die Außenhaut besteht aus Weichholz (Kiefer), die tragenden Teile aus Hartholz (Eiche). Die Planken sind mit einer Nut- und Federkonstruktion verbunden, weitere Bauteile mit Holzdübeln, Eisennägeln und Klammern. Die Außenhaut und der innere Boden waren durch einen Überzug aus Pech vor eindringendem Wasser geschützt. Zwischen den Planken diente tordierter Lindenbast zur Abdichtung der Fugen. In Bauart und Ausstattung sind die Wracks mit mediterranen Schiffen

vergleichbar, eine Seltenheit im Raum nördlich der Alpen.

Bei beiden Booten handelt es sich um Ruderschiffe mit fünf bzw. zehn Ruderbänken. Beide zeigen jedoch im vorderen Bereich auch Haltevorrichtungen für einen Segelmast.

Vermutlich wurden die Schiffe als Patrouillenboote auf der Donau eingesetzt, denkbar wären auch Transportaufgaben in beschränktem Umfang. Wie groß der Wirkungsradius der Schiffsüberwachung von einem Standort aus war, lässt sich nicht sagen. Die Schiffsanlegestelle dürfte an der ehemaligen Donaumündung unweit der Hallenbauten zu suchen sein.

Nach der Jahrringanalyse der Hölzer läßt sich die Bauzeit in die Jahre kurz vor bzw. wenig nach 100 n. Chr. datieren. Die Schiffe waren demnach im Einsatz, als die Vorverlegung der Donaugrenze in vollem Gange war und von Oberstimm aus die Nachschubversorgung der vorrückenden Truppen gesichert wurde. Als gegen Ende der 20er Jahre des 2. Jahrhunderts Ausbesserungsarbeiten an der Uferbefestigung vor dem Kastelltor durchgeführt wurden, lagen die beiden Boote bereits gesunken am Grund der Brautlach. Ein 118 n. Chr. geschlagener Eichenpfahl wurde durch einen Schiffsrumpf hindurch in den Boden gerammt. Die Boote könnten demnach rund 20 Jahre im Einsatz gewesen sein und wurden bereits vor dem endgültigen Abzug des Militärs aus Oberstimm außer Dienst gestellt.

Literatur

R. Bockius, Die römerzeitlichen Schiffsfunde von Oberstimm in Bayern. RGZM Monographien 50 (Mainz 2002).

K. Dietz, Okkupation und Frühzeit. In: W. Czysz, K. Dietz, T. Fischer u. H. J. Kellner, Die Römer in Bayern (Stuttgart 1995) 18 - 99.

J. Drexler-Herold u. A. Wegener-Hüssen, Landkreis Pfaffenhofen a. d. Ilm. Denkmäler in Bayern Bd. I.19 (München 1992) 134 - 137.

C.-M. Hüssen, Römische Lager an der Donau in Ingolstadt-Zuchering. In: W. Czysz / C.-M. Hüssen / H.-P. Kuhnen u. a. (Hrsg.), Provinzialrömische Forschungen. Festschrift für Günter Ulbert zum 65. Geburtstag (Espelkamp 1995) 95 - 110

C.-M. Hüssen, K. H. Rieder u. H. Schaaf, Die Römerschiffe in Oberstimm Ausgrabung und Bergung. Das archäologische Jahr in Bayern 1994 (1995) 112 - 116.

C.-M. Hüssen, K. H. Rieder u. H. Schaaf, Römerschiffe an der Donau. Archäologie in Deutschland 1995, H. 1, 6 - 10.

K. H. Rieder, Römische Hallenbauten bei Oberstimm. Das archäologische Jahr in Bayern 1982 (1983) 101 - 103.

Die beiden römischen Patrouillenboote auf dem Barthelmarktgelände während der Ausgrabung

H. Schönberger, Kastell Oberstimm. Die Grabungen von 1968 - 1971. Limesforschungen 18 (Berlin 1978).

H. Schönberger, H.-J. Köhler u. H.-G. Simon, Neue Ergebnisse zur Geschichte des Kastells Oberstimm. Bericht der Römisch-Germanischen Kommission 70, 1989, 243 - 319.

A. Stettmer, Die Tierknochenfunde aus dem Kastell Oberstimm (Grabungen 1994). München, Tiermedizinische Dissertation (München 1997).

G. Ulbert, Zum claudischen Kastell Oberstimm (Ldkr. Ingolstadt). Germania 35, 1957, 318 - 327.

Rekonstruktion eines römischen Ruderschiffs mit Segel aus Oberstimm

Landkreis
PFAFFENHOFEN a.d. Ilm

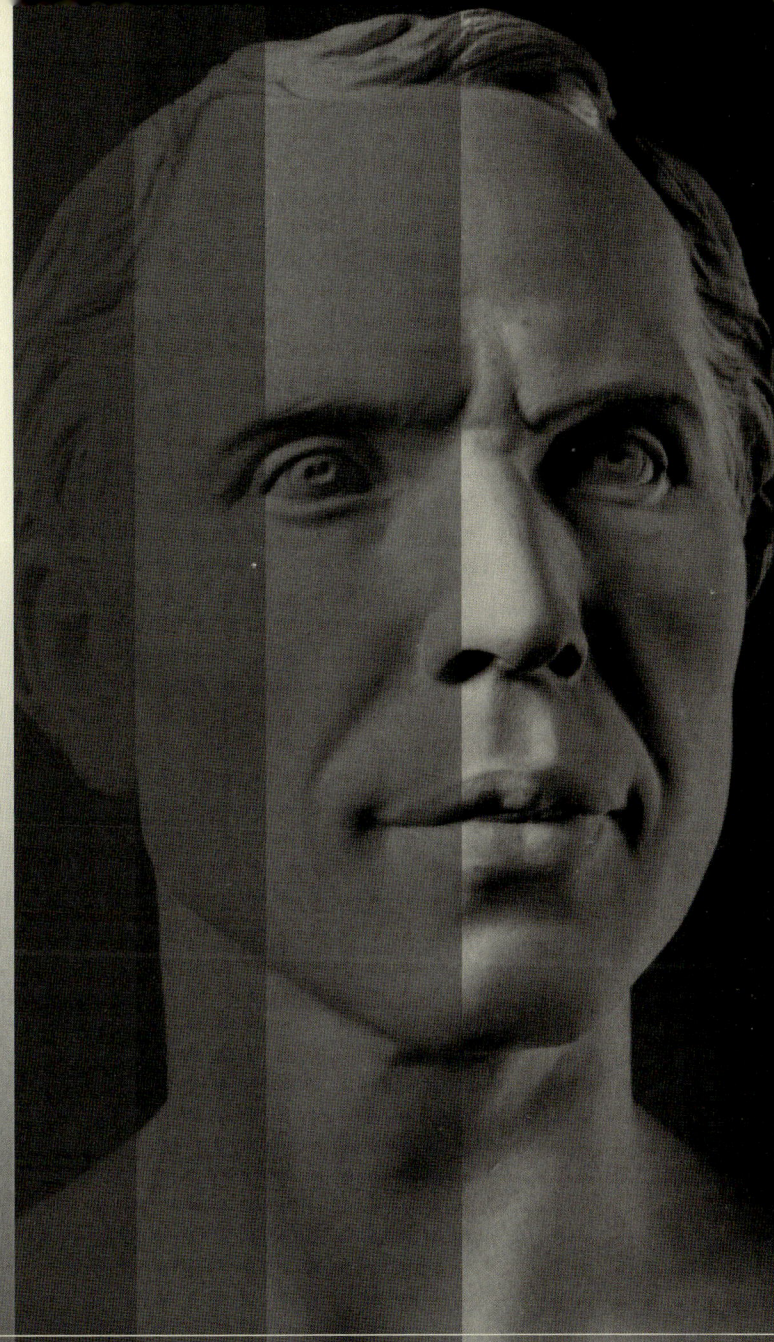

Ein Leben für
Dialekt und Sprache

Johann Andreas Schmeller (1785 - 1852)

Dr. Heribert J. Gleixner

Dr. Heribert J. Gleixner

Prägende Kindheit

Tirschenreuth
Johann Andreas Schmeller, in Tir-schenreuth geboren, kam als kleines Kind mit seinen Eltern und seinen Geschwistern in die Hallertau. Die erste Station war Gambach.

Bald hat sein älterer Bruder in Rinn-berg (heute ein Ortsteil von Rohr) die neue Heimat ausgekundschaftet. Der Vater hat das Rinnermaieranwesen, ein kleines Gütlein, kaufen können.

Rinnberg: Papiersiegel der Kaufur-kunde

Das Vaterhaus

In den Jahren seiner Kindheit ist Schmeller für seine Lebensaufgabe geprägt worden, charakterlich und sprachlich. Er lebte zwischen dem oberpfälzischen Idiom seines Elternhauses und dem oberbairischen seines Heimatdorfs. Auch noch die Kinder des Nachbarortes Pörnbach in die deutsche Sprache einzuführen, ihnen, schlicht gesagt, Lesen, Schreiben und Rechnen beizubringen, das hätte den elfjährigen André fast überfordert. Alle Widrigkeiten überwand er mit Fleiß, Konsequenz, harter Arbeit, Ernst und Durchhaltevermögen. Sein Spitzname war nicht umsonst „Habemut"!

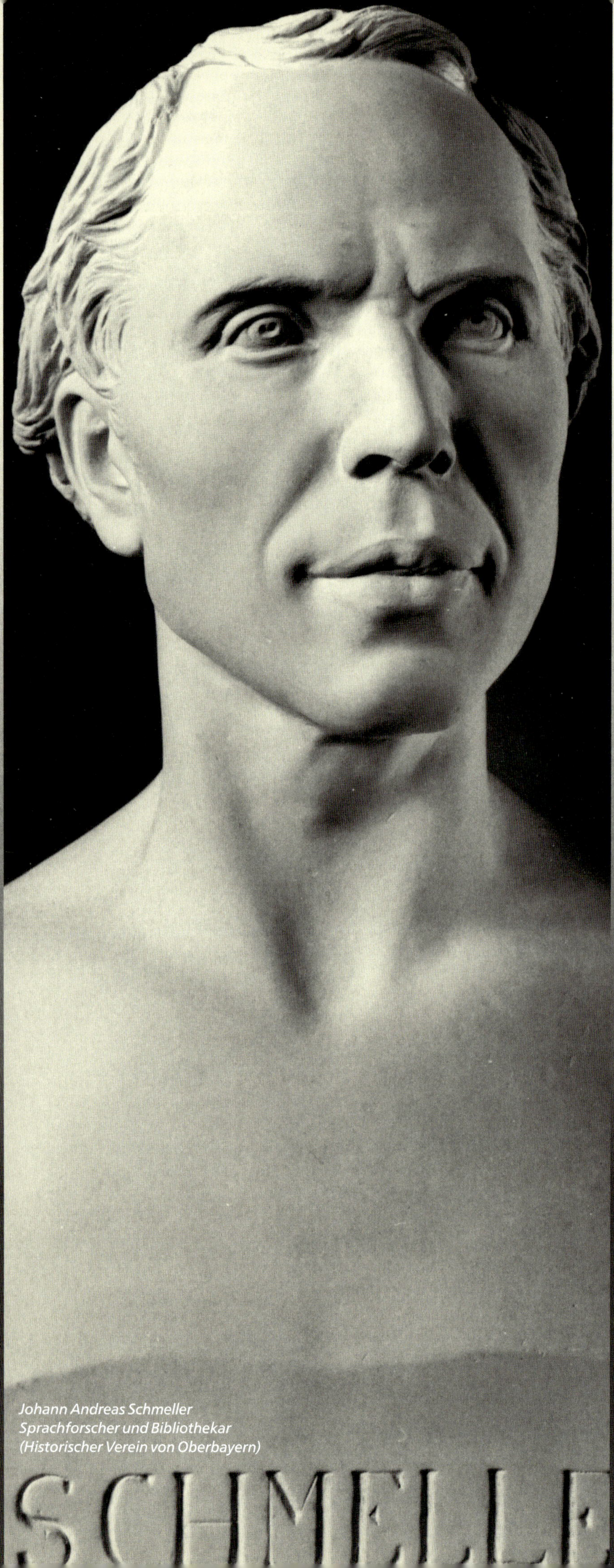

Johann Andreas Schmeller
Sprachforscher und Bibliothekar
(Historischer Verein von Oberbayern)

SCHMELLE

Kein Herz wie Mutterherz, kein Haus wie Vaterhaus!

may 1817.

Rinnberg: Schmellers Vaterhaus (Handzeichnung Schmellers)

Die Eltern

Seine Mutter war eine herzensgute Frau, in ihrer Jugend die Schönheit des ganzen Gaus, in Rinnberg die Seele des Hauses. Trotz der ärmlichen Verhältnisse und der gewaltigen Umwälzungen seiner Zeit, die sich auch auf den engeren Lebensbereich auswirkten (Einmarsch der Franzosen, Verlegung der Ingolstädter Schule nach Landshut) fand Schmellers Vater immer Mittel und Wege, um seinem Buben doch eine höhere Schulbildung zukommen zu lassen (Kloster Scheyern, Ingolstadt, Lyzeum in München, heute: Wilhelmsgymnasium). Ein unbekannter Bauer ermöglichte das erste Schuljahr in Scheyern.

Schmeller hat an der Kirche in Rohr eine Gedenktafel anbringen lassen; sie erinnert heute noch an seine Eltern.

Abt Jelmiller nimmt Schmeller nach Wiedereröffnung der Schule nicht auf.

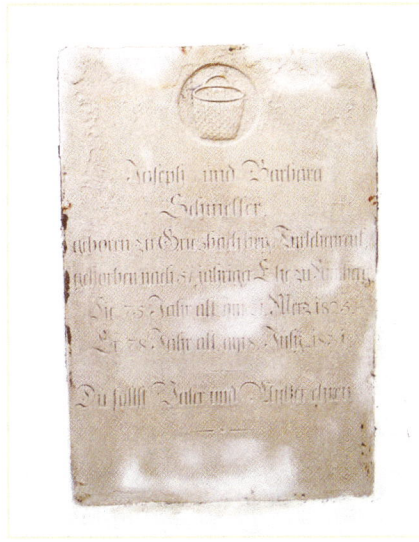

Gedenktafel für Schmellers Eltern an der Kirche in Rohr

Scheyern Kloster: Beginn der höheren Schulbildung

Schloss und Kirche von Rohrbach

Herrschaft Rohrbach

Rinnberg gehörte zur Herrschaft (Hofmark) von Rohrbach. Und somit wurde Schmellers Vater Untertan der Herren von Rohrbach, zuerst derer von Dürsch und dann der Edlen von Koch. Schmeller hat die Grundherrschaft immer als drückend und ungerecht angesehen, auch wenn er persönlich mit den Herrschaften durchaus zurecht kam. In seinem Bayerischen Wörterbuch spielen besonders das Ehaftbüchlein (eh' und je gültiges Rechtsbüchlein) der Hofmark und die drückenden Abgaben an die Herrschaft eine besondere Rolle.

Frau von Dürsch

Nach der Auflösung der Schule in Ingolstadt hat die Herrin von Rohrbach Frau von Dürsch den finanziellen Absturz aus eigenen Mitteln verhindert.

Sie hat Schmeller die Fortsetzung seiner Gymnasialausbildung in München ermöglicht. Von ihr ist leider kein Bild bekannt.

Der Umbau und die Barockisierung des Schlosses haben offensichtlich die Finanzen der Familie Dürsch erschöpft. Als sie verarmt war, hat Schmeller seine Gönnerin gelegentlich unterstützt.

Die Edlen von Koch

Alois Edler von Koch hat damals Schloss und Hofmark Rohrbach ersteigert.

Agnes von Koch

Pfarrei Rohr

Der Ortspfarrer Anton Nagel von Rohr war ein bedeutender Vertreter der katholischen Aufklärung seiner Zeit. Er hat den Buben wegen seines außergewöhnlichen Talents nach Kräften gefördert.

Das Pfarrhaus in Rohr wurde von einem Spitzbuben angezündet. Pfarrer Nagel hat das neue Haus konzipiert.

Alois von Koch

Es atmet seinen Geist.

Pfarrhof von Rohr nach den Plänen Pfarrer Nagels erbaut

Am Rande des Abgrunds

Franzosenzeit: Revolutionskriege

Die Revolutionskriege haben den jungen Lateinschüler Schmeller schwer getroffen: Die Scheyerer Schule wurde geschlossen. Nach der Wiedereröffnung hat ihn Abt Jelmiller nicht mehr aufgenommen.

Franzosenstein von Rottenegg: Grabstein für den gefallenen General Lambert (Datierung nach dem französischen Revolutionskalender)

Erzieher

Seit seinen ersten Erfahrungen mit dem Unterrichten blieb bei Schmeller das Interesse an der Erziehung wach. Er schrieb nach Abschluss des Lyceums (Gymnasiums) ein ABC-

Pestalozzi (Kupferstich von Laurenz)

Büchlein und setzte große Hoffnungen auf den wirtschaftlichen Erfolg seiner Arbeit.

Umsonst, immerhin öffnete es ihm die Tür zu dem angesehensten Reformpädagogen der Zeit, zu Pestalozzi. In Zeiten der Not war er zu ihm in die Schweiz geflohen. Wirklich helfen konnte ihm dieser auch nicht.

Rekrut in einem Schweizer Regiment

Es schien als sollte der Vater Recht behalten mit seiner Warnung: „Andrée, Dei Sach taugt nix!"

Aus existentieller Not ließ sich Schmeller schließlich vom Solothurner Regiment für die spanische Krone anwerben. Ergreifend ist sein Tagebucheintrag aus dieser Zeit: In tiefer Niedergeschlagenheit denkt er zurück an seine Heimat, seine Familie in Rinnberg. Schmeller kehrt aus Spanien in die Schweiz zurück und hält sich noch mit ein paar pädagogischen Aufträgen über Wasser.

Franzosenzeit: Napoleonische Herrschaft

Die Revolutionskriege hatten schon Schmellers Ausbildung an der Deutschen Schule in Scheyern unterbrochen.

Transport No. 10

In Diensten Jhro Königl. Kathol. Majestät Karl III,
König in Hispanien, und Indien ec.

Es nimmet Dienst, als _Gemeiner an derselb Schwaller_
geburtig von _Nürschweiblichen Kirchfeld_
18 Jahr alt, 5 Schuhe 2 Zoll — Lin. hoch, katholischer Religion, unter das
Hochlöbl. Schweizer - Regiment _Schwaller_
auf vier Jahr; und verspriche ihm Monat - Sold
Hand - Geld 8. _Großse Französisch Thaler_

ohne Abzug; auch nach verflossener Zeit, und Abrechnung [wofern er der Compagnie nichts
schuldig] solle ihm sein ehrlicher Abschied mitgetheilt werden.

Kraft dieses habe mich eigenhändig unterschrieben, und mit meinem Pettschaft bekräftiget.

Gegeben in _Schlossheim_ den 23t Juny Anno 1804.

a)   b)

Einschreibung in das spanische Regiment a) Hauptmann Voitel b) Rekrutenrodel Schmellers

Von Napoleon war Schmeller anfangs fasziniert: Er war für ihn der jugendliche Vorkämpfer für die Ideale der Aufklärung und der französischen Revolution.

Napoleon erhebt Bayern zum Königreich 1806; hier: Hochzeit von Napoleons Stiefsohn Eugène Beauharnais mit Auguste Amalie, Prinzessin von Bayern.

Von dem Diktator Napoleon wendet er sich jedoch enttäuscht und entsetzt ab, hin zum bayrischen Patriotismus und zum deutschen Nationalismus.

Die Katastrophe von 1812

Napoleons katastrophale Niederlage in Russland bringt für Schmeller die Wende in seiner beruflichen Existenz.

Napoleon stürzt das Direktorium 1799

Bierkrug-Deckel (Privatbesitz). Bitsch und Batsch! oder wie die Baiern die Apostel der „napoleonischen Civilisation" empfangen haben.

Bairischer Offizier

Die bairische Armee ist zusammen mit der französischen Napoleons auf dem Rückzug von Russland vernichtet worden. Alle verbliebenen bayrischen Männer wurden vom König aufgerufen, zu den Fahnen zu eilen. Auch Schmeller bewarb sich um eine Stelle, möglichst als Offizier, und wurde im Frankreichfeldzug gegen den Napoleon der 100 Tage eingesetzt. Die Beteiligung der bayerischen Armee war militärisch unbedeutend, eher symbolisch. Bayern war ja bis zum Vertrag von Ried (1813) Bundesgenosse Napoleons gewesen.

Max I. Joseph, König von Baiern

Nach dem Krieg wurde der Offizier Schmeller als Beauftragter der Armee an die Bayerische Akademie der Wissenschaften delegiert. Sie war damals eine liberale Gegenspielerin gegen die jesuitisch dominierte Universität. In der Akademie konte er endlich sein Talent voll entfalten.

Wissenschaftler

Bairische Sprache: Grammatik und Wörterbuch

Bayern hatte durch Mediatisierung und Säkularisation einen ungeheuren Zuwachs an Land und Leuten bekommen.

Ludwig I., König von Baiern

Kronprinz Ludwig wollte die innere Konsolidierung des Königreichs durch eine behutsame Sprachpolitik fördern. Diesem Ziel sollte ein Wörterbuch der bairischen Sprache dienen. Schmeller erarbeitete einen Werkplan und erhielt den Zuschlag, für ein Jahr mit einer besonderen Dotierung Ludwigs ausgestattet.

Als erstes erarbeitete er eine bairische Grammatik, die heute noch unentbehrlich ist. Im Wörterbuch erfasste er die bayerischen Dialekte unter einem schriftsprachlichen (hochbayerischen) Stichwort und listete darunter ihre mundartlichen Varianten auf. Dann gab er die deutsche schriftsprachliche Entsprechung an - Deutsch hat keine Mundart - und fügte sprachgeschichtliches und kulturgeschichtliches Material als Belege an. Als Endfassung schwebte ihm eine bairische Enzyklopädie vor. Schon das ausgeführte Werk weist neben

> Die Hallertau (Halledau), Gegend zwischen der Ammer, Ilm und Abens; (Hall-wert-Au, Halbert-Au? Cf. Hallartsberg, Hallesberg; Vallhausen, Nachtr. z. Urgesch. p. 280. "Wernhart de Halarteshusen", circa 1065; MB. XIV, f. 189). Wölze' (Wolnzach aus Wolmuotesaha: "Vuolamuot monachus Fuldensis", † 886; Aug. Jes. 12), Anglstad (Nandelstat, Nandoltstat) und Au san' di drei gröst'n Städt i~ de' Haledau. "Ein Meil Wegs von Moßburg in der Hallerthaw bey dem Dorf Gammelsdorf"; Avent. Chr. 480. "In der Hallerthau und Pfaffenhofen"; Lctg. v. 1612, p. 364. "Da sindt die veindt (von Pfaffenhofen weg) durch die hallerthaw wider heymwertz auf Moßpurg zuegezogen", (Juny 1504), Cod. bav. 1933, f. 99. Die Schweden haben 1632 sonderlich in der Hallerthau gewüthet; Schreiben Mar's, CMh. 409, f. 351. Gießer von Degernbach in der Hallerthau; Freyb. Samml. III (Hund III), p. 341. In den Berichten des b. Landboten über den Münchner Hopfenmarkt (z. B. 1852, S. 84) ist der "Holedauer" ein stehender Artikel. Appian und Fink schreiben auf ihren Karten Halberthau; in Krenner's Lohbl. XVIII, 221, ad 1511 heißt sie die Harrartau, während MB. XX, 395, ad 1450 in München ein Halertauer vorkommt. "Ulricus Harlatauer procurator consistorii Salzburgensis" (1409), Cgm. 3941, f. 189a. (Etwa Harlant, Personenname, Herrant. Vrgl. Förstemann I, 626. 630). hallertauerisch gen, in der Tracht der Weibspersonen dieser Gegend. Als Seitenstück zu einem gewissen Pinzgauerischen Wallfartsliede gibt es ein Hallertauerisches, in welchem es heißt:
>
> "Heiliger St. Castulus und unser liebe Frau! du wirst uns kennen, sind aus der Hallertau. Sollten unser neune seyn, und sind nur unser drey, sechse sind beym Schimmelstehlen; Maria sieh uns bey!"

Artikel „Die Hallertau" aus dem Bayerischen Wörterbuch

der Fülle sprachlicher Erläuterungen großartige Hinweise auf Eigenheiten des bayrischen Volkes, auf soziale und politische Fragen seiner Zeit auf.

Begründung der Germanistik

Neben seiner Arbeit an der Akademie und am Bayrischen Wörterbuch vertiefte sich Schmeller in die neu entstehende Wissenschaft von der deutschen Sprache, in die Germanistik. Er zählt zu ihren Mitbegründern und wurde von Jacob Grimm, der anerkannten Führungsgestalt dieser Zunft, hoch geschätzt, geradezu verehrt.

Als echter Oberpfälzer war Schmeller

Gebrüder Grimm

kein Freund von vielen Worten und blumigen Erklärungen. Seine Sache war die exakte Analyse der althochdeutschen Schriften, das sorgfältige Lesen der Handschriften und die kritische Ausgabe der Werke.

Einen besonderen Rang nimmt dabei die Ausgabe der Evangelienharmonie des Tatian ein. Neben dieser althochdeutschen Bearbeitung, die Schmeller herausgab, sind fünf anderssprachige Versionen aus dem Mittelalter überliefert. Damit hatte die neue Wissenschaft ein reiches Vergleichsmaterial und festen Boden unter den Füßen.

Doctor honoris causa und Professor

Siegelring mit Hopfakirm

Auf Grund seiner Verdienste um die Germanistik wurde Schmeller zum Doctor h.c. promoviert und erhielt eine Professur an der Universität. Er hatte nie das Glück gehabt, selbst an einer Universität studieren zu können.

Als Professor war er siegelberechtigt. Als Emblem wählte er die „Hopfakirm". Leider wurde das Bild einmal von einem Unkundigen als Bienenstock gedeutet und geistert seitdem in dieser Deutung weiter durch die Schmellerliteratur.

Carmina Burana

Mit seiner Ausgabe der Benediktbeurer Liederhandschrift („Carmina Burana"), die neben den lateinischen auch Lieder in mittelhochdeutscher Sprache enthält, hat Schmeller noch im 20. Jahrhundert große Wirkung entfaltet: Carl Orff war darauf aufmerksam geworden. 1937 erschien sein szenisches Oratorium, und es hat bis heute durchschlagenden Erfolg.

Bibliothekar

Wenig beachtet wird heute meist die Arbeit des Bibliothekars. Noch zu Schmellers Zeiten hing aber der wissenschaftliche Fortschritt ganz wesentlich von den Leistungen dieser Zunft ab und von dem Zustand seiner Institution. Nur so weit, wie der Bibliothekar das Fenster in die Welt der Wissenschaft öffnete, war diese auch wirklich zugänglich. Und nur so gut, wie der Bibliothekar seine Buchbestände geordnet hatte, war ein Zugriff überhaupt denkbar.

Säkularisation

Die Säkularisation hatte für die Hofbibliothek in München eine schier unlösbare Aufgabe geschaffen. Nach einer Hochrechnung besaß sie damals 355.424 Bände (ohne Doubletten) gedruckte Bücher und 18.600 Handschriften. München war damals die bedeutendste Bibliothek Europas nach der von Paris, der Zahl der Bände nach gerechnet vielleicht sogar größer.

Bibliothekssaal von Scheyern

Die Bestände der Klöster und Kirchen waren zwar von besonderen wissenschaftlichen Kommissionen gemustert worden und alles je nach Wert der königlichen Hof- und Staatsbibliothek, den Hohen Schulen und Gymnasien vermacht worden.

Die gewaltigen Berge an Buchschät-

zen waren mehr oder weniger planlos in zufällig verfügbaren Räumen angehäuft. Das neue Bibliotheksgebäude musste erst errichtet werden.

Staatsbibliothek München (Führer, Autor J. A. Schmeller)

Und niemand wusste so richtig, wie man mit diesem Bücherhaufen umgehen sollte. Vor allen Dingen hatten natürlich die Kataloge, Repertorien und Inventarlisten der alten Eigentümer keinen praktischen Wert mehr, weil alles drunter und drüber ging, mehr oder weniger wie Kraut und Rüben durcheinander.

Mit einem imposanten Neubau wurden die räumlichen Voraussetzungen

Schmeller Porträt
Kupferstich von K. A. Helmsauer (um 1844)

für eine Neuordnung geschaffen. Aber es wurde heftig gestritten um die Frage, nach welchem Plan die Bibliothek aufgestellt werden solle.

Neuordnung der Bestände

‚Wohl gemeint und nicht durchdacht', das ist oft das Schlechteste, was man in einer solchen Situation machen kann. Ein Vorgänger Schmellers hatte die Idee, die Bestände systematisch nach Sachgruppen zu ordnen, ist aber als Einzelkämpfer kläglich daran gescheitert. Jetzt waren auch noch die alten Strukturen in wesentlichen Bereichen zerstört. Schmeller hat nun durchgesetzt, dass die ursprünglichen Bibliotheken zum größten Teil wieder nach ihren alten Eigentümern und in ihrer alten Ordnung aufgestellt wurden. Der Zugang war wieder erschlossen. Aber auch der persönliche Charakter dieser Zeugnisse von der geistlichen Tradition unserer Heimat wurde so bewahrt.

Die Handschriftenabteilung der Bayerischen Staatsbibliothek verdankt ihm ihre grundlegende Strukturierung. Sein Porträt prangt noch heute in ihrem Lesesaal.

Lebensmut Schmellers

„Habemut" Schmeller ist zwar keine tragische Figur, aber durch sein Leben zieht sich in jeder Phase eine Strähne bitterer und unerwarteter Zurücksetzung. So darf man an ihm neben seiner wissenschaftlichen Leistung auch die ungeheure physische und moralische Kraft bewundern, mit der er bis zuletzt alle Schwierigkeiten überwand oder doch wenigstens gegen sie angekämpft hat.

Ehrungen

Schmellers Büste wurde in der Ruhmeshalle unter der Bavaria aufgestellt.

Die Johann-Andreas-Schmeller-Gesellschaft verleiht die Schmellermedaille für besondere Verdienste um die bairische Sprache.

Der Landkreis Pfaffenhofen wahrt seinem großen Mitbürger ein ehrendes Gedenken: Bereits zwei Jahreshefte der Hopfakirm sind seinem Andenken gewidmet.

Das Ehrenmal von Rinnberg wurde zum 150. Todestag von der Heimatgemeinde neu gestaltet.

Landkreis
PFAFFENHOFEN a.d.Ilm

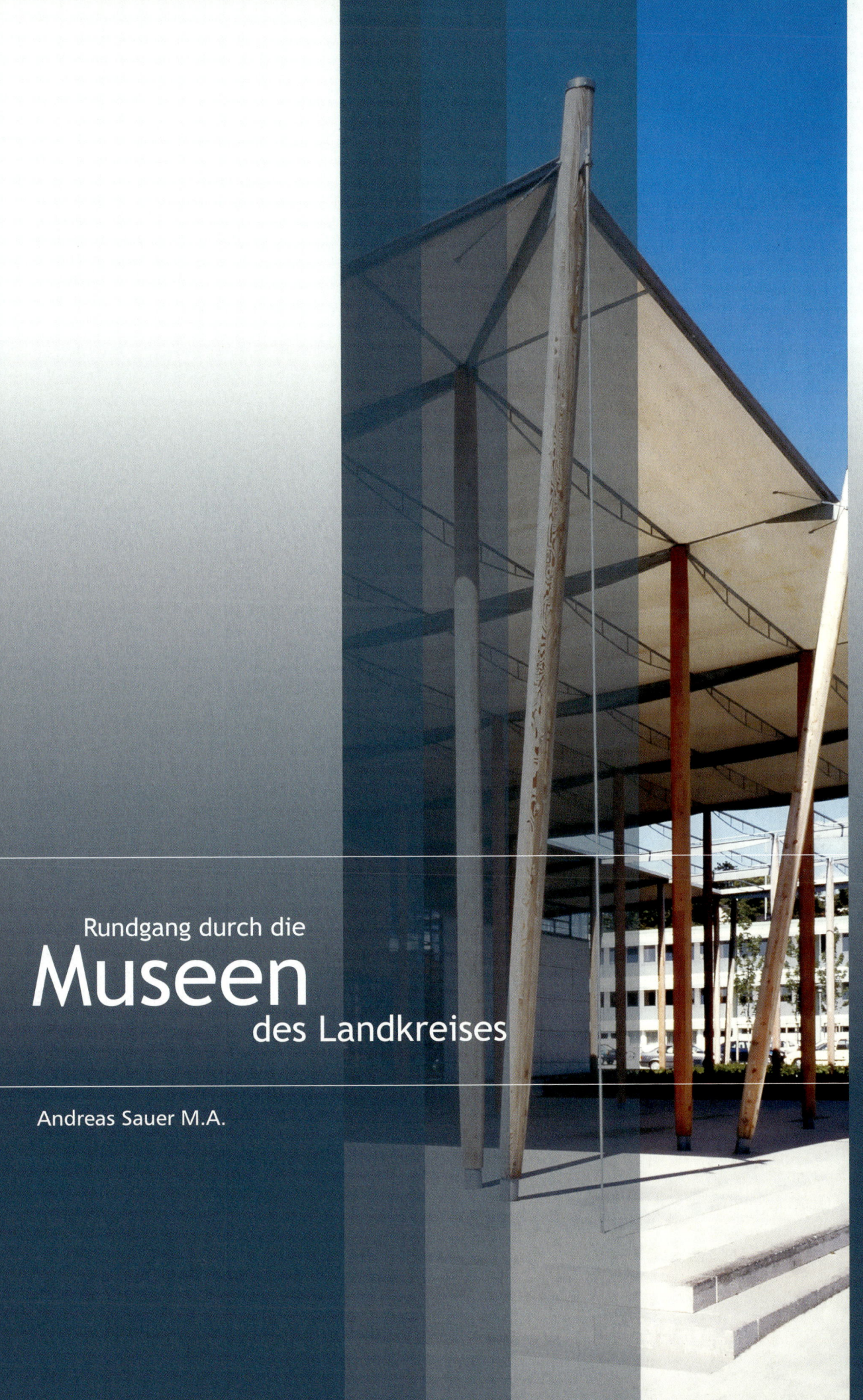

Rundgang durch die
Museen
des Landkreises

Andreas Sauer M.A.

Andreas Sauer M.A.

Joseph-Maria-Lutz-Museum Pfaffenhofen a.d.Ilm

Die Stadt Pfaffenhofen hat einem ihrer berühmtesten Söhne, dem weit über die Grenzen Bayerns hinaus bekannten Heimatdichter Joseph Maria Lutz (1893-1972), ein ganz besonderes Andenken bewahrt. Der umfangreiche Nachlass des Dichters, seine Manuskripte, Bücher, persönliche Fotos, die Einrichtung seines Arbeitszimmers und Kleinodien aus seinem Privatbesitz, ist seit dem Jahr 1990 im sog. „Flaschlturm", einem ehemaligen Turm der Pfaffenhofener Stadtmauer, untergebracht.

Die Sammlung gewährt Einblicke in Leben und Werk des großen Pfaffenhofener Dichters. Auf geschichtsträchtigem Boden wird das umfangreiche Werk von Lutz für den Museumsbesucher geradezu „sichtbar". Auf diese Weise wird die Leistung des bis heute gerne und oft gespielten Dichters, der u.a. mit dem Stück „Der Brandner Kaspar schaut ins Paradies" große Bekanntheit erlangt hat, angemessen gewürdigt.

Heimatmuseum Mesnerhaus Pfaffenhofen a.d.Ilm

Vor gut 100 Jahren im Jahr 1903 entstanden, beherbergt das im alten Mesnerhaus untergebrachte Heimatmuseum der Stadt Pfaffenhofen a.d.Ilm (Museum für religiöse Volkskunst) eine umfangreiche Sammlung von Gegenständen sakraler Kunst und Zeichen der Volksfrömmigkeit aus unserer Region. Besondere und seltene Stücke aus Kirchen der Umgebung, darunter kunstgeschichtlich bedeutende Kreuze, Holzfiguren und Wachsmodeln, sowie Gemälde, Hinterglasbilder, Fatschenkindl und Wachsarbeiten zählen zu den Schätzen des Museums. Bruderschaftsfahnen und Marterl aus dem 18. und 19.

![Blick in das Joseph-Maria-Lutz-Museum]

Blick in das Joseph-Maria-Lutz-Museum

Jahrhundert ergänzen die wertvollen Bestände des Museums.

Auch Zunftzeichen alter Gewerbe wie Hafner und Metzger zeigen anschaulich Handwerkskunst des 18. Jahrhunderts. Frühere Einrichtungsgegenstände aus Bauernstuben und Trachtenstücke aus unserem Raum gewähren Einblicke in das bäuerliche Alltagsleben, zeigen die Kleidung der Landbevölkerung und dokumentieren die Ausstattung der Häuser.

Untergebracht ist das Museum an geschichtsträchtiger Stelle. Im in den Jahren 1976 bis 1978 sorgfältig restaurierten alten Mesnerhaus von Pfaf-

Ein Wachsmodel des Museums

Das Heimatmuseum nach der Renovierung des Mesnerhauses

fenhofen in der Scheyerer Straße hat es in zwei Stockwerken wunderschöne Räumlichkeiten für Dokumentation und Ausstellung seiner Stücke erhalten.

Das Geisenfelder Heimatmuseum hat im 1626 erbauten alten Rathaus von Geisenfeld eine wunderschöne Bleibe erhalten.

Hallertauer Hopfen- und Heimatmuseum Geisenfeld

Das Hallertauer Hopfen- und Heimatmuseum in Geisenfeld ist im wunderschönen Rathaus der Stadt Geisenfeld untergebracht, das im Jahr 1626 im Stil der Renaissance erbaut wurde. Eingerahmt von der historischen Umgebung wird dem Besucher ein Markenzeichen unserer Gegend anschaulich und ansprechend vermittelt: Hopfenverarbeitung, Bierherstellung und typische Utensilien aus der Hallertau. Geisenfeld als Geburtsstätte des Hopfenbaues - bereits im 8. Jahrhundert wird der Ort im Zusammenhang mit dem Hopfen erwähnt - bietet mit dem Museum einen lebendigen Spaziergang durch ein Stück Kulturgeschichte unseres Raumes. Es dokumentiert den Hopfenanbau von den ersten Handgriffen bis zum Brauereiwesen und stellt auch alte Handwerke vor, wie etwa die untrennbar mit der Bierproduktion und -lagerung verbundene Schäfflerei. Auch die Haller-tauer Tracht wird im Museum in Geisenfeld gezeigt und dokumentiert eine Besonderheit unseres Landkreises. Der Verein „Hallertauer Hopfen- und Heimatmuseum" hat seit seiner Gründung vor gut 20 Jahren mittlerweile eine Mitgliederzahl von über 200 erreicht. Auf dieser guten Basis gelingt es, mit Führungen und Ausstellungen an die Öffentlichkeit zu treten und Heimatgeschichte lebendig zu präsentieren.

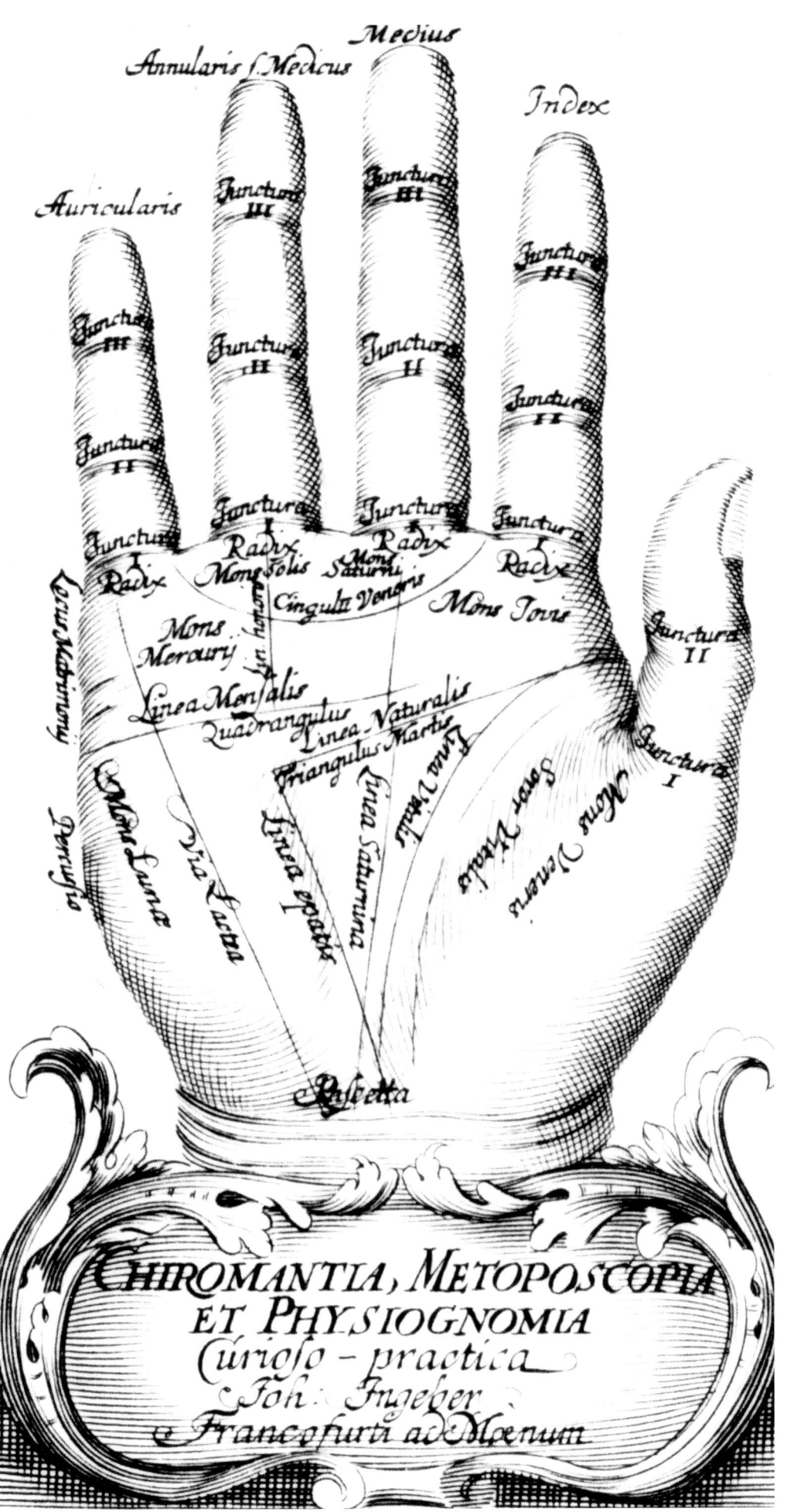

„Die Linien und Berge der Hand" (1698)

Museum „Kultur-geschichte der Hand" Wolnzach

Ein ungewöhnliches aber, wie die Erfahrung mittlerweile zeigt, sehr interessantes Thema wird auf 250 qm

Das „Markenzeichen" des Händemuseums

Ausstellungsfläche im Museum „Kulturgeschichte der Hand" in Wolnzach seit der Eröffnung 1996 vermittelt. Es zeigt diesen menschlichen Körperteil unter ganz unterschiedlichen Blickwinkeln.

Aussehen und Funktionieren der Hand, ihre ganz unterschiedlichen Fähigkeiten und Leistungsmöglichkeiten, ihr Fühlen und Empfinden sind einige Aspekte dieser Ausstellung. Dokumentiert werden vielfältige Zeugnisse, die die so unterschiedlichen Möglichkeiten verdeutlichen, mit der Hand etwas auszudrücken oder mit ihrer Hilfe zu „reden". Auch ihre kulturgeschichtliche Bedeutung bei den Völkern oder auch in Religionen ist ein interessanter Aspekt, den das Museum aufzeigt. Nicht zuletzt werden auch moderne Bereiche angesprochen, wie die menschliche Hand

durch „gemachte" Hände wie etwa denen von Robotern in verschiedenen Arbeitsbereichen abgelöst wird.

Der spannende Streifzug wird im Museum durch einen hohen Erlebnisfaktor anschaulich und "spürbar" dokumentiert: Im wahrsten Sinne ein „Museum zum Anfassen", zum Entdecken und Staunen, das deutschlandweit und international Furore macht.

Keltisch-Römisches Museum Manching

Das keltisch-römische Museum in Manching dokumentiert die große Bedeutung der früheren Keltenhauptstadt. Zahlreiche Ausstellungsstücke, darunter Waffen, Keramik, Schmuck und Grabbeigaben gewähren Einblicke in das Leben der keltischen Bevölkerung und ihre Bräuche und Gewohnheiten. Darüber hinaus zeigen verschiedene Fundgegenstände die einstige Größe der Keltenstadt, Rekonstruktionen wie etwa die des mächtigen Osttores vermitteln dem Besucher anschaulich und lebendig die besondere Bedeutung von Manching für die Frühgeschichte.

Auch Funde aus der benachbarten Römerstadt Oberstimm finden sich im römisch-keltischen Museum. Oberstimm, ein ehemaliges Römerkastell, konnte durch zahlreiche Entdeckungen aus der Römerzeit, die in unserer Gegend die Ausnahme bilden, wie Geschirr, Schmuck und Pfeilspitzen als Befestigungspunkt der Römer im nördlichen Landkreis nachgewiesen werden. Die vor einigen Jahren entdeckten Römerschiffe gelten als sensationeller Fund und bereichern den Fundus auf besondere Art.

Das Museum ist ein besonderes Highlight für frühgeschichtlich interessierte Besucher und hält zahlreiche Überraschungen bereit. Immer wieder gemachte spektakuläre Funde erweitern die Bestände des Museums und führen zu neuen wissenschaftlichen Erkenntnissen über die frühe Besiedlung des nördlichen Landkreises. Der geplante Museumsneubau für das Keltisch-Römische Museum am südlichen Ortseingang sieht neben gro-

ßen Flächen für die Ausstellung der zahlreichen Fundstücke auch eine Freianlage vor, die als Freilichtmuseum genutzt werden kann und eine lebendige Präsentation des keltischen Lebens im Oppidum Manching erlaubt.

Deutsches Hopfen-museum Wolnzach

Nach über 15 Jahren Suche hat das 1984 gegründete Deutsche Hopfenmuseum seinen endgültigen Standort gefunden. Mitten im Zentrum von Wolnzach entsteht ein ungewöhnlicher Neubau: Ein Museum in der Form eines Hopfengartens. Spektakulär und traditionell zugleich, moderne Architektur, die trotzdem eine prägnante Verbindung zur Hopfentradition herstellt.

Neben der rund 1.000 m² großen Dauerausstellung enthält das Museum attraktive Zusatzflächen, die auch außen stehenden Interessenten zur Verfügung gestellt werden. Ein bis auf 220 m² erweiterbarer Sonderveranstaltungs- und Ausstellungsraum bietet mit moderner Medienausstattung, Falttrennwänden und Küche alle Voraussetzungen zur reibungslosen Durchführung von Tagungen, Empfängen oder Feiern. Ein museumspädagogischer Raum (64 m²) soll insbesondere Schulklassen ansprechen. Spezialbibliothek, Archiv und Mediathek lassen sich nach Voranmeldung zum weiterführenden Studium nutzen. Im Museumsshop werden in attraktivem Ambiente Artikel rund um Hopfen und Bier angeboten.

Die besten Stücke aus der umfangreichen Sammlung bilden den Grundstock des Museums. Mit allen Mitteln der modernen Museumsgestaltung wird den Besuchern das „Erlebnis Hopfen" präsentiert. Neugierig machen, spielerisch ins Geschehen eingreifen, die „Poesie im Hopfenbau" entdecken, Emotionen hervorholen, das sind die Leitgedanken der Ausstellungsplanung. Auf die Ausgewogenheit von Aktualität und Bodenständigkeit, Technik und „Faktor Mensch" wird dabei großer Wert gelegt.

Das neue Hopfenmuseum von Wolnzach
(Foto: P. Franck, München)

Modell des Römerkastells in Oberstimm

Landkreis
PFAFFENHOFEN a.d.Ilm

Handwerk und
Gewerbe im 19. Jahrhundert

Ingrid Schrepf M.A.
Andreas Sauer M.A.

Ingrid Schrepf M.A.
Andreas Sauer M.A.

Das Berufsbild bis zum 19. Jahrhundert - Rahmenbedingungen und Erscheinungsformen

Vom Mittelalter an bis ins 19. Jahrhundert hinein war der Landkreis Pfaffenhofen vorrangig von der Landwirtschaft geprägt. Wenigen großen Höfen mit 50 und mehr Tagwerk Besitz standen viele kleine Anwesen und „Leerhäusl" mit nur wenig oder ganz ohne Grund gegenüber, aus deren Ertrag die Ernährung von Familie und Vieh nicht sicherzustellen war. Viele Bewohner unseres Raumes mussten

Ein Pferdefuhrwerk vom Müllerbräu mit „kostbarer" Ladung vor dem Pfaffenhofener Rathaus (um 1910)

auf Zuerwerb setzen. Vor allem aus Taglohn oder über die Ausübung eines Handwerks oder Gewerbes versuchten sie, sich und ihre Familie über die Runden zu bringen.

Alte Berufe neben der Landwirtschaft

Welche Berufe gab es überhaupt in dieser Frühphase? Zunächst die existenziell wichtigen, die in fast jeder Dorfgemeinschaft bestanden und dort auch sozial eine Art Sonderstellung innehatten: Müller, Schmied, Bader, Krämer und Wirt. Die Ausübenden der ersten drei genannten waren quasi „von der Gemeinde angestellt" mit einer Art „festem Gehalt", der „Ehaft". Es wurde teils in Naturalien und teils in Geld ausbezahlt. Die Gemeindemitglieder entrichteten Abgaben an diese Dienstleister für die gewünschte Arbeit, wie z.B. die Repara-

Ernteszene bei Riedermühle, wie sie über Jahrhunderte bis vor gut 50 Jahren typisch für die Region war (1950)

tur ihrer Pflüge beim Schmied, oder das Barbieren bzw. die Krankenbehandlung beim Bader.

Krämer und Wirt, teilweise auch miteinander in Personalunion tätig, stellten die Grundbedürfnisse an Waren in der Dorfgemeinschaft sicher. Sie erhielten aber keine festen Gehälter, sondern lebten von ihren Einkünften. Zudem gab es in den größeren Orten Berufe, die für die Ausstattung des täglichen Lebens auf dem Bauernhof nötig waren, wie Wagner, Sattler, Schäffler. Außerdem hatten nahezu alle kleineren Orte noch Schuhmacher, Schneider und Weber, die für den persönlichen Bedarf der Leute sorgten.

Die Gewerbe „gerechtigkeit", d.h. das Recht ein Gewerbe auszuüben, war teilsweise an ein Haus oder einen Hof gebunden. Damals gab es keine freie Berufswahl, wie man am Beispiel eines Eintrags für Niederlauterbach sehen kann: „... genoss bisher sämtliche Gerechtigkeiten als Erbrecht auf seinem Hause." Damit blieben Art und Anzahl der Gewerbe weitgehend konstant, da zum einen eine gezielte Heiratspolitik dafür sorgte, dass diese „Gerechtigkeit" wieder jemand er-

Auszug aus der Vereinbarung zwischen der Dorfgemeinschaft Freinhausen und dem dortigen Bader über die jeweiligen Rechte und Pflichten vom 9. Dezember 1734 mit den Verpflichtungen des Ortspfarrers

hielt, der denselben Beruf ausübte und zum anderen neue Konzessionen nur selten gewährt wurden. Junge Handwerker konnten so durch Heirat einer Witwe oder der Tochter eines Gewerbetreibenden die jeweilige Gerechtigkeit übernehmen.

Die Situation der Gewerbetreibenden vor 200 Jahren

Zu Beginn des 19. Jahrhunderts wurden im 1806 entstandenen Königreich Bayern im Rahmen der Zentralisierung der Verwaltung und Steuerfestlegung Gewerbesteuerkataster angelegt, die systematisch die Gewerbetreibenden registrierten und einen gewissen Steuersatz festlegten. Sie geben einen anschaulichen Einblick in Handwerk und Gewerbe vor 200 Jahren in unserem Raum.

Für die meisten Gewerbetreibenden war ihre Arbeit eine notwendige Zusatzbeschäftigung zur betriebenen Landwirtschaft, so in Langenbruck, wo vermerkt wird, dass dort ein „schlechter Boden! [vorherrscht] wegen dem nebenher betriebenen Feldbau, der hier bei größtem Fleiße nicht viel erzeugt". Trotz großer Anstrengungen warf der Boden offensichtlich nicht sehr reichen Ertrag ab.

Zunftzeichen der Seiler von Pfaffenhofen

Die Kramerei in Rohrbach deckte über den Grundbedarf der Bevölkerung hinaus auch gehobene Ansprüche ab und führte z. B. gute Stoffe.

Die Unternehmer damals hatten keineswegs wie heute Ladengeschäfte oder größere Werkstätten, sondern eher unscheinbare Betriebsstätten, die gerade für das Nötigste Raum ließen. Bei der Erfassung des Krämers in Hettenshausen wurde festgehalten: „... ist völlig unbedeutend, man kennt gar nicht, dass an dieser Stelle und in dem Hause wo er ist ein Krämer sein sollte".

Auch eine verkehrstechnisch günstige Lage spielte für den Erfolg eines Gewerbes schon damals eine große Rolle. Der Wirt von Rohrbach „setzt fast nur allein an die Dorfgemeinde Bier ab, weil er von zu vielen Wirten umgeben ist, die eine bessere Lage haben". Damit ist vor allem bei den Wirten die Verkehrsanbindung gemeint: Lag das Wirtshaus an einer bedeutenderen

Die Hauptstraßen durch das Landgericht Pfaffenhofen, auf denen sich der Handels- und Güterverkehr abspielte (Adrian von Riedl, Reise-Atlas, 1796)

Straße, war der Umsatz größer, da nicht nur die Einheimischen sondern auch die Durchreisenden Kunden waren. Im Gegensatz dazu wird für Weichenried vermerkt: „der Wirt steht sehr schlecht, er setzt auf die Woche keinen halben Eimer ab".

„Fachleute" wie Hutmacher, Potaschensieder, Kammmacher, Seifensieder und Bortenmacher waren nur in der Stadt Pfaffenhofen oder den Märkten anzutreffen, in denen man genug Nachfrage vermutete. Selbst dort waren sie jedoch nicht immer erfolgreich, da die Bevölkerung oft nicht die Mittel besaß, um die Angebote wahrzunehmen. Ein Kleinuhrmacher in Pfaffenhofen klagte vor 200 Jahren, dass er „meistens keine Arbeit" habe. Interessant in damaliger Zeit war der deutliche Aufschwung des Gewerbes der Betermacher, die Rosenkränze anfertigten und bis nach Frankreich exportierten, und das in einer Zeit, die stark gegen Kirche und Volksfrömmigkeit gerichtet war.

Bei den meisten Gewerbetreibenden vermerkt der Steuerschreiber lapidar, dass sie nur für die Bedürfnisse ihrer unmittelbaren Umgebung arbeiteten bzw. nur Reparaturen ausfertigten und damit kaum über die Runden kamen. Ein weiteres Problem war auch, dass die kleinen Betriebe sich gegenseitig Konkurrenz machten. So wird vermerkt, dass „in der Stadt Pfaffenhofen, welche 1500 Seelen zählt 10 Schneider [sind], es ist daher die Konkurrenz zu groß und sohin der Erwerb außerordentlich unbeträchtlich".

Schlechte Verkehrswege als Hindernis für das Gewerbe

Handel und Gewerbe zwischen den Ortschaften waren sehr von den Straßenverhältnissen beeinträchtigt und den eingeschränkten Möglichkeiten Waren und Kunden zu transportieren. So heisst es von Wolnzach: „der Markt Wolnzach ist nach seiner Lage von allen Straßen isoliert und führen nur beschwerliche Vicinalwege dahin." Insofern nimmt es nicht Wunder, dass Handel und Gewerbe sich dort trotz der Größe des Ortes und der Breite des Angebotes nur auf ihr direktes Umfeld beschränkten und daher keine Möglichkeit zur Expansion bestand. Es musste ein Wandel stattfinden, um an dieser jahrhundertelangen Gegebenheit etwas zu verändern.

In der Mitte des 19. Jahrhunderts lösten sich mit wachsender Mobilität und Infrastruktur sowie einer liberaleren Gesetzgebung die strengen Bindungen im Gewerbeleben auf, die Festlegung auf familiär vorgegebene Berufe schwand und die jungen Bauernsöhne - Frauen hatten im 19. Jahrhundert noch kaum Möglichkeiten, einen Beruf zu erlernen und auszuüben - erhielten die Möglichkeit, neue Berufe zu ergreifen. Das Gewerbe war aus einem Jahrhunderte währenden Dornröschenschlaf erwacht, die noch aus dem Mittelalter her rührenden Bindungen brachen auf.

Der Bau der Eisenbahn durch unseren Raum in Süd-Nord-Richtung in der zweiten Hälfte des 19. Jahrhunderts leitete eine Blütezeit ein. Nun waren Orte wie der Markt Wolnzach, der 1810 noch verkehrstechnisch isoliert war, als Zentrum des Hopfenanbaus und der Hopfenverarbeitung wesentlich leichter erreichbar. Arbeiter konnten mit dem Zug anreisen, das fertige Produkt konnte verladen und verschickt werden und der Hopfenhandel belebte die Region wirtschaftlich sehr stark, was sich auch auf andere Gewerbe auswirkte. Während z.B. 1810 nur eine Fabrik in Geisenfeld vermeldet wird - und die wurde nicht mehr betrieben - kann man ab 1865 neben dem blühenden Hopfengeschäft verschiedene neue Firmengründungen beobachten. Doch davon mehr im folgenden Kapitel.

Die technischen Neuerungen in der zweiten Hälfte des 19. Jahrhunderts - Motor für Handwerk, Gewerbe und erste Industrieansiedlungen

Verblieben Handwerk und Gewerbe noch bis Mitte des 19. Jahrhunderts hinein ohne merkliche Veränderung sorgte technischer Fortschritt nach 1850 für Belebung auf diesem Gebiet.

Der Bau der Bahnlinie München-Ingolstadt brachte unserem Raum starke Impulse. Mit Beginn der drei Jahre währenden Bauarbeiten im Jahr 1865 fanden zunächst zahlreiche Arbeiter, von denen viele mit ihrer Erfahrung beim Gleisbau aus Franken und der Oberpfalz kamen, an den Trassen Arbeit und bald war es soweit, dass unser Raum vom Aufkommen des neuen „bahnbrechenden" Verkehrs-

Die 1865 - 1867 neu erbaute Eisenbahnlinie München-Ingolstadt eröffnete auch der Stadt Pfaffenhofen neue Möglichkeiten.

Fahrten = Plan vom 7. Juni 1870.

München - Ingolstadt.

Schnell= und Courierzüge.

München ab	. . .	6 Uhr 40 Minuten Früh.
		1 Uhr 50 Minuten Nachm.
		6 Uhr 40 Minuten Abends.
Pfaffenhofen	. . .	7 Uhr 41 Minuten Früh.
		2 Uhr 58 Minuten Nachm.
		7 Uhr 41 Minuten Abends.
Ingolstadt an	. . .	8 Uhr 24 Minuten Früh.
		3 Uhr 44 Minuten Nachm.
		8 Uhr 24 Minuten Abends.

Postzüge.

München ab	. . .	4 U. 30 M. Früh.
		5 U. 55 M. Abends.
Pfaffenhofen	. . .	6 U. 9 M. Früh.
		8 U. 31 M. Abends.
Ingolstadt un	. . .	7 U. 15 M. Früh.
		9 U. 35 M. Abends.

Güterzüge mit Personen.

München ab	. . .	9 U. 20 M. Vorm.
Pfaffenhofen	. . .	11 U. 36 M. Vorm.
Ingolstadt an	. . .	1 U. 11 M. Nachm.

Ingolstadt=München.

Schnell= und Courierzüge.

Ingolstadt ab	. . .	6 U. 1 M. Früh.
		12 U. 27 Nachmittags.
		7 U. 26 M. Abends.
Pfaffenhofen	. . .	6 U. 45 M. Früh.
		1 U. 14 U. Nachm.
		8 U. 9 M. Abends.
München an	. . .	7 U. 45 M. Früh.
		2 U. 20 M. Nachm.
		9 U. 10 M. Nachts.

Postzüge.

Ingolstadt ab	. . .	6 U. 30 M. Früh.
		8 U. 50 M. Nachts.
Pfaffenhofen	. . .	7 U. 41 M. Früh.
		9 U. 55 M. Nachts.
München an	. . .	9 U. 15 M. Früh.
		11 U. 30 M. Nachts.

Güterzug mit Personen.

Ingolstadt ab	. . .	1 U. 32 M. Nachm.
Pfaffenhofen	. . .	3 U. 5 M. Nachm.
München an	. . .	5 U. 15 M. Nachm.

Omnibusfahrt
von Schrobenhausen nach Pfaffenhofen.

Abfahrt in Schrobenhausen 1/2 5 Uhr Früh, Ankunft in Pfaffenhofen um 7 Uhr Morgens. — Abfahrt von Pfaffenhofen nach Schrobenhausen 1/2 9 Uhr Abends.

Fahrplan aus dem Jahr 1870

Alter Wegweiser aus Stein (19. Jahrhundert)

baum, die Gebrüder Wineberger aus dem Allgäu richteten ihre Maschinenfabrik ein und wenige Jahre später eröffnete auch Kaspar Stocker seinen Maschinenbetrieb, der große Bedeutung erlangen sollte und weithin bekannt wurde.

Die Bahntrasse München-Ingolstadt war nur ein erster Schritt. Die Eisenbahn als „Motor" von Handwerk, Gewerbe und Wirtschaft auf dem Land wurde weiter ausgebaut. Nach dem doppelgleisigen Ausbau der Strecke München-Ingolstadt im Jahr 1891 wurden sogenannte „Lokalbahnen" eingerichtet, die von der Hauptlinie abzweigten und weitere Regionen in das Eisenbahnnetz integrierten. Bedeutsam für unsere Region waren die Lokalbahnen Wolnzach-Mainburg und Wolnzach-Geisenfeld, wodurch die größeren Orte im Landkreis nun wesentlich besser angebunden waren.

Noch zu Beginn des 19. Jahrhunderts war kritisiert worden, dass diese Orte durch ihre abseitige Lage nicht vom allgemeinen Fortschritt profitieren könnten, endlich war der Anschluss geschafft. Weitere Lokalbahnen wie die Linie durchs Gerolsbachtal über Gerolsbach-Vieth-Mitterscheyern nach Pfaffenhofen und eine Linie

mittels Eisenbahn profitieren konnte.

Am 14. November 1867 erfolgte die erste Probefahrt mit der Bahn auf der zunächst eingleisigen Strecke. Völlig überfüllt mit vielen Neugierigen setzte sich der Zug mit Prominenz an Bord in Bewegung. Damit war der Beginn für eine entscheidende Veränderung getan: Die großen Städte Ingolstadt und München waren nun für die Bevölkerung erreichbar. Man konnte in die Städte fahren, sowohl um Waren zu kaufen als auch berufliche Perspektiven in Industrie und Großbetrieben zu suchen. Umge-

kehrt war es nun Firmen möglich, ihr weiträumig geknüpftes Firmennetz nicht nur in den Großstädten nutzen zu können, sondern nun auf dem Land in Ortschaften mit Bahnanschluss.

Die großen Orte im Landkreis profitierten sehr von dieser Entwicklung. Bereits nach wenigen Jahren begannen sich in Pfaffenhofen insbesondere landwirtschaftliche Maschinenfabriken in der Nähe des Bahnhofs niederzulassen. In der Münchener Straße etablierte sich bald eine Niederlassung der großen Firma Epple&Bux-

Max Stocker transportiert mit einem Pferdefuhrwerk ein Spaltgatter der Firma Stocker (ca. 1914).

Gewerbe-Ausstellung

der Gesammt-Innung Pfaffenhofen
vom 15. bis 22. August.

Viehprämiirung durch das Landwirthschaftl. Bezirks-Comité
Dienstag den 17. August.

Festschießen der priv. Feuerschützengesellschaft Pfaffenhofen
am Mittwoch den 18. und Donnerstag den 19. August.

Pferde-Sprungrennen am 22. August.

Gewinnziehung und Lehrlingsprämiirung
am 29. August.

Geöffnet von Sonntag den 15. ds. Mts. nach dem Fest-Gottesdienste an & täglich
Morgens von 9 bis Abends 6 Uhr, am Dienstag den 17. und Sonntag den 22. ds.
Mts. von Morgens 8 bis Abends 6 Uhr.

Eintrittspreis 20 Pfg.

Pfaffenhofen a/Ilm, im August 1886.

Das Ausstellungs-Comité.

Die Gewerbeausstellung des Jahres 1886 bot erstmals dem produzierenden Stand die Möglichkeit, in Pfaffenhofen einem breiteren Kreis seine Leistungen zu präsentieren.

Das 1905 entstandene Quarzwerk bei Reichertshausen, die heutige Milch- und Käseproduk-
tionsstätte, nutzte die neuen Möglichkeiten des
Bahnverkehrs für den Quarzabbau.

Die Einweihung des Wolnzacher Bahnhofs im 19. Jahrhundert
brachte die Hopfenmetropole Wolnzach verstärkt in den Han-
delsverkehr (1894).

über Pörnbach und Hohenwart ins bayerische Schwaben waren zwar geplant, wurden aber nicht mehr realisiert. Ein neuer „Konkurrent" der Eisenbahn trat langsam auf den Plan: Das Automobil.

durch sog. „Post-Auto-Verbindungen" den verkehrsmäßigen Anschluss von Gemeinden an Städte und größere Orte. So wurde am 1. August 1909 die Autoverbindung Pfaffenhofen-Scheyern-Hohenwart-Schrobenhau-

Die Behörden versprachen sich davon eine Anbindung der ländlichen Gemeinden an das Gewerbeleben und eine Belebung der Wirtschaft allgemein. Dies bestätigen auch Zahlen aus der Frühzeit. Im Jahr 1913 wurden auf den Motorpostlinien Pfaffenhofen-Scheyern und Pfaffenhofen-Hohenwart-Schrobenhausen insgesamt 56.744 Personen befördert, auf der 1912 eröffneten Linie Pfaffenhofen-Sünzhausen 17.093 Personen, die Linie Reichertshofen-Pörnbach-Hohenwart brachte es auf 13.135 Personen. Diese Zeitumstände machten auch dem Berufsstand des Postillons ein Ende. So war am 1. April 1914 zum letzten Mal in Gerolsbach der Postillon mit dem für ihn typischen Posthorn zu sehen und zu hören. Seine Aufgabe übernahmen nun Postautos.

Viele technische Neuerungen eröffneten dem Gewerbeleben neue Möglichkeiten. Beschäftigungen bei der Bahn als Bahnwärter, Schaffner oder Streckengeher, als Arbeiter in den Maschinenfabriken und mechanischen Werkstätten oder im Elektrogewerbe durch die Einführung des elektrischen

Eines der ersten Autos in Pfaffenhofen (ca. 1915)

Im frühen 20. Jahrhundert tauchten knatternd die ersten Autos im Landkreis auf. Eher Kutschen mit Motor gleichend ermöglichten sie bald

sen aufgenommen, deutlich verkürzte Fahrzeiten sorgten für eine starke Nutzung dieser Route.

Bald gehörten die ersten Werkstätten und Zapfsäulen für Automobile und Krafträder zum Bild der größeren Ortschaften wie hier in Pfaffenhofen.

Die Postkutsche von Scheyern fuhr noch bis in die ersten Jahre des 20. Jahrhunderts nach Pfaffenhofen (Aufnahme von 1914)

änderten das Leben der Bevölkerung zusehends. Bessere Bildungschancen und höhere Mobilität wirkten sich auch auf das Gewerbe im Landkreis aus.

Alte Handwerke wie Schäffler, Weber oder Schmied verschwanden aus dem Blickfeld und neue Berufe im Elektrobereich, im KfZ-Wesen oder auf dem Dienstleistungssektor entstanden und brachten den Leuten neue Verdienstmöglichkeiten außerhalb des alten Handwerks und der Landwirtschaft. Auch die Etablierung von neuen Firmen nach oder sogar noch während des Zweiten Weltkrieges boten im Landkreis interessante Beschäftigungs- und Aufstiegsmöglichkeiten. Drei Beispiele hierfür finden sich in Pfaffenhofen, Geisenfeld und Jetzendorf, die neben der weltweit bekannten und bedeutenden Nährmittelfirma HIPP ihrerseits überregional und international große Bedeutung erlangt haben.

Bereits während des Zweiten Weltkrieges waren Firmen in Großstädten als Ziel von Luftangriffen zunehmend erhöhter Gefahr ausgesetzt. Deshalb erfolgten Verlegungen von Firmenstandorten aus Großstädten und

Stroms zum Ende des 19. Jahrhunderts brachten neue Perspektiven.

Die Möglichkeit, nun auch leichter in die Großstädte zu gelangen, sorgten auch dafür, dass Söhne von Landwirten den Hof verließen und sich dank der gewonnenen geographischen Mobilität neu orientieren konnten. Die Landwirtschaft blieb jedoch noch bis Mitte des 20. Jahrhunderts für unsere Region und ganz Bayern der bestimmende Erwerbszweig, jetzt traten jedoch die ersten „modernen" Berufe hinzu.

Entwicklungen nach 1945 - Drei Beispiele aus dem Landkreis

Der sich in den Jahren vor dem Zweiten Weltkrieg abzeichnende Wandel im Berufsbild setzte sich nach Kriegsende und nach den schwierigen Aufbaujahren im Lauf der 50er Jahre deutlich fort. Fortschritte im Verkehrswesen durch Straßenbau und die anwachsende Automobilisierung ab Mitte der 50er Jahre im Zuge des „Wirtschaftswunders" brachten er-

hebliche Veränderungen und neue Perspektiven für Unternehmer und Arbeitnehmer mit sich. Auch unser Landkreis war von dieser Entwicklung betroffen.

Neue Beschäftigungsmöglichkeiten in Industrie und Wirtschaft sowie in Dienstleistungsberufen und der auch auf dem Land langsam spürbar werdende Rückgang der Landwirtschaft als vorherrschendem Berufsbild ver-

Industriezentren wie Nürnberg und München.

So geschah es mit dem 1910 in München gegründeten Luitpold-Werk. Die Betriebsgebäude des Werks, be-

tionsstätte in Europa. Die positive Entwicklung der letzten Jahre auf dem Gebiet der Arzneimittelproduktion und der Herstellung und Entwicklung von Wirkstoffen führten zu einer Erhöhung der Mitarbeiterzahl von Sankyo Pharma auf deutlich über 300.

Die Firma WOLF in Geisenfeld kann seit 1950 auf eine erfolgreiche Entwicklung zurückblicken. Begonnen hatte alles noch in den 20er Jahren, als 1928 der Spenglermeister Karl Wolf in Geisenfeld eine Firma gründete. Unterbrochen durch den 2. Weltkrieg und die harten Nachkriegsjahre war es Sohn Anton, der ahnte, dass die Technisierung im Bereich der Landwirtschaft und speziell bei der Hopfenverarbeitung Einzug halten würde. Er baute die noch 1939 vom Vater

deutend auf dem Sektor der chemisch-pharmazeutischen Industrie, wurden im Jahre 1943 bei einem Luftangriff zerstört. Die Produktion musste ausgelagert werden. Die Suche nach einem geeigneten Standort führte nach Pfaffenhofen, wo auf einem Grundstück am Gerolsbach das erste Produktionsgebäude aus anderweitig abgebauten Baracken errichtet wurde. Aufgrund Mangels an Baumaterial konnte die Produktionsaufnahme erst im Laufe des Jahres 1945, also nach Kriegsende, unter schwierigsten Bedingungen wieder aufgenommen werden. Zunächst nur als vorübergehendes Provisorium gedacht, hat man, auch nach dem Wiederaufbau des Werkes in München, am Standort Pfaffenhofen festgehalten und diesen in den 50er und 60er Jahren in bescheidenem Maße modernisiert und ausgebaut.

Als die Stadt Pfaffenhofen Anfang der 60er Jahre das neue Schulzentrum erweitern und die Hauptschule auf dem Gelände der Fabrik des Luitpoldwerks errichten wollte, bekam die Firmenleitung ein Grundstück an der Ingolstädter Straße angeboten, wo nach dem Neubau der Anlagen im Jahr 1964 die Produktion aufgenommen werden konnte. Der in den folgenden Jahren einsetzende große Aufschwung ließ die Anzahl der Firmengebäude auf zehn anwachsen.

Im Jahre 1990 wurde das private Luitpoldwerk vom japanischen Phar-

maunternehmen Sankyo übernommen und 1997 in Sankyo Pharma umbenannt. Es ist die einzige Produk-

übernommene Firma auf diesen zukunftsträchtigen Markt hin auf.

Der Betrieb konnte als Hersteller von landwirtschaftlichen Maschinen in den Bereichen Hopfenernte und Hopfentrocknung einen in den 50er Jahren weitgehend „neuen" Markt betreten und sich eine Führungsposition verschaffen. Im ersten Nachkriegsjahrzehnt wurde die erste deutsche Hopfenpflückmaschine entwickelt. Das Spektrum der Firma WOLF erweiterte sich aus den gewonnenen Erfahrungen heraus auf Heizungs-, Lüftungs-, Klima- und Oberflächentechnik. Durch eine eigene Entwicklungsabteilung und zahlreiche Patente konnte sich die Firma bis heute weltweit am Markt platzieren und bildet dort eine feste Größe. Seit 1972 werden auch Lackier- und Trocknungsanlagen für LKW's entwickelt und hergestellt.

Bis heute hat sich die Firma mit rund 300 Mitarbeitern zu einem bedeutenden Wirtschaftsfaktor der Region entwickelt, die in ihren modernen Betriebsanlagen auch höchsten Ansprüchen gerecht werden kann.

Auch die Firma LOWA in Jetzendorf, benannt nach Firmengründer Lorenz Wagner, fing im Jahr 1923 ganz im Kleinen an. Aus den bescheidenen Anfängen in einer Schuhmacherei heraus entwickelte sich der Betrieb durch die Fertigung der qualitativ hochwertigen, zweifach genähten Haferlschuhe („Goiserer") binnen weniger Jahre so gut, dass 1930/31 das erste Firmengebäude gebaut wurde. Trotz schwieriger wirtschaftlicher Rahmenbedingungen gelang es Lorenz Wagner, die Firma sowohl nach der Weltwirtschaftskrise als auch am Ende des Zweiten Weltkriegs wieder aufzubauen. Schon im Jahr 1948 gelang es, bereits ein breites Sortiment

an Schuhen, die jeden Bedarf abdeckten, im Betrieb zu fertigen. In den 50er Jahren legte die Firma LOWA den Grundstein zur Weltmarke. 1957 wurde die berühmte Karakorum-Himalaja-Expedition mit Schuhen von LOWA ausgerüstet, Sportler von internationalem Ruf siegten mit LOWA-Schuhen.

Mit dem großen Erfolg wuchs die Firma LOWA. Die Entwicklung des Betriebes spiegelt sich im neuen Firmengelände wider, das den über 200 Mitarbeitern optimale Arbeits- und Produktionsmöglichkeiten bietet und eine Entwicklung aus kleinsten Anfängen krönt.

Die Jahre nach 1945 haben binnen weniger Jahrzehnte die Berufswelt stark verändert, die über viele Jahrhunderte agrarisch dominiert war. Technische Neuerungen und der Einsatz von Maschinen sowie in den letzten beiden Jahrzehnten von Computertechnik haben massiv in das Berufs- und Alltagsleben der Bevölkerung eingegriffen. Die drei Beispiele kreativen und mutigen Unternehmertums aus dem Landkreis zeigen, welche Möglichkeiten Technik und Innovation für die Industrie bieten und welch hohes wirtschaftliches Potenzial Region und Standort Pfaffenhofen a.d.Ilm bis in die Gegenwart haben.

Landkreis
PFAFFENHOFEN a.d.Ilm

Kulturelles Leben

im Landkreis

Hellmuth Inderwies
Reinhard Haiplik

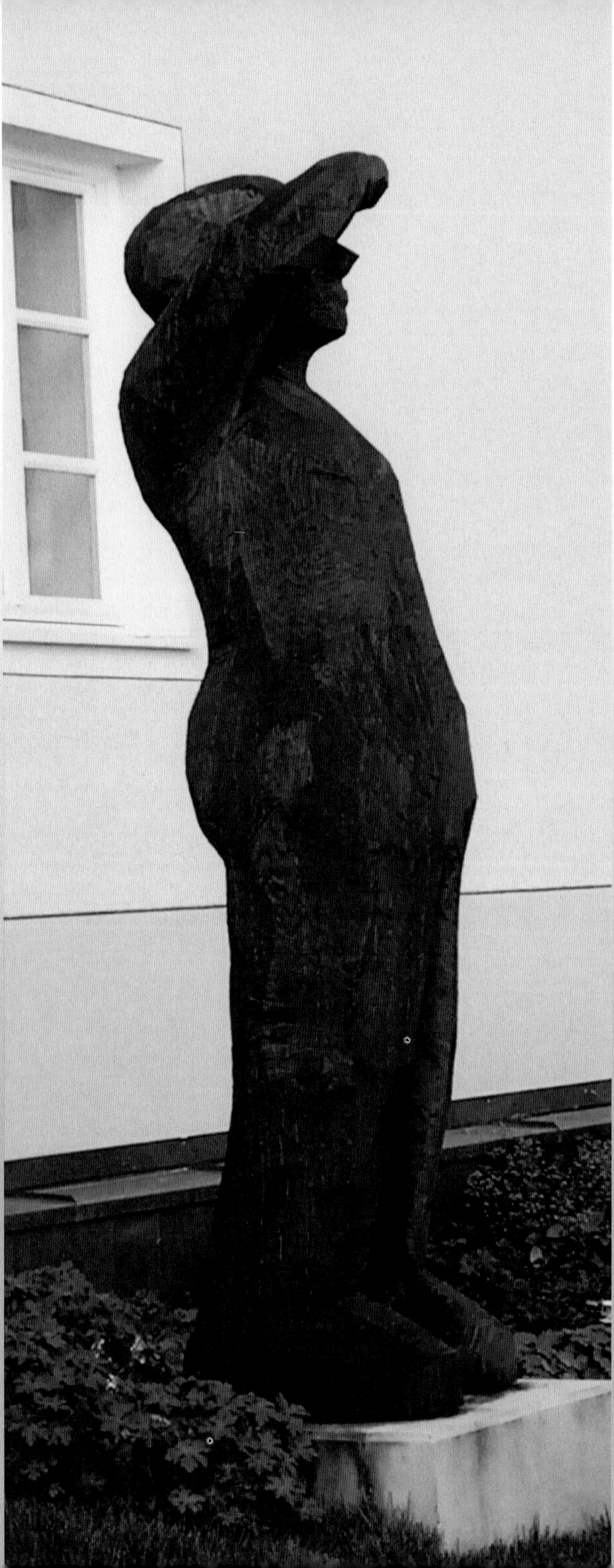

Hellmuth Inderwies

Trotz der Nähe zentraler Kristallisationspunkte und Hochburgen kulturellen Geschehens - München, Ingolstadt, Augsburg und Regensburg sind schnell und mühelos erreichbar - hat sich im Landkreis in den letzten Jahrzehnten eine eigenständige, sehr vielfältige und lebendige Form künstlerischen Lebens entwickelt, das zum einen von der Tradition und dem Brauchtum der Holledauer Landschaft getragen wird und damit deutlicher als andernorts auf den ländlich-bäuerlichen Ursprung jeglicher kulturellen Entwicklung verweist, zum andern aber vor allem durch den stetig wachsenden Zuzug aus den umliegenden städtischen Zentren und durch deren Ausstrahlungskraft auch ganz neue Impulse und Akzente erhielt. Geschichte und Gegenwart treten so auf sehr eindringliche Weise in Erscheinung, Bodenständigkeit und Moderne, regionale Eigenart und Universalismus stehen in einem eigentümlichen, aber äußerst reizvollen Spannungsverhältnis zueinander.

Alle wichtigen Ausdrucksformen der Kunst, von der Musik und Literatur bis hin zum bildenden und darstellenden Genre, werden hierbei erfasst und im wesentlichen von privaten Initiatoren und Interessengruppen, Kunstvereinen und Künstlervereinigungen sowie den Kommunen, Kirchen und Wirtschaftsunternehmen als tragenden Säulen gepflegt. Ihre sehr enge Zusammenarbeit ist Voraussetzung für ein hohes Maß an Vielfalt und beachtenswerter Qualität und zugleich Grundbedingung für Großprojekte wie die in jährlichem Wechsel stattfindenden mehrwöchigen „Kultursommer" und „Europäischen Kulturtage" in der Kreisstadt, für die man neben ansässigen stets auch namhafte auswärtige Künstler verpflichtet.

Volksmusik und Volkstanz gehören von jeher zu den kulturellen Grundelementen der Landschaft. Früher lediglich Ausgleich zur harten Arbeit einer nahezu ausschließlich bäuerlichen Region werden sie in der Gegenwart vielerorts mit professioneller Kunstfertigkeit in öffentlichen Veranstaltungen am Leben erhalten und gepflegt. Eine blühende „Städtische Musikschule Pfaffenhofen" mit gegenwärtig etwa 600 Schülern aus der Kreisstadt und den umliegenden Gemeinden bürgt für eine solide Grundausbildung der Jugend. Ihr Besuch gilt als Voraussetzung für die Mitwirkung in Stadtkapelle und Spielmannszug, deren hoher Standard über die regelmäßige Teilnahme an Wettbewerben, denen man sich stellt, bestätigt wird. Parallel dazu bieten die Rathauskonzerte in der Kreisstadt vorweg ein kammermusikalisches Programm, gleichermaßen die weit über die Region hinaus bekannten „Galerie Pennarz" (Gundamsried), die anlässlich ihrer Vernissagen stets Künstler von Weltformat verpflichten konnte. „Voices of Joy" (Ilmmünster) pflegt Spirituals und Gospels, die Pfaffenhofener „Künstlerwerkstatt" primär moderne Musikrichtungen, zu

meist verbunden mit Ausstellungen bildender Kunst, wie sie regelmäßig auch im „Haus der Begegnung" und im Rathaus präsentiert werden. Während die heimischen Künstlervereinigungen (Querformat und Kunstkreis in Pfaffenhofen, Spektrum und Kunstforum in Geisenfeld, Kunst- und

Hobbykreis in Wolnzach u.a.) eher traditionellen Kunstauffassungen folgen, vermittelt der Skulpturenpark am Gerolsbach ein eindrucksvolles Bild moderner Metall- und Steinexponate von Künstlern mit Weltgeltung (Leo Kornbrust, Joachim Bandau, Alf Lechner, Bernhard Luginbühl, Lun

Tuchnowski u.a.). Mit regelmäßigen Ausstellungen, in denen Bewährtes und Experiment gleichermaßen zum Tragen kommen, treten auch die weit über die Region hinaus bekannten und vielfach preisgekrönten „Fotofreunde VHS Pfaffenhofen" an die Öffentlichkeit.

Ähnliches gilt für den Literaturbetrieb. Joseph Maria Lutz, dessen Heimatstadt Pfaffenhofen ihm ein Museum gewidmet hat und an ihn mit jährlichen Gedächtnisfeiern erinnert, verkörpert mit seinem Werk die literarische Tradition der Region. Steffen Kopetzky, der neben zahlreichen an-

deren hohen Auszeichnungen 1997 auch den jährlich verliehenen Kulturförderpreis seiner Geburtsstadt erhielt, entwickelt sich mehr und mehr zum progressiven, in europäischen Dimensionen denkenden jungen Autor, ohne seine geistigen Wurzeln verleugnen zu wollen. Eine ähnliche Funktion - nämlich die Öffnung nach außen - erfüllen die seit 1987 am Schyren-Gymnasium veranstalteten jährlichen Dichterlesungen, deren Auftakt Martin Walser bestritt. Die erste Garde deutschsprachiger Gegenwartsautoren war bislang in der Kreisstadt zu Gast.

Es gibt in Bayern nur wenige Regionen, die das sprichwörtliche „barocke Wesen" seiner Bewohner heute noch so augenscheinlich verkörpern wie der Landkreis Pfaffenhofen an der Ilm. Signifikant hierfür ist der sichtliche visuelle Genuss, der nicht nur durch die Museumszentren Manching, Wolnzach und Pfaffenhofen transparent wird, sondern vor allem auch an der Freude der Menschen am Theater, an ihrer Begeisterung für das darstellende Spiel, die sich vielfach durch die aktive Mitwirkung auf Laienbühnen manifestiert. Schon an den Schulen besitzt „dramatisches Gestalten" einen zentralen Stellenwert. Spiel wird in der Tat als bildhafter Spiegel der eigenen Person und der Gesellschaft, in der man lebt, empfunden. So wundert es nicht, dass eine Vielzahl von Gemeinden auf sehr aktive Vereine verweisen kann, die sich dem bodenständigen Volksthea-

ter mit der besonderen Pflege des bayerischen Dialekts widmen. Der Theaterspielkreis Pfaffenhofen, der gleicher Intention entsprang, ist heute auf Grund seiner Größe und der dadurch gewachsenen Möglichkeiten imstande, ein für eine Laienbühne sehr breites und anspruchsvolles Spektrum darstellender Kunst zu pflegen, das über die regionalen Gepflogenheiten hinausweist, sich zeitgenössischem Trend geöffnet hat und auch dem „Experiment" den notwendigen Freiraum gewährt. Letzterem dienen ausschließlich die Kleinkunstbühne in Unterpindhart mit der Verpflichtung international renommierter Künstler, der Förderverein für Kulturveranstaltungen „Incontri" (Rohrbach) und seit Jahrzehnten das weit über den Landkreis hinaus bekannte Kabarett

„Die Stachelbären", die in ihren Programmen Regionales und Überregionales zu harmonisieren und - wie heute nur noch wenige Gruppen, die dieses Genre pflegen - den Nuancenreichtum der Sprache eindrucksvoll auszuloten wissen.

So ist künstlerisches Leben im Landkreis in hohem Maße ein Erscheinungsbild der gesellschaftlichen Situation. Die bewahrenden geschichtlich gewachsenen Elemente stehen in einem lebendigen, oft sehr heftig geführten Dialog mit modernen, progressiven Entwicklungen. So sehr man sich der Tradition verpflichtet fühlt, so sehr reagiert man auch auf den Reiz des Neuen. Und eben das verleiht dem künstlerischen Leben der Region eine ganz besondere Dynamik.

Reinhard Haiplik

Kunst, Kabarett und Dichtung im Landkreis Pfaffenhofen

Der 1768 zu Abensberg geborene Joseph Hazzi, Staatsrat sowie Fachmann für Land- und Forstwirtschaft, hat sich ganz und gar den Ideen der Aufklärung verschrieben. Vernichtend und ungerecht urteilt er über die Hallertauer. So schreibt er im Jahre 1801 über die Bewohner des ehemaligen Landgerichts Vohburg:

„Die Bewohner dieses Distrikts erscheinen an Körper und Geist gleich vernachlässigt, und man glaubt, in einem von Wilden bewohnten Lande zu wandeln. Die Männer sind weder groß noch schön ... ebenso stark und knochig und nicht gut gewachsen ist das weibliche Geschlecht.

Trinken und Tanzen sind ihre Hauptvergnügen und gehen oft bis zum Übermaß; auch fehlt es nicht an Kriminalfällen."

Das Urteil über die Bevölkerung des alten Landgerichts Pfaffenhofen fällt nicht günstiger aus:

„Die Männer und Weiber sind kleiner Statur, meistens krüppelhaft und haben etwas Wildes in ihren Gesichtszügen. Sie hängen dem Aberglauben an, sind der Trunkenheit ergeben und lassen sich viele Diebstähle, selbst Totschläge, die meistens Eifersucht veranlasst, zu schulden kommen.

Es fehlt ihnen jede Bildung und man findet selten jemanden, der seinen Namen schreiben kann. Was nicht ein erzkatholisches Aussehen hat, heißt unter ihnen Heidentum."

Auch die Einwohner des alten Landgerichts Schrobenhausen - Teile davon gehören seit der Gebietsreform unserem Landkreis - finden vor Hazzi keine Gnade:

„Die Bewohner ... sind klein und unansehnlich. Im Trinken, Aberglauben und Andächteleien nehmen sie ihre einzige Zuflucht und suchen darin Entschädigung für alles. Von Stehlen, Rauben, Totschlagen, mit grausamen Martern verbunden, hört man immer so ziemlich, wie es denn die Natur der Sache nicht anders mit sich bringen kann."

Gut 60 Jahre später versucht der Gerolsbacher Pfarrer Mühlegger seine ihm anvertraute Gemeinde zu charakterisieren. Milder und differenzierter fällt seine Beschreibung aus; frei von Polemik ist auch sie nicht:

„Der Gerolsbacher ist sehr fromm und sittlich. Alljährlich kommen nur ganz wenig uneheliche Kinder zur Welt. Dagegen hat er großen Hang zu Vergnügen, Genusssucht und Lustbarkeiten. Namentlich trinkt er gern: ein tüchtiger Rausch ist für ihn die höchste Wonne!"

Vorurteile gegen die Bewohner unseres Landkreises halten sich bis in unsere Tage. Sie seien, so hört man immer wieder, stur und verschlossen, Fremden gegenüber abweisend und misstrauisch, feinsinniger Kultur abhold. Ein in Niederlauterbach bei Wolnzach (später in Abensberg) residierender Pfarrherr schreibt um 1980 an die unermüdliche und großartige Sagenforscherin Emmi Böck:

„Ober- und Niederlauterbach. Ein nüchterner Menschenschlag. Tag und Nacht kreisen ihre Gedanken um den Hopfen..."

Kann auf solchem Boden Kultur gedeihen? Finden Kunst, Kabarett und Dichtung bei so „miserablen Rahmenbedingungen" Raum zur Entfaltung? Ist es Zufall, dass im letzten Landkreisbuch diesem Thema keine Zeile gewidmet wurde? Ist es wahr, dass Kultur bei uns ein kümmerliches Dasein fristet, dass kulturell „nichts geboten" ist?

Es mag übertrieben klingen: In den vergangenen 30 Jahren hat der Landkreis Pfaffenhofen ein wahres kulturelles Wunder erlebt, ja man darf getrost von einer „kleinen Kulturrevolution" sprechen. Kunst, Kabarett und Dichtung schlummerten in tiefem Dornröschenschlaf; nun sind sie lange schon wachgeküsst. Allenthalben blüht kulturelles Leben.

Viele renommierte Kunstschaffende wurden von der herb melancholischen, geheimnisumwehten Landschaft, die so viele Mythen und Legenden in sich birgt, angezogen und haben sich hier für immer niedergelassen. Viele im Landkreis Pfaffenhofen geborene Künstler sind ihrer Heimat treu geblieben, weil sie hier besser als anderswo ihre Kreativität und Schaffenskraft ausleben können, ihr entlocken, was tief verborgen, auf Vollendung hofft. Ich glaube, kaum eine zweite Landschaft Bayerns eignet sich hierfür mehr. Dabei finden wir bei uns keine Naturwunder, die den Besucher in spontanen Begeisterungstaumel zu stürzen vermögen: wir finden keine hohen zerklüfteten Berge, keine malerisch hingebreiteten Seen, keine wundersamen Flussauen, keine stolzen Ritterburgen, die auf steilen Felsen thronen, keine Märchenschlösser, die uns zum Träumen verführen. Wir finden dunkle, manchmal abweisend wirkende Wälder, sanfte liebliche Hügel im Süden, endlos scheinende Ebenen im Norden, wohl bestelltes Ackerland, fein herausgeputzte Dörfer und, immer wieder, Hopfengärten.

Man muss sie nicht nur im August kurz vor der Ernte betrachten, um bezaubert zu sein. Im Herbst und Winter zeichnen die über den Stangen gespannten Drähte ihren rätselhaften Code ins weite, hie und da schroff wirkende, Land. Der künstlerisch Begabte nimmt solche Botschaften auf, verinnerlicht sie, um sie dann persönlich umzuformen, ihnen eine eigene Interpretation zu geben. Ludwig Thoma hat seine größten Werke nicht in der wundervollen Landschaft des Tegernsees verfasst. Hier entstanden unter anderem schlimme, im „Miesbacher Anzeiger" abgedruckte, antisemitische Hetzartikel. Seine schönsten Novellen, Romane und Theaterstücke entstanden im Dachauer Land, das an den Süden unseres Landkreises grenzt und dem stillen Betrachter ähnliche landschaftliche Reize bietet.

Die „sanfte Kulturrevolution", von der ich sprach, begann etwa um 1975. Überall in unserem Landkreis etablierten sich Volksbühnen, die mit ihren lustigen, manchmal auch ein wenig derben Stücken ein begeistertes Publikum fanden. Zwei Bühnen, die unermüdliches Engagement und Mut zum Experiment eint, Bühnen, die weit übers Mittelmaß hinausragen, seien stellvertretend genannt: der Theaterspielkreis Pfaffenhofen und die Langenbrucker Theaterbühne. Beide Bühnen - so unterschiedlich sie in ihrer Zielsetzung auch sein mögen - haben eine treue Anhängerschar gefunden. Sie haben bewiesen, dass es keinen Grund mehr gibt, mit snobistischer Arroganz auf „Laienbühnen" herunterzublicken... Mit dem Loblied auf die beiden Theatervereine soll keineswegs die Leistung anderer Volksbühnen in unserem Landkreis herabgewürdigt werden. Auch sie bringen Großartiges zustande, auch sie leisten einen wichtigen

Beitrag zur Integration der Gemeindebürger. So hat beispielsweise die Dorfbühne Ilmmünster bewiesen, dass Einheimische und „Zugereiste" hervorragend zusammenarbeiten können, wenn es gilt, aufwändige Stücke zu inszenieren. Die Vohburger haben durch großartige Freilichtaufführungen von sich reden gemacht.

Bahnbrechend war die Leistung der „Familie Stachelbär" auf dem Gebiet des Kabaretts. Im Rundfunk und Fernsehen ist sie aufgetreten, in ganz Deutschland gab sie Gastspiele. Jedem Freund dieses Genres ist sie bestens vertraut. Über 20 Jahre schon spielen Brigitte Moser, Michael Eberle - auch seine Soloprogramme sind viel umjubelt - Volker Bergmeister, Roland Andre, Claus Drexler und Dr. Thomas Lechleuthner zusammen. Sie bieten Kabarett auf höchstem Niveau! Scharf und bissig sind sie, doch nie verletzend: Hinter den mit höchster Akribie und Sensibilität ausgearbeite-

ten Szenen verbirgt sich feinsinnige Kritik an Missständen, die unsere Gesellschaft zunehmend bedrohen. Ihre Nummern sind voller Intelligenz und Witz, weit entfernt von plumper Anbiederei und provinziell wichtigtuerischem Gehabe. Sie legen offen, was Menschen unserer Zeit bedrängt und bedrückt, vergessen dabei aber nie das Wort des römischen Dichters Horaz: „ridentem dicere verum", lachend die Wahrheit sagen. Die alljährlichen Starkbierabende der „Stachelbären" sind in kurzer Zeit ausverkauft. Viele Fans hat auch Florian Erdle mit seinen Soloauftritten gewonnen. Seine ausgefeilten, skurrilen Wortspiele, seine gekonnte Demaskierung all jener Leute, die sich groß und unentbehrlich dünken, seine spitzen satirischen bisweilen sehr giftigen Pfeile zielen schonungslos auf Personen, die Verantwortung für dieses Gemeinwesen tragen.

Groß ist die Zahl der Maler und Bildhauer, die im Landkreis Pfaffenhofen wirken. Sie alle zu nennen, würde den Rahmen dieses bescheidenen Beitrags bei weitem sprengen. Unsere Heimat ist ein idealer Nährboden für ihre Produktivität. Im „Golddorf" Göbelsbach wohnen Dieter Eckert sowie Doris Prütting, Rainer Schlamp, Heribert Wasshuber und Manfred Leeb sind im Gemeindebereich Scheyern zu Hause, Joachim Knorpp lebt in Euernbach, Ernst Reiter in Fahlenbach, Roland Sailer in Lausham, Konard Dördelmann in Dürnzhausen, Josef Kroha in Pfaffenhofen. Berühmt sind die Gemälde des Unternehmers und Pfaffenhofener Ehrenbürgers Claus Hipp.

Eine einzigartige Verbindung von Kunst und Natur bietet der Skulpturenpark im lieblichen Tal des Gerolsbaches, der bisher leider noch nicht die ihm gebührende Beachtung fand. Leidenschaftlich diskutiert wurde über „Euroskulp", in dem Bildhauer aus verschiedenen Ländern Europas ihre Werke auf dem Pfaffenhofener Hauptplatz zeigten.

War bisher von Pfaffenhofener Dichtern die Rede, so fiel einem höchstens der Name Joseph Maria Lutz ein, dessen tiefsinnige Volksstücke wie „Der Brandner Kaspar schaut ins Paradies", „Der Geisterbräu", „Birnbaum und Hollerstauden" nach wie vor auf Bayerns Bühnen gerne gespielt werden. Literatur ganz anderer Art schreibt der in Berlin lebende Pfaffenhofener Steffen Kopetzky, dessen Romane in den Feuilletons der „Süddeutschen Zeitung " und der „Zeit" glänzend kritisiert wurden. Der Lyriker Nico Bleutge, wie Kopetzky ehemaliger Schüler des Schyrengymnasiums, wurde 2003 mit dem Wolfgang-Weyrauch-Preis ausgezeichnet. Auch Roland Scheerer besuchte das Schyrengymnasium. Er sieht sich als "satirisch-melancholischer Prosaautor". Er er-

hielt 2003 den „Bayerisch-schwäbischen Literaturpreis". Sigi Haiplik, - er ist auch Schöpfer großer kabarettistischer Texte - dessen pessimistische Dialektgedichte heftige Polemiken hervorriefen, wurde 1981 der „Ossi-Sölderer-Preis" für Mundartlyrik zuerkannt. Er sei „kantig und aggressiv", decke auf, „was gerne vertuscht, verheimlicht, wegdiskutiert" werde und stehe damit in der Tradition bayerischer Dichtung, die gegen verlogene Idyllen anschreibe, hieß es in der Laudatio. Als Journalistin hat sich Eva Schweitzer einen Namen gemacht. Immer größer wird die Zahl der Hobbyliteraten im Landkreis; gewisse Gymnasiallehrer versuchen sich inzwischen als Bühnenautoren. Nicht zu unterschätzen ist die wertvolle Arbeit, die unsere fleißigen Heimatforscher für die Lokalgeschichte erbringen. In den letzten Jahren sind viele vorbildlichen Ortschroniken entstanden. Es gibt Vereine , die sich die Förderung der bayerischen Sprache und des alten Brauchtums zum Ziel gesetzt haben. Bei ihren Veranstaltungen werden oft selbstverfasste mundartliche Verse vorgetragen, Verse, die für das heimelige, gemütliche Bayern stehen. Kritischer Dialektdichtung

blieb bislang die Anerkennung versagt.

Man muss einmal einem „Hoagarten" zum Kirchweihfest beigewohnt haben, um ermessen zu können, was die Volksmusikgruppen in und um Pfaffenhofen leisten. Unvergleichlich ist die Atmosphäre, die einen da umfängt, unbeschreiblich die Hingabe, mit der die unterschiedlichen Gruppen ihre volkstümlichen Weisen präsentieren. Musiker aus dem Landkreis Pfaffenhofen wirken bei den Dellnhausener Musikanten, einer der führendsten Volksmusikgruppen des Landes, mit. Einen Kunstgenuss ganz anderer Art bietet seit langer Zeit das Kammerorchester Dieter Sauer. Den Vergleich mit führenden Orchestern Bayerns braucht es nicht zu scheuen. Popmusikgruppen aus dem Landkreis haben schon bei einigen Nachwuchsfestivals Preise gewonnen. Die Pfaffenhofener Rathauskonzerte, die von Max Penger geleiteten herausragenden Kirchenkonzerte , die vielen Chöre - sie haben alle längst eine treue Anhängerschar gefunden. Vergessen wir nicht dass der viel gerühmte Organist Professor Gerhard Weinberger, Sohn des legendären Chorregenten

Max Weinberger, aus Pfaffenhofen stammt. Junge begabte Musiker aus dem Landkreis werden bei renommierten Wettbewerben immer wieder ausgezeichnet.

Bunt und vielfältig ist unsere Kleinkunstszene. Längst kein Geheimtipp mehr ist die Pfaffenhofener Künstlerwerkstatt. Mit ihren Jazzkonzerten und Kunstausstellungen lockt sie Besucher aus ganz Bayern an. Bayernweit bekannt ist auch die Kleinkunstbühne Unterpindhart, die schon Deutschlands führende Kabarettisten gesehen hat. Auch der „Familie Stachelbär" gelingt es stets aufs Neue, berühmte Satiriker nach Pfaffenhofen zu holen. Immer wieder verstehen es die Wolnzacher, weltbekannte Künstler in die Hopfenmetropole zu locken. Auch das Engagement der Gruppe „Incontri" aus Rohrbach verdient Würdigung. Inzwischen ist der Pfaffenhofener Kultursommer zur festen Größe im reichen Kulturbetrieb geworden. Alle zwei Jahre werden die europäischen Kulturwochen gefeiert. Künstler von hohem Rang wie der tschechische Dichter Pavel Kohout sind hier schon aufgetreten. Musiker aus Italien, Frankreich, Österreich,

Tschechien, Polen, Kroatien und Serbien sind in Pfaffenhofen stets willkommen und ernten beim Publikum begeisterten Applaus. Jahr für Jahr treten anerkannte Literaten im Schyrengymnasium auf. So sind schon Martin Walser und Walter Jens zu Lesungen erschienen und haben mit Schülern angeregt diskutiert. Ganz der Literatur hat sich auch die Gruppe „Lesezeichen" verschrieben. Mehrmals im Jahr lädt sie zu niveauvollen, aber auch unterhaltsamen Lesungen. Schemenhaft und unvollständig bleibt unsere Skizze vom Kunst, Kabarett und Dichtung im Landkreis Pfaffenhofen. Sollte ich einen Künstler oder Veranstalter vergessen haben, so bitte ich um Vergebung. Es geschah nicht mit Absicht. Eines aber mag dieses Streiflicht gezeigt haben: Im Landkreis Pfaffenhofen blüht kulturelles Leben mehr denn je. Die Bewohner sind Kunst, Kabarett und Dichtung überaus aufgeschlossen, nehmen dankbar das breite Angebot an, diskutieren leidenschaftlich die Darbietungen.

Nichts rechtfertigt die ungerechten und harten Urteile, die wir eingangs zitierten...

Landkreis
PFAFFENHOFEN a.d.Ilm

Das
Vereinswesen
Ursprünge und Wandel

Ingrid Schrepf M.A.
Andreas Sauer M.A.

Die Festpostkarte des MTV Pfaffenhofen erinnerte an die Verdienste von „Turnvater Jahn" für das Vereins- und Sportwesen

Ingrid Schrepf M.A.
Andreas Sauer M.A.

"Frisch, fromm, fröhlich, frei!"

Dieses Motto von Turnvater Jahn könnte programmatisch für das im 19. Jahrhundert entstehende Vereinswesen überhaupt gelten. Die Entstehung von Vereinen ist eng mit der Auflösung der bisher für das gesellschaftliche Leben maßgeblichen starren Schranken verbunden. Die Entfaltung des gemeinschaftlichen Lebens war nun nicht mehr so stark reglementiert und so schlossen sich unsere Vorfahren zu gemeinsamem Tun bzw. der Pflege und Durchsetzung gemeinsamer Interessen in Vereinen zusammen, anfangs in den Städten und Märkten.

Erste Anfänge im 19. Jahrhundert

Zunächst gründeten insbesondere Lehrer und Geistliche Lese- und Gesellen- und Bürgervereine, in denen die Mitglieder gemeinsam lasen und diskutierten. Gesangvereine und Liedertafeln, aus der nationalen Stimmung des frühen 19. Jahrhunderts heraus gegründet, pflegten ursprünglich das deutsche Liedgut und entwickelten sich im weiteren Verlauf zu „Kulturträgern" im täglichen Geschehen der Bürger.

Sie erfüllten in einer Zeit, als es weder Kino noch Radio gab, eine entscheidende Funktion im Gemeindeleben, z.B. durch das Organisieren von Faschingsbällen, „Lustbarkeiten" und Festen aller Art. Zu Beginn waren es meist reine Männervereine, die erst Jahrzehnte später mit eigenen Frauenabteilungen und, wie auf dem Gebiet der Musik, ab den 20er Jahren des vergangenen Jahrhunderts mit gemischten Chören ein reges Programm lieferten. Als Beispiel hierzu sei die Pfaffenhofener Liedertafel erwähnt, die 1847 vom Magistrat genehmigt wurde und 1997 ihr 150-jähriges Bestehen feiern konnte.

Ältester Verein Pfaffenhofens war die
„Gesellschaft Freunde"

Schützenscheibe (um 1850)

Nach den Napoleonischen Kriegen entstanden, wieder zunächst in den größeren Orten, Veteranen- und Kriegervereine (in Pfaffenhofen 1842), die die Kameradschaft untereinander und das Gedenken an die Krieger und Gefallenen der napoleonischen Kriege des beginnenden 19. Jahrhunderts und des 1870/71er Krieges pflegten. Diese Vereine wurden zunächst noch von der Obrigkeit misstrauisch beobachtet. Insbesondere in den politisch unruhigen Zeiten des Vormärz vor 1848 vermutete man hinter jeder Versammlung von Menschen eine Umsturzgefahr, weshalb Gründungen anfänglich nur zögerlich erfolgten.

Neue Gründungen in der zweiten Hälfte des 19. Jahrhunderts

Die Folgen der bürgerlichen Revolution von 1848 brachten jedoch einen Wandel und setzten eine richtige Blütezeit der Vereine in Gang: Erstmalig wurde schriftlich festgehalten, dass es ein Grundrecht des deutschen Volkes sei, Vereine zu gründen, und davon machte man dann auch regen Gebrauch. Zur Vereinsgründung gab es die verschiedensten Motivationen und Zielsetzungen.

Neben die kulturelle Orientierung der Gesangvereine traten nun auch Ver-

eine mit deutlich religiös-sozialer Ausrichtung, wie z.B. die katholischen Gesellenvereine, die später in Kolpingfamilien übergingen. Sie erweiterten nicht nur ihr Aktionsspektrum sondern auch ihre Mitgliederstruktur. Als Gründer wurden hier Gemeindepfarrer und Benefiziaten aktiv. Weit über die eigentliche Zielsetzung der Vereine hinausgehend organisierten sie auch Veranstaltungen, die hauptsächlich wohltätigen Zwecken dienten. Manche drückten ihre Programmatik schon im Vereinsnamen aus, so z.B. der Arbeiterkrankenunterstützungsverein in Pfaffenhofen, eine segensreiche Einrichtung in einer Zeit, in der noch keine flächendeckende Absicherung durch Krankenkassen geboten war.

Darüber hinaus bildeten sich auch Vereine, die einen praktischen Nutzen für die Gemeinden und ihre Sicherheit erfüllten: die Feuerwehren, die heute auf eine lange Tradition zurückblicken können. Nach 1871 setzte hier eine Gründungswelle in den Gemeinden ein, nachdem sich in Städten und Märkten, meist durch angesehene Bürger aber auch Geistliche, schon vorher Feuerwehren gebildet hatten. Sie erfüllten in Zeiten, in denen noch ein Teil der Wohn- und Wirtschaftsgebäude aus Holz bestand und mit Stroh gedeckt war, ganz entscheidende Funktionen. Auch sonst trugen die Mitglieder über die eigentlichen Aufgaben hinaus zum Gemeinschaftsleben im Ort bei, wie z.B. durch Christbaumfeiern und Theaterspiel. Bereits bis zum frühen 20. Jahrhundert hatten nahezu alle Gemeinden des Landkreises - es waren damals 78! - eine eigene Feuerwehr.

Die über die Region hinaus bekannte Kapelle Finsterer

Breites Spektrum des Vereinswesens vor über 100 Jahren

Von praktischem Nutzen für Gewerbe, Mittelstand und Landwirtschaft waren auch Sparkassen und Spar- und Darlehenskassenvereine, wie sie in Pfaffenhofen, z.T. aber auch in Gemeinden wie Burgstall oder Niederlauterbach schon im 19. Jahrhundert entstanden. Dienstboten und weniger finanzstarken Einkommensgruppen wurde damit nun eine solide Basis zum Sparen ermöglicht. Auch Landwirte erhielten Darlehen zum Ankauf von Futter, Saatgut, Dünge- und sonstigen Maschinen. Gerade der in unserer Region so stark vertretene bäuerliche Mittelstand konnte dadurch aus diesen Angeboten große Vorteile ziehen.

Durch die Bewegung rund um Turnvater Jahn angeregt kamen auch neue Vereine auf, die auf die körperliche Ertüchtigung abzielten, die Turnvereine. Der älteste ist der MTV 1862

in Pfaffenhofen, dem in Geisenfeld und Wolnzach als den größten Orten im Landkreis bald weitere nachfolgten. Eine besondere Initiative ging von Metzger Georg Jauß aus München aus, der, einst Rausschmeißer auf dem Oktoberfest in München, in den 1920er Jahren zunächst in Ilmmünster und später in Pfaffenhofen einen Kraftsport-Club gründete und

auch die damaligen Weltmeister im Gewichtheben für Wettkämpfe gewinnen konnte.

Zunächst auf Gymnastik und Akrobatik ausgerichtet, erweiterten die Sportvereine ihr Spektrum entsprechend den Vorlieben der Zeit. So kamen ab 1900 auch Feldhandball und Fußball in Mode. Während Feldhand-

Die Bierfaßlgesellschaft von Wolnzach/Bahnhof (Grabmeier, heute Zeitlmeier)

Der Krankenunterstützungsverein von Pfaffenhofen (1910)

ball heute kaum mehr bekannt ist, trat der Fußballsport nach seinen Anfängen in Pfaffenhofen im Jahr 1907 mit der Beteiligung an der Punktrunde einen steilen Siegeszug an, der bis heute noch anhält.

Auch die traditionsreichen Schützenvereine waren von besonderer Bedeutung in unserem Landkreis. Neben der Königlich Privilegierten Feuerschützengesellschaft, die in Pfaffenhofen und Wolnzach schon im 16. Jahrhundert nachweisbar ist, gründeten die Bewohner vielerorts im Lauf des 19. Jahrhunderts weitere Schützenvereine. Wieder zunächst in den größeren Orten unseres Landkreises, bald auch in den Gemeinden waren Schützenvereine anzutreffen, die sich im sportlichen Wettkampf maßen und innerhalb der Orte viel für die Dorfgemeinschaft taten.

Ankündigungen von Schießveranstaltungen aber auch von Theateraufführungen und Veranstaltungen anderer Art für die Allgemeinheit finden sich in zahlreichen Anzeigen der frü-

heren Zeitungen wieder.

Auch bestimmte Berufsgruppen fanden sich zu Vereinen zusammen, in denen man sich unter Gleichgesinnten engagierte und als Interessenvertreter fungierte wie im Christlichen Bauernverein in Geisenfeld oder dem bayerischen Beamten-Bund in Pfaffenhofen. Auch in den von Lehrern oder Pfarrern gegründeten Obstbauzuchtvereinen oder in den Bienenzucht- und Fischervereinen spiegeln sich Gemeinschaftsdenken und die Pflege von Natur und Feld wider. Der berühmteste Vertreter und Förderer auf dem Gebiet des Obstbaus auch in unserer Region war der allseits bekannte „Apfelpfarrer" Korbinian Aigner (1885-1966).

Das Vereinsangebot in unserem Raum nach dem Ersten Weltkrieg

Interessant ist ein Blick auf das Vereinsspektrum in unserem Landkreis aus dem Jahr 1920. Danach domi-

nierten zahlenmäßig die Feuerwehren, Krieger- und Soldatenvereine und Schützenvereine. Soziales Engagement im Vereinswesen wurde ebenfalls großgeschrieben. Religiös motivierte Vereine wie katholische Müttervereine oder Gesellenvereine, von denen es knapp 30 gab, zogen engagierte Menschen ebenso an wie die bestehenden 20 sozialen Vereine wie z.B. das Rote Kreuz. Die Mitglieder der Gesang- und Theatervereine sorgten für die Unterhaltung der Bevölkerung und setzten die Einnahmen aus Eintrittsgeldern für soziale Projekte oder für die Dorfgemeinschaft ein, wie etwa in Uttenhofen zugunsten der Kirchenstiftung. Auch die ersten Sportvereine gaben der Bevölkerung die Möglichkeit, insbesondere den „modernen" Fußballsport und Boden- oder Geräteturnen zu betreiben.

An der Wende vom 19. zum 20. Jahrhundert gab es mit dem Christlichen Bauernverein und dem Bayerischen Bauernbund, vor allem aber in der politisch wie wirtschaftlich angespannten Zeit nach dem 1. Weltkrieg politi-

Theateraufführung in Pfaffenhofen
(Weihnachten 1931)

Faschingsumzug in Pfaffenhofen
(20er Jahre)

sche Vereine und Parteien, die die Interessen der Bevölkerung in schwieriger Zeit vertraten. Aus Gründen der Sicherheit bestanden ab 1918 in verschiedenen Gemeinden Einwohnerwehren zum Schutz der Bevölkerung, die jedoch nach kurzer Zeit wieder aufgelöst wurden.

So unterschiedlich die Zielsetzungen bei der Gründung eines Vereins auch gewesen sein mögen, eines hatten alle Vereine gemeinsam: Sie förderten - damals wie heute - den Zusammenhalt der Mitglieder und bildeten eine ideale Basis für Begegnung, sinnvolle Freizeitbeschäftigung und nicht zuletzt für die Vertretung besonderer Anliegen. Wie sehr sich die Vereinslandschaft bis heute verändert und vergrößert hat, von rund 200 Vereinen im Jahr 1920 bis zu mehr als 800 Vereinen in der Gegenwart, darauf wird im folgenden eingegangen.

Wiedergründungen, Bedeutung und Blütezeit nach 1945

Nach dem Ende des Zweiten Weltkrieges dauerte es nicht lange, bis sich im Vereinswesen, das in den 30er Jahren weitgehend durch das nationalsozialistische Regime für seine Zwecke vereinnahmt oder durch Zwangsauflösungen beendet wurde, wieder Leben regte. Trotz der Schwere der Zeit in den unmittelbaren Nachkriegsjahren kam es bereits 1946 zu ersten Wieder- und Neugründungen.

Sowohl Sport- als auch Schützen- und Gesangvereine waren in diesen Jahren bald wieder aktiv. Sie ermöglichten im harten Alltag auf vielerlei Art Abwechslung und boten der Jugend gemeinsame Freude im Verein. Dabei erfüllten die Vereine bereits von Anfang an eine neue sozial bedeutende Funktion. Die Integration der Heimatvertriebenen und Flüchtlinge, die nach dem Zweiten Weltkrieg auch in den Landkreis Pfaffenhofen a.d.Ilm gelangt waren, wurde durch Beitritt in Vereine erleichtert und in einigen Fällen gründeten die zugezogenen Bewohner selbst Vereine und prägten deren Entwicklung.

In den folgenden Jahren bis weit in die 60er Jahre hinein richteten die Vereine zahlreiche Veranstaltungen aus. Vereinsausflüge ins gesamte bayerische Land, Weihnachtsfeiern, Quizveranstaltungen oder die Organisation von Faschingsumzügen mit selbst gebauten Wägen in den 50er Jahren sprechen für ein aktives Vereinsleben mit starkem Zusammengehörigkeits- und „Wir"-Gefühl im ersten Nachkriegsjahrzehnt. Dort spielte sich ein großer Teil des Dorflebens ab und zunehmend wurde allen Altersgruppen die Möglichkeit geboten, sich in einem Verein zu verwirklichen.

Das Vereinswesen blieb in den Städten wie auch Dörfern bis in die 70er Jahre hinein eine zentrale Möglichkeit der Begegnung in der Dorfgemeinschaft. (Noch) fehlende Kommunikationsmittel wie Fernsehen und andere Freizeitgestaltungen, wie sie heute alltäglich sind, waren mit ausschlaggebend für eine Blütezeit des Vereinswesens nach dem Zweiten Weltkrieg.

Vielfalt und Funktionen heute

Die 80er Jahre brachten Veränderungen und frischen Schwung ins Vereinswesen. „Neue" Sportarten, die über die Medien publik und „in" wurden, belebten die Vereinstätigkeit. Der Tennisboom Mitte der 80er Jahre ebenso wie andere neue Sportarten zogen viele Sportbegeisterte in die Vereine, eigene Anlagen wurden errichtet und erweiterten die Angebote der Vereine. Die Themen Gesundheit und „Wellness" haben sich auch in den Vereinen unseres Landkreises einen Platz verschafft.

Für den Erhalt der Gesundheit und zur Vorbeugung gegen Krankheiten werden heute in Sportvereinen alle Bevölkerungsgruppen angesprochen und die kleinsten Kinder finden im Verein ebenso Bewegungsmöglichkeiten wie die ältere Generation.

Aber auch über das Sportliche hinaus haben sich in den letzten Jahrzehnten zahlreiche neue Initiativen gebildet. Auf dem sozialen Sektor sind es Verei-

ne wie Nachbarschaftshilfen oder in jüngster Zeit „Die Tafel", die sich für die hilfsbedürftige und mittellose Bevölkerung einsetzen, Hilfsorganisationen für an schweren Krankheiten leidende Menschen leisten ebenso wertvolle Arbeit für die Gemeinschaft.

Die oft geäußerte Befürchtung, das Medium Fernsehen könnte negative Auswirkungen auf den Fortbestand von Vereinen haben, hat sich Gott sei Dank nicht bewahrheitet. Statt dessen können viele Vereine durch ein breiteres Angebot von wachsenden Mitgliederzahlen berichten. Die Bevölkerung aller Altersgruppen hat heute die Möglichkeit, im Verein selbst zu agieren und sich zu engagieren.

Wermutstropfen für die Dorfgemeinschaft ist das allenthalben erkennbare Verschwinden der alten Dorfwirtschaften, die auch einst den Vereinen eine Heimat geboten haben. Moderne Vereinsheime sind an ihre Stelle getreten und verlagern das gemütliche Beisammensein der Vereinsmitglieder an neue Plätze.

Dessen ungeachtet hat das Vereinswesen bis in die Gegenwart eine außerordentlich wichtige Aufgabe für die Bevölkerung: Das Verlangen der Menschen zu fördern, miteinander umzugehen und gemeinsam auch im Verein etwas zu bewirken, das bis heute präsent ist und für ein Miteinander in der Gruppe, in der Gemeinschaft und nicht zuletzt im Verein sorgt.

Bald nach dem Krieg starteten die Fußballligen ihren Spielbetrieb (1947).

Landkreis
PFAFFENHOFEN a.d.Ilm

Archive
in unserem Landkreis

Willihard Kolbinger

Willihard Kolbinger

Die Gegenwart dauert bekanntlich nur einen Atemzug und schon ist sie vorüber. Wir holen wieder Luft und haben es erneut, das flüchtige Jetzt, nur eben nicht sehr lange. ‚Oh Augenblick verweile' hat der Zauberer Faust gestöhnt, doch niemand hat ihm den soeben vergangenen Augenblick zurückgebracht.

Weil Menschen ohnmächtig sind gegenüber dem Fluß der Zeit, blicken sie nach vorne, was sie bedroht oder worauf sie hoffen könnten. Sie beginnen zu planen. Die alte Lebenserfahrung erweist sich meist als gnadenlos: ‚Erstens kommt es anders und zweitens als man denkt'.

Beim Blick in die Vergangenheit fühlen wir uns sicherer. Was einmal war, war eben so, meint man. Da ist große Vorsicht geboten. Es gibt viele Gegner der vergangenen Wahrheiten wie z.B. das eigene Gedächtnis, die menschliche Eitelkeit, die unterschiedlichen Standpunkte, Politiker, welche die Archivgesetze nach ihren Zielen erlassen oder die sich sogar die Geschichtsschreiber kaufen. Kriege, Bomben, die bewusste Vernichtung von Dokumenten und selbst von Menschen haben die Überlieferung immer wieder erschwert. Die Lauterkeit einer Epoche bestimmt auch ihren historischen Nachlass und dessen Erschließung.

Wer in die Vergangenheit zurückschauen will, braucht die Archive. Das Wort Archiv selbst kommt aus dem Griechischen und bedeutete ursprünglich Amtsgebäude; heute meint man damit allgemein den Aufbewahrungsort von Urkunden, Dokumenten, Zeitungen, Bildern, Disketten, Schrift- und Tonträgern etc. Neben den ehemals amtsadeligen, amtskirchlichen, klösterlichen, städtischen oder den betrieblichen oder privaten Archiven gibt es seit der Zeit der beginnenden Demokratisierung ab 1803 auch jene Archive, welche von den ländlichen Behörden, Schulen und von den Gemeinden unterhalten werden. Gesetzliche Aufgabe dieser Archive ist die Erfassung der Dokumente, Übernahme, Verwahrung und Bewahrung, Erschließung, Nutzbarmachung, Sicherung der Kontinuität der Verwaltung. Archive haben Grundlage für die Forschung und Hilfe für die Bürger zu sein.

Im Kreisgebiet werden die 16 Archive der Gemeinden Baar-Ebenhausen, Geisenfeld mit Ernsgaden, Gerolsbach, Hohenwart, Ilmmünster mit Hettenshausen, Jetzendorf, Manching, Münchsmünster, Pfaffenhofen, Reichertshausen, Reichertshofen mit Pörnbach, Rohrbach, Scheyern, Schweitenkirchen, Vohburg und Wolnzach geführt.

Der Landkreis selbst unterhält kein Archiv. Er liefert, das ist gesetzlich vorgeschrieben, seine wichtigsten Dokumente an das Staatsarchiv München ab. Als Sammlung ortsbezogener Unterlagen unterhält er aber eine Dokumentationsstelle für Bildmaterial, Gemeindechroniken und alte Amtsveröffentlichungen.

Der Kreis beschäftigt einen ehrenamtlichen Kreisarchivpfleger, welcher

In säurefreien Kartons wird das Archivgut geordnet und geschützt aufbewahrt.

die Gemeinden in ihren Archivierungsarbeiten berät. Im Vordergrund stehen dabei Raum- und Personalprobleme und die Aussonderung alter Akten aus den umfangreichen Re-

gistraturen der gemeindlichen Sachbearbeiter. Die Entscheidung, welche Akten im Archiv auf Dauer aufbewahrt oder welche vernichtet werden sollen, ist nicht leicht. Die Flut der Akten hält trotz der Datenverarbeitung an. Das Papier als Aufbewahrungsmedium hat seine wichtige Rolle noch längst nicht verloren.

In jüngster Vergangenheit wurden alle gemeindlichen Findbücher (Nachschlagewerke zum Archivbestand) auf Datenverarbeitung umgestellt. Das erleichtert erheblich die jeweils notwendige Erneuerung dieser Aufzeichnungen. Ein nahes Ziel wird es sein, der Öffentlichkeit über Datenportale den Zugang zu den Archiven jeder Gemeinde zu erleichtern. Viele Städte und Gemeinden, auch das bayerische Staatsarchiv, bieten diese Möglichkeit bereits an.

Da die wenigsten Gemeinden in der Lage sind, eine hauptberufliche Archivkraft zu beschäftigen, wird derzeit eine überörtliche Betreuung jenen Gemeinden angeboten, in denen Aussonderungs- und Archivierungsarbeiten notwendig sind. Die Gemeinden Gerolsbach, Jetzendorf, Reichertshausen, Reichertshofen, Rohrbach, Scheyern und Vohburg sind an dem Projekt beteiligt. Der Gewinn für die bereits bearbeiteten Gemeinden hat sich als groß herausgestellt und wird von Bürgermeistern und Beamten als wertvoll und als äußerst kostengünstig anerkannt. Eine dauerhafte fachliche Betreuung der Gemeinden sollte bald zur Institution werden. Ehrenamtliche örtliche Archivbetreuer bleiben weiterhin unentbehrlich.

Denkbar wäre auch, dass die Kreisstadt Pfaffenhofen mit ihrem größten Gemeindearchiv eine Vorreiterrolle in der gemeindlichen Zusammenarbeit spielt. Sie beschäftigt bereits in Teilzeit einen akademisch vorgebildeten Fachmann im Stadtarchiv. Dort laufen ständig Anfragen, Bitten von Studenten, Schülern, Heimatforschern, Gesuche aus anderen Archiven und von Nachfahren ehemaliger Auswanderern aus aller Welt, besonders aus Amerika, ein.

Die in mehreren Gemeinden tätige Frau Nagl archiviert derzeit bei der Stadt Vohburg unter Mithilfe des Chefbeamten Herrn Kolbe.

M.A. Andreas Sauer betreut das Archiv der Stadt Pfaffenhofen professionell und hilft als Selbständiger bei der Privatforschung.

Kurzbiographien der Autoren

Rudi Engelhard
*1950 in Creußen bei Bayreuth
Besuch der Volks- und Realschule in Pfaffenhofen
1972 Staatsprüfung als Förster
1981 Erwerb des Grades des Diplom-Ingenieurs
von 1982-1986 Mitglied des Bezirkstags Oberbayern
von 1984-1996 Mitglied des Stadtrats Pfaffenhofen
von 1986-1996 Mitglied des Bayerischen Landtags
seit 1996 Landrat des Landkreises Pfaffenhofen a.d.Ilm

Dr. Stefan Glaser
*1963 in München
1992 Diplom in Geologie an der LMU München
1997 Dissertation am GSF-Institut für Hydrologie in Neuherberg (Thema: Der Grundwasserhaushalt in verschiedenen Faziesbereichen des Malms der Südlichen und Mittleren Frankenalb)
seit 1997 am Bayerischen Geologischen Landesamt tätig im Arbeitsbereich Geotope und Öffentlichkeitsarbeit

Dr. Heribert J. Gleixner
*1935 in Schwabbruck bei Schongau
1953 Abitur, Studien an der LMU München: Klassische Philologie, Byzantinistik, Geschichte
1958/1960 Lehramtsprüfungen, Lehrtätigkeit in Dillingen, Freising, Kempten, 1961 Promotion in Byzantinistik
seit 1968 am Gymnasium Pfaffenhofen a.d.Ilm, 1999 Pensionierung
Schwerpunkte: Ursprung der Sprache (Alphabet), antike Vulgärsprachen, bairische Sprache (u.a. J.A. Schmeller), römisches Recht, Entstehung des bairischen Stammes (Schyrenfrage)

Reinhard Haiplik
*1954 in Pfaffenhofen a.d.Ilm
Studium der Klassischen und Romanischen Philologie an der LMU München
seit 1991 Lehrer für die Fächer Latein, Französisch und (als Wahlfach) Italienisch am Schyren-Gymnasium Pfaffenhofen a.d.Ilm
Heimatforscher, Verfasser zahlreicher Artikel und mehrerer Heimatbücher zu Themen aus der Geschichte des Landkreises
Laienbühnendarsteller und Drehbuchautor für Theaterstücke und kabarettistische Szenen

Gunther-F.-L. Hasse
*1966 in Hannover
Studium der Architektur im In- und Ausland, Diplom an der Uni Hannover
drei Jahre Projektleiter in einem Architekturbüro in Hamburg, danach Baureferendariat und große Staatsprüfung im Freistaat Bayern, dann Arbeitsgebietsleiter für die sächsische Staatshochbauverwaltung
seit Frühjahr 2003 Kreisbaumeister im Landkreis Pfaffenhofen a.d.Ilm

Heinz Huber
*1947 in Wolnzach Bahnhof (Rohrbach)
Mittlere Reife 1960/64, 1964/66 Gärtnerlehre
Praktikum im Obstbau in Avignon (Frankreich) und Tettnang (Bodensee) 1967/68
1968/71 Studium in Weihenstephan „Obst- und Gemüsebau"
7 Jahre als Bauleiter im Garten- und Landschaftsbau Fa. Majuntke/Mainburg
seit 1978 am Landratsamt Pfaffenhofen als Naturschutzfachreferent
Geschäftsführer im Kreisverband für Gartenbau und Landespflege seit 1979

Alois Ilmberger
*1955 in Wolnzach
Volksschule Wolnzach 1962-1966, Gymnasium Pfaffenhofen 1966-1975 (Abitur)
Studium Agrarwissenschaften an der TU Weihenstephan
seit 1981 Beamter in der Pflanzenbaubereitung (seit 1992 Landwirtschaftsamt Pfaffenhofen)
zur Zeit Sachgebietsleiter Pflanzenbau und stellvertretender Abteilungsleiter der Beratungsabteilung
Gemeinderat in Pörnbach von 1990-1996
seit 1996 erster Bürgermeister von Pörnbach (ehrenamtlich), seit 2002 Kreisrat in der CSU-Fraktion

Hellmuth Inderwies
*1940 in Wohnsgehaig - Kreis Bayreuth/Oberfranken
Stadtrat und Kulturreferent der Stadt Pfaffenhofen a. d. Ilm
seit 1968 Lehrer für Deutsch, Geschichte, Erdkunde, Ethik am Schyren-Gymnasium in Pfaffenhofen
(Studium der Germanistik, Geschichte/Kunstgeschichte, Geographie, Zeitungs- und Theaterwissenschaften an der LMU München
Studiendirektor, Fachleiter für Deutsch

Willihard Kolbinger
*1936 in Hauzenberg/Bayer. Wald
Abitur in Regensburg, Studium der Wirtschaftspädagogik in München, Abschluss als Diplom-Handelslehrer
1961 Studienreferendar an der Verbandsberufsschule Pfaffenhofen, 1965 Lehrer an der Berufsaufbauschule in Schrobenhausen,
ab 1972 dort Leiter, 1996 Leiter der Staatl. Berufs- mit Berufsaufbauschule und Berufsoberschule Scheyern
seit 1998 Kreisarchivpfleger für den Landkreis Pfaffenhofen a.d.Ilm, historische Forschungen u.a. zur Stadtgeschichte von
Pfaffenhofen a.d.Ilm

Dr. Christoph Pinzl
*1963 in München
Kulturwissenschaftler und Museologe, Leiter des Deutschen Hopfenmuseums Wolnzach
Studium der Volkskunde/Kulturwissenschaft, Geschichte und Literaturwissenschaft in München und Tübingen
seit 1988 Mitarbeit an verschiedenen bayerischen Museen

Andreas Sauer, M.A.
*1964 in Weiden/Opf.
freiberuflicher Historiker, Heimat- und Familienforscher
1983-1990 Studium Neuere und Neueste Geschichte, Mittelalterliche Geschichte und deutsche und vergleichende
Volkskunde an der LMU München
1990-1994 Mitarbeiter am Lehrstuhl für Bürgerliches Recht und Rechtsgeschichte in Augsburg
seit 1998 Leiter des Stadtarchivs Pfaffenhofen a.d.Ilm, seit 2000 Mitarbeiter am Archiv des Bistums Augsburg
Arbeitsgebiete: Alltagsgeschichte, Firmenchroniken, Archivpädagogik, Vorträge, Ausstellungen

Ingrid Schrepf, M.A.
*1964 in München
freiberufliche Historikerin
1984 - 1989 Studium der Geschichtlichen Hilfswissenschaften, der Bayerischen Geschichte und Mittellateinischen Philologie an der
LMU München. 1986-1991 Mitarbeit bei der Edition der Diplome Kaiser Friedrichs II.
1998-1999 am Center for Medieval Studies in Salinas, Kalifornien.
2001-2003 freie Mitarbeit beim Bayerischen Rundfunk, 2004 befristete Anstellung im Bayerischen Hauptstaatsarchiv
Forschungsschwerpunkte: Alltagsgeschichte, Mentalitätsgeschichte, Gender Studies

Martin Sedlmeier
*1916 in Steinsdorf/Lkr. Riedenburg
Schulrat a.D. im Landkreis Pfaffenhofen a.d.Ilm, 1958-1969 Kreisarchivpfleger im Altlandkreis Schrobenhausen, 1980-1998
Kreisarchivpfleger im Landkreis Pfaffenhofen a.d.Ilm, Verfasser mehrerer Heimatbücher und zahlreicher Artikel in den Landkreisen
Neuburg-Schrobenhausen und Pfaffenhofen a.d.Ilm, Herausgeber der „Hopfakirm"; Verleihung des Bundesverdienstkreuzes
am Bande im Jahr 2000 für seine Verdienste um Heimatforschung und Archivpflege

Dr. Susanne Sievers
*1951 in Aschaffenburg
Studium der Vor- und Frühgeschichte, klassischen Archäologie und Volkskunde in Würzburg,
Göttingen, Hamburg und Marburg, dort 1978 Promotion.
Mitarbeit beim Heuneburg-Projekt an der Universität Tübingen; 1981/82 Reisestipendium des Deutschen Archäologischen Instituts,
seit 1982 bei der Römisch-Germanischen Kommission des DAI in Frankfurt und Ingolstadt; Mitarbeit beim Alesia- und Manching-
Projekt; seit 1994 Zweite Direktorin und Leiterin des Manching-Projektes

Angelika Wegener-Hüssen, M.A.
*1950 in Landshut
Studium der Vor- und Frühgeschichte, Provinzialrömischen Archäologie und Anthropologie in München
nach dem Studium Mitarbeiterin des Bayerischen Landesamtes für Denkmalpflege
seit 1990 freiberuflich tätig als wissenschaftliche Autorin und Archäologin

P. Lukas Wirth, OSB, (Mag. theol.)
*1970 in München, aufgewachsen in Hohenbrunn
Abschluss einer Ausbildung als Bankkaufmann, 1993 Abitur, Eintritt in die Benediktinerabtei Scheyern
1994-2000 Studium der Theologie und Pädagogik in Salzburg, München und Benediktbeuern, 2000 Priesterweihe
neben seelsorglicher Tätigkeit Religionslehrer an der BOS-Scheyern und verantwortlich für Klosterverwaltung
und Klosterarchiv Scheyern
mehrere Veröffentlichungen in der Zeitschrift „Der Scheyrer Turm", verantwortlicher Leiter der großen
Gedenkausstellung „200 Jahre Säkularisation in Scheyern" im Jahr 2003 mit über 10.000 Besuchern

Bildnachweis

Archäologische Staatssammlung München (M. Eberlein): S. 126, 128 oben
Atelier Klinger & Schug, München: S. 122
Bahlo, J.: S. 129 unten
Bayerischer Landesverein für Heimatpflege e.V.: S. 75 unten
Bayerisches Armeemuseum Ingolstadt: S. 146 Mitte links und unten links
Bayerisches Geologisches Landesamt: S. 5, 6, 7, 8 (2), 9
Bayerisches Hauptstaatsarchiv München: S. 34/35, 75 oben
Bayerisches Landesamt für Denkmalpflege, Luftbildarchiv (Fotos O. Braasch): S. 131, 132, 135
Bayerisches Landesamt für Denkmalpflege (Foto A. Mittermüller): S. 138
Bayerisches Nationalmuseum: S. 141, 142 links
Benen, Elisabeth: S. 36 links, 69, 173, 175 oben, 176 oben, 179, 180 (2)
Bistumsarchiv Augsburg: S. 53 unten (2)
Deutsches Hopfenmuseum Wolnzach: S. 18 rechts, 19 (3), 20/21, 22 (2), 23 (2)
Finanzamt Pfaffenhofen a.d.Ilm: S. 29, 30 links, 37 oben Mitte
Fotografie Rainer Hoffmann: S. 78 unten, 79 Mitte rechts und unten (2)
Franck, P. (München): 151, 152, 157 oben
Gebhard, R.: S. 129 unten
Gemeinde Baar-Ebenhausen: S. 88
Gemeinde Ernsgaden: S. 89
Gemeinde Gerolsbach: S. 91
Gemeinde Hettenshausen: S. 92
Gemeinde Ilmmünster: S. 94
Gemeinde Jetzendorf: S. 94 rechts, 95 oben
Gemeinde Münchsmünster: S. 97 unten, 98
Gemeinde Reichertshausen: S. 102 (2)
Gemeinde Rohrbach: S. 104 (2)
Gemeinde Schweitenkirchen: S. 106 (2)
Gleixner, Heribert: S. 143 unten links, 144 oben, 145 oben und unten links, 146 Mitte unten, 149 unten
Heimat- und Kulturkreis Pfaffenhofen: S. 167 oben
Horn, Alois: S. 67 Mitte
INCONTRI (Dollinger, Hans): S. 177 oben
K-3D Graphic / Dietmar Kumpf e. K.: S. 17, 18 links, 25, 26 links, 43, 44 links, 46 oben, 81, 82, 101, 105
Keltisch-Römisches Museum Manching: S. 157 unten
Kirzinger, Maria: S. 169 oben
Klosterarchiv Scheyern: S. 111, 112 (2), 113, 114, 115 (3), 116 (3), 117, 118, 119, 120 (2), 121, 123,
143 Mitte rechts und unten rechts, 148 unten
Koch, Franz Edler von: S. 142 rechts, 144 unten links und rechts
Kolbinger, Willihard: S. 193 (3)
Köttner, Siegfried: S. 33 links
Krämer, W.: S. 127
Landratsamt Pfaffenhofen a.d.Ilm: S. 11, 12, 13 (3), 14 (2), 15(3), 26 rechts (2), 27 (2), 40, 44 rechts, 45 (3),
46 unten, 47 (2), 52 Mitte, 69 rechts, 83 (2), 84 (2), 85 (3), 99, 153 (3), 154 (2), 162 oben
LOWA GmbH Firmenarchiv: S. 171 Mitte und unten
Markt Hohenwart: S. 92 rechts, 93 (2)
Markt Manching: S. 87, 95 unten, 96 (2), 97 oben
Markt Reichertshofen: S. 103
Markt Wolnzach: S. 109 (2)
Michielsen, Miek: S. 174, 175 unten links
Museum Kulturgeschichte der Hand: S. 155, 156
Nowak Werbeagentur: S. 175 unten rechts
Pfaffenhofener Kurier: S. 69 links, 71 oben links, 188 unten
Ponkratz, Heinrich: S. 33 rechts, 49, 50 links, 52 oben links, 159, 160 (2), 168 unten
Querformat Künstlergruppe: S. 176 unten
Reisner, Martin: S. 71 oben rechts
Rockermeier, Karl: S. 177 Mitte und unten
Römisch-Germanische Kommission des Deutschen Archäologischen Instituts Frankfurt: S. 125, 127,
128 Mitte links und unten links, rechts, 129 oben, 133 (2), 134, 136, 137
Römisch-Germanisches Zentralmuseum, Museum für Antike Schifffahrt: S. 139
Sankyo Pharma GmbH Firmenarchiv: S. 169 unten, 170 oben
Sauer, Andreas: S. 30 rechts, 32 links, 52 oben rechts, 63, 64, 68 oben, 79 oben links und Mitte links, 161 oben,
165 oben rechts, 185 oben rechts, 189
Schrepf, Ingrid: S. 54 links
Schwarzmeier, Hermann: S. 52 unten, 65 oben, 73, 74, 76 (2), 77, 162 unten, 167 unten, 186 unten
Sedlmeier, Martin: S. 65 unten, 67 oben, 70 (2), 71 unten
Staatsarchiv München: S. 50 rechts, 60, 161 unten
Staatsarchiv Solothurn: S. 146 oben links
Staatsbibliothek München: S. 143 oben, 146 oben rechts, 148 Mitte links und oben, 149 oben
Stadt Geisenfeld: S. 89, 90 (3)
Stadt Pfaffenhofen a.d.Ilm: S. 99 (2), 100 (2), 146 unten rechts, 147 Mitte links
Stadt Vohburg: S. 107 (2), 108
Stadtarchiv München: S. 32 rechts
Stadtarchiv Pfaffenhofen a.d.Ilm: S. 31 oben, 36 rechts, 37 oben rechts und unten, 39, 51 unten, 53 oben und Mitte, 54 rechts, 59, 61,
68 unten, 78 oben und Mitte, 164, 165 oben links, 166 (2), 168 oben, 183, 184, 185 oben links, 186 oben, 187, 188 oben
Stingl, Gisela (München): 181
WOLF GmbH Firmenarchiv: S. 170 unten, 171 oben links